사야도 우 조티카의 수행지침

마음의 지도

Sabbadānaṃ dhammadānaṃ jināti
법보시는 모든 보시를 능가한다.

— Buddha

사야도 우 조티카의 수행지침

마음의 지도

우 조티카 지음 | 박은조 옮김

도서출판 **연방죽**

서 문

"Stand like a Mountain, Flow like a River."
"산처럼 우뚝 서서 강처럼 흘러라."

저의 스승이며 좋은 친구(kalyāṇamitta)인 사야도 우 조티카의 수행 지침서가 출간되어 더없이 기쁩니다. 《마음의 지도》는 오스트레일리아에서 집중수행 기간에 붓다의 사띠빳타나(satipaṭṭhāna) 위빳사나(vipassanā) 수행에 대해 사야도 우 조티카의 법문을 정리한 것인데 아주 좋은 수행의 지침서이며 나아가 인생의 지침서입니다.

시리즈로 되어 있는 법문은 머리로 이해한 생각이 아니라 생사를 넘나드는 치열한 구도의 삶에서 직접 체험한 경험들이 듬뿍 담겨 있습니다.

수행의 시작부터 열반에 이르기까지 사띠빳타나(satipaṭṭhāna) 위빳사나(vipassanā) 수행을 통해 16단계의 지혜가 완성되어 닙바나(열반)에 이르는 과정이 이해하기 쉽도록 간결한 문체로 잘 정리되어 있는데 스승이 없다면 이 책이 스승이 되어 줄 것입니다.

"지혜의 완성이 해탈이고 열반입니다."

지혜를 얻기 위해서는 담마와 수행에 대해 올바른 이해가 정립되어야 합니다. 올바른 이해는 바른 수행으로 직결되고 바른 이해와 수행을 조건으로 지혜가 일어나기 때문입니다.

사야도 우 조티카께서는 붓다의 담마와 사띠빳타나 수행에 대해 올바른 이해를 가지도록 우리를 인도합니다.

《마음의 지도》에는 우리를 지혜롭게 하는 다이아몬드보다 더 가치 있는 수행과 인생의 보석들이 곳곳에 박혀 있습니다. 그것을 발견하면 그것은 자기 것이 되는데, 무엇보다 중요한 것은 실천입니다. 수행을 실천할 때 더 많은 보석들을 발견하게 되고 더 많이 가질 수 있습니다.

It is very Old

It is very Strong

It is very Beautiful

It is very Valuable

It is very Expensive

그것은 아주 오래되고, 강하고, 아름답고, 가치 있는, 값진 것들입니다.

To know and not to do is not yet to know.
알면서도 행하지 않으면 아직 모르고 있는 것이다.
- Sayadaw U Jotika

사야도 우 조티카의 손을 잡고 2500년 전에 싯다르타가 걸어간 그 길을 따라 삼사라(samsāra) 불타고 있는 이 위험한 세계에서 벗어나 대자유를 성취하시기를 바랍니다.

연방죽선원 숲속 수행처 '담마로까'에서
담마위하리 법주

스승이시여, 당신은 어떻게 폭류를 건너셨습니까?

Katham nu tvaṃ, mārisa, oghamatarī'ti

벗이여, 나는 멈추지 않고 아등바등하지 않았기에 폭류를 건넜습니다.

Appatiṭṭhaṃ khvāhaṃ, āvuso, anāyūhaṃ oghamatarin'ti

스승이시여, 그러면 당신은 어떻게 멈추지 않고 아등바등하지 않아서 폭류를 건넜습니까?

Yathākathaṃ pana tvaṃ, mārisa, appatiṭṭhaṃ anāyūhaṃ oghamatarī'ti

벗이여, 내가 멈출 때 나는 가라앉아 버렸습니다.

Yadāsvāhaṃ, āvuso, santiṭṭhāmi tadāssu saṃsīdāmi

도반이여, 내가 모으려고 아등바등할 때 나는 휩쓸려나가 버렸습니다.

Yadāsvāhaṃ, āvuso, āyūhāmi tadāssu nibbuyhāmi

벗이여, 이처럼 나는 멈추지 않고 모으려고 아등바등하지 않으면서 폭류를 건넜습니다.

Evaṃ khvāhaṃ, āvuso, appatiṭṭhaṃ anāyūhaṃ oghamatarin'ti

참으로 오랜만에 완전한 평화 얻은 바라문을 보았습니다.

그분은 멈추지 않고 아등바등하지 않아 세상에 대한 애착을 모두 건넜습니다.

Cirassaṃ vata passāmi brāhmaṇaṃ parinibbutaṃ
Appatiṭṭhaṃ anāyūhaṃ tiṇṇaṃ loke visattikan'ti

- Saṃyutta-nikāya 1.1

차 례

1. **마음 준비하기** … 14
   수행이란 무엇인가

2. **기본 준비와 이해** … 36
   버려야 할 것 & 지켜야 할 것

3. **사띠빳타나 위빳사나 수행으로의 길** … 64
   '빤냣띠(개념)'와 '빠라맛타(실제)'에 대한 이해

4. **첫 번째 통찰에 다가서기** … 100
   통찰을 얻기 위한 바른 이해

5. **첫 번째와 두 번째 통찰** … 126
   정신·물질을 분석하는 지혜 & 조건파악의 지혜

6. **세 번째 통찰 : 명상의 지혜** … 156
   직접 경험을 통한 무상·고·무아 알기

7. 네 번째 통찰 : 일어나고 사라짐을 관찰하는 지혜 … 188
   현상의 생멸을 보고 길과 길이 아닌 것을 알기

8. 다섯 번째 통찰에서 열 번째 통찰까지 … 218
   무너짐, 공포, 위험, 역겨움, 해탈하기를 원함 & 깊이 숙고하는 지혜

9. 열한 번째에서 열네 번째 통찰까지 … 254
   상카라에 대한 평온, 수순, 종성, 도의 지혜

10. 열반과 그 너머로 향한 문 … 284
    열반에 대한 올바른 이해

11. 집중수행에 들어가며 … 314
    집중수행은 인생에 대한 준비

일러두기

1.
수행의 핵심용어인 빠알리어 사띠(sati)를 염(念), 마음챙김, 알아차림, 깨어있음, 기억, 주의기울임 등으로 번역했습니다. 붓다가 사용한 사띠(sati)는 전문 술어(technical term)인데, 위에 열거한 모든 의미들이 담겨있습니다. 몸과 마음에 주의를 기울이고 몸과 마음에서 일어나는 현상을 마음 깨어 챙김하고, 알아차리고, 주시하고, 관찰하는 것이 사띠입니다.
본문에서는 사띠처럼, 나마(nāma), 루빠(rūpa), 아닛짜(anicca), 둑카(dukkha), 아낫따(anatta) 같은 빠알리어들이 사용되고 있습니다. 이 술어들 역시 한자와 한국어로 혼합되어 표현되고 있습니다.

나마(nāma)는 비물질·명(名)·정신·마음, 루빠(rūpa)는 물질·색(色)·몸, 나마루빠(nāmarūpa)는 몸과 마음, 정신·물질 현상, 아닛짜(anicca)는 무상(無常), 둑카(dukkha)는 고(苦), 아낫따(anatta)는 무아(無我)로 사용되고 있어, 이 책을 번역하는 데 가장 어려웠던 점이 용어 정리였습니다.
이 책의 특성상 sati는 사띠, nāmarūpa는 나마루빠로 사용해야 하지만 이해를 돕기 위해 문맥에 따라서 sati는 사띠 또는 알아차림, 주의기울임, 나마(nāma)는 비물질 또는 정신·마음, 루빠(rūpa)는 물질 또는 몸, 나마루빠(nāmarūpa)는 몸과 마음 또는 정신·물질 현상, 아닛짜(ancca)는 무상, 둑카(dukkha)는 고(苦), 아낫따(anatta)는 무아로 병행하여 사용하였으며 한문은 최대한 배제하였습니다.
언어는 통신 수단입니다. 특히 그 언어가 여행길의 지도에 사용된다면 정확해야 합니다. 때문에 담마와 담마 수행을 하는 데 빠알리어의 온전한 이해는 아주 중요합니다.

2.
이 책은 사야도 우 조티카의 오스트레일리아 법문을 정리한 것입니다. 법문에 이어 질의응답이 있었지만 녹음 미숙으로 질문이 녹음되지 않아서 답변만 있고 질문이 없는 경우가 있습니다. 그러나 답변만 읽어도 질문이 무엇인지 충분히 유추하실 수 있습니다.

Namo Tassa Bhagavato
Arahato Sammāsambuddhassa

존귀한 분 공양 받아 마땅한 분,
완전히 깨달은 분 그분께 경배합니다.

1
마음 준비하기

− 수행이란 무엇인가 −

농부가 씨앗을 뿌리기 위해서는 먼저 땅을 준비해야 합니다. 하지만 땅이 있어도 그것이 비옥하지 않다면 씨앗이 뿌리를 내리기 어렵습니다. 싹을 틔워도 열매를 맺을 수 없습니다. 즉 준비가 부족하면 좋은 결실을 거둘 수 없게 됩니다. 수행도 이와 같습니다. 자신의 내면을 가꾸기 위해서는 준비를 해야 합니다. 우리의 삶도 같습니다. 우리의 내면에도 온갖 잡초가 자랍니다. 매일 잡초가 될 씨앗들이 마음 안으로 들어옵니다. 그러므로 자신이 살아온 삶의 방식을 깊이 들여다보고 어떤 종류의 잡초들이 자라고 있는지 찾아내야 합니다.

우리는 인생에서 많은 경험을 했고 온갖 성공과 실패를 맛보았습니다. 그리고 이제는 좀 더 나은 삶을 준비하고 있습니다. 그러나 이미 수많은 경험을 통해 그 어떤 것도 지속적인 만족이나 영원한 행복감을 주지는 못한다는 사실을 알고 있습니다. 우리는 진정한 행복을 찾고 있습니다.

그 진정한 행복을 찾는 길이 바로 수행입니다. 물론 지금까지 살면서 경험해온 모든 것들도 내면의 성품을 발전시켜온 과정들이라고 할 수 있습니다. 하지만 수행은 지금까지 경험한 것들과는 전혀 다른 차원의 길입니다. 어떤 일을 시작하려면 먼저 준비를 해야 하듯이 수행을 하기 위해서도 준비가 필요합니다. 저는 준비의 중요성을 잘 알기에 언제나 준비에 대해 강조하곤 합니다. 준비하십시오. 준비가 잘 되어 있다면 모든 것이 자연스럽게 이루어집니다.

"학생이 준비되면 스승이 나타난다."

저는 이 말을 좋아하는 데 정말 맞는 말이기 때문입니다. 진정으로 알기 위해 노력하고 답을 찾는다면 기회를 잡을 수 있게 됩니다. 땅에서 싹이 돋았을 때 그 싹이 나기를 기다리고 있는 사람은 그 싹을 옮겨 심을 수 있습니다. 하지만 거기에 무심한 사람은 싹이 난 사실조차 알지 못합니다. 그렇습니다. 자신이 그것을 얻을 준비가 되어있는지, 또 그것을 얻을 가치가 있는지 스스로에게 물어보십시오. 진정으로 받을 준비가 되었을 때 얻게 됩니다.

농부가 씨앗을 뿌리기 위해서는 먼저 땅을 준비해야 합니다. 하지만 땅이 있어도 그것이 비옥하지 않다면 씨앗이 뿌리를 내리기 어렵습니다. 싹을 틔워도 열매를 맺을 수 없습니다. 즉 준비가 부족하면 좋은 결실을 거둘 수 없게 됩니다. 수행도 이와 같습니다. 자신의 내면을 가꾸기 위해서는 준비를 해야 합니다.

빠알리어로 수행을 의미하는 '바와나(bhāvanā)'는 여러 의미가 있는데 문자 그대로 해석하면 '무언가를 자라게 한다'는 뜻입니다. bhāvanā는, 즉 '자라남' 어근 bhu에서 나온 단어로 '성장하게 하다', '기르다', '개간하다'라는 뜻입니다. 무언가를 기른다고 하는 것은 이미 씨앗을 가지고 있다는 것입니다. 즉 누구나 정신적인 성장을 위한 씨앗을 가지고 있습니다. 하지만 씨앗을 가진 것만으로는 충분치 않습니다. 땅을 준비해야 합니다. 그 땅의 잡초를 뽑고 돌무더기를 고르고 땅을 비옥하게 해야 합니다.

우리의 삶도 같습니다. 우리의 내면에도 온갖 잡초가 자랍니다. 매일 잡초가 될 씨앗들이 마음 안으로 들어옵니다. 그러므로 자신이 살아온 삶의 방식을 깊이 들여다보고 어떤 종류의 잡초들이 자라고 있는지 찾아내야 합니다. 어떤 것들은 아주 오랫동안 뿌리가 내려서 뽑는 데 힘이 들 것입니다. 술이나 담배처럼 나쁜 습관이 그런 잡초들입니다. 이런 잡초들을 뽑아내는 것은 중요한 일입니다. 훌륭한 농부는 잡초를 제거해서 식물의 뿌리가 잘 내리고 잘 자랄 수 있도록 거름을 주고 물길을 틔워 줍니다. 조심스럽게 돌보고 정성 들여 관리합니다.

숲속 저의 수행처 근처에 한 농부가 살았습니다. 그 농부는 자신의 밭을 아주 정성 들여 관리했습니다. 그는 "저는 매일 밭에서 일을 하는데 흙을 만지는 자체가 좋습니다. 저는 씨앗을 돌보고 식물을 키우는 일을 정말 사랑합니다."라고 말하곤 했습니다.

무언가를 사랑하는 것은 중요합니다. 자신의 일을 사랑하면 거기에서 새로운 에너지를 얻고 그것은 더 이상 일이 아니라 좋은 취미가 되기 때문입니다. 자신을 그 일에 완전히 던지십시오. 자신의 일에 흥미를 갖고 그 일을 사랑한다면 그 때는 바라는 바 없이 일 자체를 즐기게 될 것입니다.

인간의 본성은 정신적입니다. 우리에게는 멧따(mettā, 자애), 사띠(sati, 알아차림), 평화와 같은 아름다운 마음의 성품이 있습니다. 우리에게는 그런 씨앗들이 있습니다. 인간의 본성은 복합적입니다. 감각적 쾌락을 추구하면서도 그런 쾌락에 구속되지 않고 평화롭기를 바랍니다.

그러나 어떤 일을 사랑한다면 거래하지 마십시오. 사람들은 사마디(samādhi, 집중)를 얻기 위해서 어느 정도의 시간이 필요한지, 닙바나(nibbāna, 열반)를 얻기 위해 얼마나 오래 수행을 해야 하는지 묻곤 합니다. 하지만 누가 그것에 대해 확실하게 말할 수 있겠습니까? 진심으로 좋아하는 일이라면 그 일을 하는 자체가 행복할 것입니다. 수행에 흥미가 있다면 수행을 하는 자체로 즐겁습니다. 좋아함이 계속 그 일을 하도록 합니다. 결과 여부를 떠나서 그 일의 기쁨이 또 다른 동기를 부여합니다.

거래하지 마십시오! 사람들은 가능한 적게 주고 많이 얻으려고 합니다. 이것은 올바른 태도가 아닙니다. 특히 수행에서는 더욱 그렇습니다. 인생에서도 적게 주고 많이 받으려 한다면 아무것도 얻지 못할 것입니다. 주는 만큼 받습니다. 적게 주면 적게 얻고, 아낌없이 모두 주면 정말로 많은 것을 얻게 됩니다. 왜 수행을 하는지 자신을 들여다보십시오. 진정으로 수행할 마음이 있는지 보십시오. 무슨 일이든 희생이 따릅니다. 포기하는 것이 있어야 얻을 수 있습니다.

인생은 아주 짧습니다. 지금의 생은 순식간에 끝날 것입니다. 죽음에 임박했을 때 지난 삶을 돌아볼 수 있는 사띠가 있다면 삶에서 진정으로 자신을 만족하게 한 것이 무엇인지 알 수 있을 것입니다.

저는 여러 번 죽음의 문턱에까지 이른 적이 있었습니다. 한번은 숲 속에서 홀로 수행을 하던 중 말라리아에 걸렸습니다. 약도 없고 며칠이나 물 한 모금 먹지 못해 거의 죽음 직전까지 갔습니다. 얼마가 지났는지 모르지만 "의식이 없네. 혼수상태에 빠졌어."라는 소리가 들려왔습니다. 그러나 저는 어떤 반응도 할 수 없었습니다.

그때 지난 삶이 주르륵 스쳐 지나갔습니다. 아무리 돌이켜 보아도 제게 영원한 만족을 준 것은 아무것도 없었습니다. 학위도 있고 좋은 직업도 가졌었고 여러 면에서 성공적인 삶을 살았다고 자부할 수도 있었지만 죽음 앞에서 그것은 무용지물이었습니다. 단 한 가지 의미 있게 느껴진 것은 수행을 배운 것이었습니다. "그래, 어차피 죽어야 한다면 수행을 하면서 죽자." 저는 그때 그렇게 생각했습니다. 그리고 그 죽음의 순간에 수행을 하기 시작했습니다. 그러자 마음의 평화와 만족감이 찾아왔고, 그 순간 수행은 제가 의지할 수 있는 유일한 것이었습니다.

수행을 하기 위해서는 우선 인생의 무상함에 대해 사유해야 합니다. 인간은 길어야 100년 정도의 시간을 사는데 이는 지구의 나이에 비하면 찰나일 뿐입니다. 인생이 얼마나 짧고 덧없는지 알 수 없습니다.

오늘 해야 할 일을 지금 하십시오.
성취하기 위해 노력하십시오.
부지런한 수행자는 미루지 않습니다.
– Ajjeva kiccamātappaṃ – MN iii. 187

어디에 있든 무엇을 하든 그때가 수행할 시간이고, 바로 그곳이 수행의 장소입니다. 수행을 하기 위해서는 또한 붓다의 성품에 대해 숙고해야 합니다. 붓다에 대한 이해가 깊어질수록 붓다의 성품을 더 많이 알게 됩니다.

마음은 마음이 생각하는 대상을 반영합니다. 불행한 생각을 하면 불행해집니다. 사랑을 생각하면 사랑과 따뜻함을 느낍니다. 우리의 행복과 불행은 우리의 태도에 달려 있습니다. 마찬가지로 붓다와 그의 자유, 지혜, 평화, 청정에 대해 사유하면 마음 안에서 비슷한 성품들이 깨어납니다. 즉 붓다를 생각하면 우리 마음은 붓다의 성품에 끌리고 붓다처럼 지혜롭고 자유로운 성품을 가질 수 있기를 원합니다. 비록 붓다가 될 수는 없다

해도 어느 정도는 그런 성품을 개발할 수 있지요.

시간은 소중합니다. 정말 낭비할 시간이 없습니다. 시간이 삶이고 시간이 인생입니다. 사람들에게 오래 살고 싶은지 물으면 모두 그렇다고 대답합니다. 하지만 오래 살면 무엇을 할 것인가에 대해 물으면 분명한 대답을 하는 사람이 드뭅니다. 자신이 진실로 원하는 것이 무엇인지도 모르고 그저 오래 살기만을 바랍니다. 삶에 집착할 뿐 어떻게 인생을 이끌어갈지에 대해서는 모릅니다.

그러나 매 순간을 유용하게 사용한다면 무언가를 이룰 수 있습니다. 5년이 걸릴 일을 1년 만에 이룰 수도 있습니다. 시간을 최대로 활용하면 70년을 살면서 200년 내지 300년처럼 살 수도 있습니다. 그런데도 사람들은 많은 시간을 낭비합니다. 이렇게 시간을 낭비하는 가장 큰 이유는 사띠를 하지 않기 때문입니다. 알아차림을 하면서 현재의 순간을 온전히 살면 더 많은 시간을 얻을 수 있습니다. 사띠, 즉 알아차림이 없을 때는 자신을 잃어버리는 것이라고 스스로 되새기십시오. 인생은 짧습니다. 시간의 중요성을 알고 담마를 이해하게 되면 담마가 더욱 소중해집니다.

우리가 깨닫게 되는 때가 붓다가 되는 겁니다. 우리가 '아누붓다(anubuddha)가 됩니다. 붓다를 진정한 스승으로 선택하면 그의 청정과 지혜와 자유가 우리의 지표가 됩니다. 우리는 어디로 가고 있으며, 우리의 목표는 무엇입니까?

담마에 대해서도 사유해야 합니다. 수행을 하면 붓다의 가르침이 진실이라는 것을 느낍니다. 그것의 궁극적인 목적이 어딘지도 알게 됩니다. 그의 가르침은 맹목적인 믿음이 아니고 맹신하는 것도 아닙니다. 스스로의 노력에 의해 발견되는 실질적인 가르침입니다. 그러므로 담마를 배우고 수행을 하는 것은 아주 가치 있는 일입니다. 사람들은 수행을 할지, 아니면 다른 것을 할지 망설입니다. 하지만 수행의 가치를 안다면 어떤 즐거움이나 쾌락에도 마음을 뺏기지 않고 더 많은 시간을 수행에 할애하게 됩니다.

그러므로 오직 수행의 이로움에 대해서만 생각하십시오. 수행이 진정 가치 있다고 생각한다면 인생을 던지십시오. 더 많이 줄 때 더 많이 얻습니다. 온 마음으로 수행할 때 많은 것을 얻게 됩니다. 온 마음을 다하는 것은 수행의 성공을 위한 필수조건입니다. 마음을 다하지 않고 에너지를 일부만 사용하면 진전이 없고 충분한 결실을 얻기 힘듭니다. 그러면 실망하고 낙담합니다. 적당히 하면 충분한 동기가 생기지 않고 나아지지 않기에 믿음을 잃게 됩니다.

수행을 위한 또 하나의 필요조건은 '절제'입니다. 사람들은 흔히 '절제'가 '자유'의 반대라고 생각합니다. 때문에 이 말을 좋아하지 않습니다. 그렇다면 자유는 무엇이라고 생각하나요?
자기가 원하는 것을 마음대로 하는 것이 자유일까요? 그렇지 않습니다. 하고 싶은 대로 하는 것은 방종이지 자유가 아닙니다. 붓다가 말하는 자유는 무엇이 유용하며 가치 있고 이로운 것인지를 아는 것입니다. 무엇이 올바른 것인지를 알고 그것을 실천하는 것입니다.
절제에는 여러 의미가 있는데 그중 하나는 계율을 지키는 것입니다. 왜 계율을 지켜야 할까요? 아시다시피 일반인에게는 오계나 팔계가 있고 비구들에게는 200가지가 넘는 계율이 있지요. 그런데 대부분 계율을 지키라고 하면 옴짝달싹할 수도 없고 아무것도 할 수 없다고 생각합니다. 즉 자유를 빼앗는 것으로 생각하지요. 정말 그럴까요? 그렇지 않습니다. 처음에 계율을 지키려고 할 때는 매우 힘들고 불편하게 느껴지지만 점차 시간이 지나면 계율과 함께 살아가는 법이 자연스레 터득됩니다. 그렇게 되면 더 이상 계율을 지키려고 노력하지 않아도 계율이 우리의 본성이 되어 아주 자유로워집니다. 이것이야말로 진정한 자유라고 할 수 있습니다.
반면 계율을 지키지 않으면 어떻게 될까요? 살생하고, 도둑질하고, 간통하며, 거짓말을 하고 술을 마신다면 어떻게 되는 것일까요? 계율을 지키지 않는 것은 한 마디로 자신을 존중하지 않는 것입니다. 우리는 사실 무엇이 옳고 그른지를 알고 있습니다. 알면서도 욕망과 증오와 감각적인 쾌락에 굴복하여 부적절한 행동을 하는 것입니다. 그러므로 계율을 지키지 않는 것은 자신을 해치는 것입니다. 자신을 해치는 것은 또한 다른 이들을 해치는 것입니다. 자신을 해치지 않고 다른 이들을 해칠 수 있는 방법은 없습니다.

저는 사소한 일에서 그 진실을 깨달았습니다. 오래전에 수행처에 머물 때의 일입니다. 그때는 우기여서 비가 자주 내렸습니다. 제가 머무는 오두막 문 앞에는 발판이 놓여 있었는데 비만 오면 그곳에 개 한 마리가 와서 앉아 있곤 했습니다. 물론 비를 피하기 위해 오는 것이었죠. 문제는 그 개가 문을 가로막고 앉아 제가 문을 열고 나가려고 할 때마다 거치적거려 아주 불편하다는 것이었습니다.

그날도 그 개는 발판 위에 납작 엎드려 팔자 좋게 잠들어 있었습니다. 그 순간 저는 이곳에 와도 흠뻑 젖게 된다는 것을 그 개에게 가르쳐주기 위해 양동이에 물을 떠서 확 부어버렸습니다. 그런데 개에게 물을 붓는 그 순간, 사띠가 일면서 내 마음을 보았습니다. "내가 지금 무슨 짓을 하고 있지?" 하는 생각과 함께 마음에 고통이 일고 충격이 일었습니다. 저는 개에게 잔인한 짓을 한 것입니다. 그 행동은 제 마음에 상처를 주었습니다. 제 자신이 인정도 없고 사랑도 없는 잔인한 사람이라는 사실이 저를 아프게 했습니다. 개는 물에 젖었을 뿐 다치지는 않았지만, 저는 평화와 침착함, 스스로에 대한 존중심을 잃어버렸습니다.

삶에서 저는 종종 이런 경험을 했습니다. 의도적인 것은 아니지만 내 마음에 상처를 입는 것은 나의 모진 마음 때문입니다. 간혹 손님이 찾아오는데 별로 만나고 싶지 않은 경우가 있습니다. 조금만 배려하면 몇 분의 시간이라도 낼 수 있지만 거절한 것입니다. 그 순간 제 자신을 들여다보면 차갑고 인정 없는 인간으로 느껴집니다. 사람을 무시하는 것은 고통스러운 일입니다. 사랑과 인정과 친절함이 없는 마음은 자신을 존중할 수 없게 하는데 이는 무척 해로운 일입니다. 물론 이 세상 모든 사람을 다 받아들일 수 없고 어느 정도의 제한은 부득이한 일입니다. 하지만 그때에도 이해와 친절이 있어야 합니다.

오계를 지키지 않는 것은 타인뿐만 아니라 자신도 해치는 일입니다. 오계는 누가 만든 것이 아니라 자연적 본성입니다. 그래서 우리는 본능적으로 오계를 지키지 않는 것이 해롭다는 것을 압니다. 사람들은 오계를 지키고 친절하고 자비로운 사람을 존경합니다. 오계를 지키지 않는 사람도 마음속으로는 오계를 지키는 사람을 존중합니다. 무엇보다도 오계를 지키지 않으면 자신에 대한 존중과 신뢰를 상실합니다. 자신을 가치 있게 여기지 않습니다. 자신을 가치 있게 느끼고 사랑, 자유, 평화, 지혜를 가치 있다고 느끼는 것은 중요합니다. 우리는 자신의 자긍심의 가치만큼 성숙합니다. 그렇다면 어떻게 해야 자긍심을 키울 수 있을까요? 그것은 간단합니다. 올바른 태도로 유익한 일을 하고 그릇된 일은 피하면 됩니다. 자긍심이 향상되면 자신을 신뢰하고 존중하며 자신을 좋은 사람이라고 여깁니다.

오래 전 미국의 수행센터에서 수행을 지도한 일이 있는데, 기억에 남는 한 여성분이 있습니다. 저는 그녀에게 무엇을 얻기 위해 이곳에 왔는지 물었습니다. 그러자 그분은 불면증에 시달리고 있는데 친구가 수행을 배우면 숙면을 취할 수 있다고 해서 왔다고 대답하더군요. 그분은 예의 바르고 친절한 듯 행동하지만 공격적인 성향의 사람이라는 느낌이 들었습니다.

그래서 저는 그분에게 '자애관'을 하라고 했습니다. 자애 수행은 악몽을 꾸지 않고 숙면을 취할 수 있게 하지요. 저는 자신의 좋은 점을 생각하고 자신의 행복을 바라면서 부모와 스승이 행복하기를 바라는 자애 수행의 기본을 가르쳤습니다. 하지만 다음 날 그녀는 수행을 하지 않았다고 했습니다. 자애관은 기본적인 수행으로 꼭 해야 하는데 왜 하지 않았느냐고 했더니 자신은 그렇게 할 수 없다고 했습니다. 부모를 생각하면 부모가 증오스럽고, 자신을 생각하면 자신이 너무 밉다는 것입니다.

아무리 생각해도 스승에게 고마움을 느껴야 할 일이 없고 왜 자신이 그들의 행복을 기원해야 하는지 알 수 없다고 했습니다. 특히 자신을 증오한다는 말에 저는 무척 놀랐습니다.

그래서 무엇이든 조금이라도 사랑스럽게 여겨지는 것이 있으면 말해달라고 했습니다. 그러자 그녀는 한참을 생각하더니 친구가 기르는 개가 있는데 그 개를 볼 때 사랑과 행복을 조금 느끼는 것 같다고 했습니다. 어떻게 인간이 개한테서만 그런 감정을 느낄 수 있는지 안타까웠습니다. 본래 자애관의 대상은 동물이 아닌데 어쩔 수 없이 저는 그 개를 떠올리고 그 개에게 느끼는 사랑을 자신에게도 느껴보라고 했습니다.

그 후부터 그녀는 열심히 수행을 했습니다. 어느 날 밤에 달이 밝아 밖에 나가서 경행을 하다가 지금까지 느껴보지 못했던 마음의 평화를 처음으로 경험했다고 하더군요. 그 순간에 자신이 좋은 사람이라는 생각과 행복감을 느꼈다고 했습니다. 그 경험 이후로 그녀의 삶은 완전히 바뀌었습니다. 그동안 그녀는 수행을 계속하면서도 자신이 불교도라고는 사실을 인정하지 않았지요. 그런데 제가 미국을 떠나는 날이었습니다. 사람들과 함께 공항에 인사를 하러 온 그녀가 갑자기 바닥에 무릎을 꿇더니 저에게 공손하게 삼배를 하는 게 아닙니까! 깜짝 놀란 제게 그녀가 말했습니다.

"당신은 저에게 어떤 믿음을 준 것이 아니라 인생을 어떻게 살아야 하는지를 가르쳐주셨습니다. 진정으로 고맙습니다."

자애는 마음을 풍요롭게 합니다. 자신이 좋은 사람이라고 느끼고 사랑 받을 자격이 있다고 느끼게 합니다. 그러므로 멧따(mettā, 자애)의 가치를 아는 것은 매우 중요한 일입니다. 이런 좋은 품성이 없이는 수행을 할 수 없습니다.

과거를 놓아버리고 현재에 사십시오. 변화하고 성장하기 위해 노력하십시오. 변화를 거부하고 성장이 두렵고 자신감이 없기에 최선을 다하지 못합니다. 과거에 무슨 일이 일어났든지 현재의 삶에 책임을 져야 합니다.

사람들은 자신의 불행을 남의 탓으로 돌립니다. 하지만 그런 사람일수록 자신을 평화롭고 행복하게 하는 방법은 배우려고 하지 않습니다. 항상 좋은 생각을 하려고 하십시오. 우리는 대부분의 시간을 욕망, 분노, 자만심, 질투심, 시기심 등의 생각에 얽매여 있습니다. 자신이 무슨 생각을 하고 있는지 어떤 마음상태에 있는지 알아차리기 위해 노력하십시오. 그것을 조절하려고 하지 말고 알아차리십시오. 불건전한 생각을 하는 자신을 볼 때는 그것을 다른 각도에서 보려고 하고 거기에서 얻을 것이 무엇인지 생각해보십시오. 가능한 긍정적인 생각을 하는 것이 좋습니다. 지금까지의 모든 것은 수행을 위한 준비입니다. 하루 종일 불건전한 생각과 일들을 하다가 수행을 하면서 평화롭기를 바란다면 그것은 불가능합니다. 긍정적이고 건전한 생각이 수행에 도움을 줍니다.

수행을 위해 중요한 또 하나는 '감각기능의 절제'입니다. 우리는 너무나 많은 것들을 보고 듣습니다. 그것들을 제한하십시오. TV를 보거나 책을 읽는 것도 꼭 필요할 때만 하십시오. 일상생활에서 제한을 두지 않으면 수행을 할 수 있는 충분한 시간과 힘을 갖기 힘듭니다. 들뜸을 피하기 위해서는 감각기능들을 절제해야 합니다. 생계를 청정하게 하는 것도 매우 중요합니다. 자신에게 필요한 것을 올바르게 얻어서 적절하게 사용해야 합니다.

내 친구인 수행자는 사무실의 복사기를 개인적인 일로 가끔씩 사용했다고 합니다. 하지만 수행을 하면서 자신의 마음을 알아차린 후부터는 개인적인 일로 복사기를 쓸 때마다 마음 안에서 죄책감을 볼 수 있었습니다. 그 후부터는 개인적인 일로 복사기를 사용하지 않는다고 합니다. 정신을 개발하기 위해서는 자신의 내면에 진정한 평화와 통찰, 자유의 가치가 담기도록 노력해야 합니다.

담·마·토·크

저는 음악을 좋아합니다. 음악을 연주하는 동안에는 마음의 평안을 느낍니다. 하지만 절제와 포기를 말씀하셨습니다. 음악에 대한 저의 애착과 수행을 어떻게 조화시켜야 하나요?

처음부터 음악을 완전히 포기하라고 하지는 않겠습니다. 조금씩 버리십시오. 하지만 스스로에게 정직해야 합니다. 음악에 대해 무엇을 포기할 수 있는지 보십시오. 저 역시 음악을 사랑합니다. 어렸을 때는 음악가였으며, 음악에 대한 열정 때문에 음악가이자 좋은 수행자 분을 알게 되었습니다. 당신도 음악가이면서 동시에 좋은 수행자가 될 수 있습니다.
나의 첫 스승은 평범한 악기 만드는 사람이고 음악가였습니다. 악기를 만들 때나 연주할 때나 그는 정성과 사랑으로 온 마음을 다했습니다. 그가 연주하는 음악은 매우 부드러웠습니다. 음악을 좋아한다면 마음의 평화에 도움이 되는 고요하고 잔잔한 음악을 찾으십시오. 모든 것을 포기할 필요는 없습니다. 포기할 수 있는 만큼 포기하고 천천히 단계적으로 하면 됩니다. 단, 음악이 생계를 위한 것이고, 그것이 수행을 방해한다면 결단을 내려야만 합니다.

단순하게 살려고 노력하십시오. 우리가 가지고 있는 모든 것은 우리의 시간과 힘을 필요로 합니다. 먹는 것, 입는 것 생활의 모든 면을 가능한 한 단순하게 하십시오. 자신이 원하는 것과 이미 가지고 있는 것에 대해 깊이 사유하기 바랍니다.

더 많은 것을 포기할수록 더 많은 시간과 힘을 가질 수 있습니다. 진정으로 수행하며 살아가기를 바란다면 단순한 삶을 살아야 합니다. 준비 없이 수행을 해도 간혹 평화로움을 느낄 수는 있습니다. 하지만 그것은 어려운 일입니다. 농부가 씨앗을 돌보듯이 매 순간 자신의 마음을 들여다보고 마음에 온갖 번뇌가 들어와서 뿌리를 내리지 않도록 해야 합니다. 번뇌가 뿌리를 내리면 제거하기 힘듭니다. 준비하고 준비하십시오. 준비되어 있다면 쉽게 이루어집니다.

스님께서 물을 퍼부었던 그 개는 어떻게 되었나요?

그 개에게 적당한 잠잘 곳을 마련해주었습니다. 나는 그것에 매우 행복했습니다. 언제나 누군가에게 친절을 베풀면 그것이 자신을 행복하게 합니다. 마음이 풍요로워지고 수행에 도움이 됩니다. 항상 친절하게 대하십시오.

때로는 화도 나고 짜증 나는 일도 있겠지만, 그런 경험을 통해서도 배우십시오. 자신을 용서하는 법을 배우십시오. 완벽한 사람은 없습니다. 자신이 최선을 다하고 있는지 스스로에게 물어보십시오.

평화로운 순간은 마음에 영향을 미칩니다. 마음의 평화는 그 경험이 찰나의 순간이라도 큰 가치가 있습니다. 단 몇 초 동안이라도 평화로운 마음을 경험하면 큰 변화를 얻을 것입니다. 우리는 항상 선택합니다. 단 몇 초 동안이라도 평화로움을 얻을 수 있도록 선택하십시오.

저는 매일 매 순간 수행자가 되겠다는 선택을 합니다. 비구가 되는 것은 쉽지 않습니다. 그렇지 않다면 많은 사람들이 환속하지는 않겠지요. 깨달음의 세 번째 단계인 아나가미까지는 언제나 평범한 사람으로 돌아갈 수 있습니다. 우리는 알아차리고 깨어있기를 선택합니다. 그것은 선택입니다. 모든 문제는 근본적으로 정신적인 문제입니다. 우리가 올바른 태도와 이해를 가진다면 많은 정신적인 문제들에서 멀어질 수 있습니다. 삶에는 균형이 필요합니다. 스스로를 위한 시간과 다른 사람들을 위한 시간도 필요합니다. 자신만을 위해 산다면 진정으로 만족할 수 없을 것입니다. 정말로 행복해지고 싶다면 다른 사람들이 행복해지도록 도와주십시오. 더 많이 줄수록 더욱 성숙해집니다. 산만함은 불건전한 생각과 행위에서 옵니다.

2

기본 준비와 이해

— 버려야 할 것 & 지켜야 할 것 —

지금 할 수 있는 것을 지금 하십시오. 그러면 다음 것을 하기가 수월할 것입니다. 첫 발을 내딛으면 그다음 걸음은 쉽게 뗄 수 있습니다. 자신의 손안에 있는 것을 사용하면 더 큰 기회가 옵니다. 지금 자신이 알고 있는 지식을 사용하십시오. 그것을 사용하면 스승에게 더 많은 것을 얻을 것입니다. 심지어는 스승이 여러분에게 올 것입니다. 스승과 함께 할 것입니다. 오늘 가지고 있는 것을 오늘 사용하십시오.
내일까지 기다리지 마십시오. 당신은 지금 무엇을 해야 하는지 이미 알고 있습니다. 잊지 마십시오. 지금 그것을 하십시오. 시작이 반입니다. 이것이 가장 중요한 것입니다.

"인간의 무슨 힘이 장미를 키울 수 있나요?"
"흙을 준비하십시오. 그러면 장미는 자랄 것입니다. 장미 안에 있는 힘에 의해 장미는 만들어집니다."

기억력이 유난히 좋은 사람들이 있습니다. 그들은 꽤 많은 것을 기억할 수 있을 것입니다. 기억은 아주 짧은 시간 동안 지속되는데 한 번 들은 것은 하루가 지나면 10% 정도 기억하고, 이삼 일 후에는 5%, 일주일 후에는 1~2%만 기억합니다. 특히 나이가 들수록 점점 단기 기억을 잃어버립니다.

기억력을 강화하려면 반복해서 들어야 합니다. 그런 의미에서 원예에 대한 비유는 의미가 깊고 중요합니다. 수행을 의미하는 '바와나(bhāvanā)'는 '개간하다', '자라게 하다'라는 뜻을 가지고 있다고 앞에서도 말씀 드린 바 있습니다. 땅이 준비되면 농부는 땅을 골라서 비옥하게 합니다. 잡초도 제거해야 합니다. 마찬가지로 마음의 풍요 역시, '마음 밭'을 개간해서 보시, 오계, 자애, 사띠, 지혜, 고요, 평정심, 자유, 평화가 잘 자라도록 해야 얻게 됩니다.

우리는 우리 자신에게도 잔인할 권리가 없습니다. 사람들은 "다른 누군가를 위해 고통스럽다."고 하는데 이것은 올바른 태도가 아닙니다. 누구도 고통 받지 않는 것이 가장 좋은 것입니다. 자신과 남에게 친절하면 이미 오계를 지키고 있는 것입니다. 자신과 남에게 친절하지 않고 계를 지킬 수 없습니다. "나는 살생하지 않고, 거짓을 말하지 않고, 사음하지 않고, 훔치지 않습니다. 단지 다른 사람에게 해를 끼치지 않고 술 마시는 것을 즐깁니다." 그런 것은 없습니다. 술을 마시는 것은 자신을 해치는 것이고 다른 것들도 해치는 것입니다. 우리는 서로 연결되어 있습니다. 다른 것들을 해치기 위해서는 먼저 자신이 해침을 당해야 합니다. 자신이 해침을 당하지 않고 다른 이들을 해칠 수 없습니다.

어떤 것에 최상의 가치를 둔다면 그것을 성취하기 위해 신념과 용기가 필요합니다. 우리는 사띠, 지혜, 고요, 지속성, 자유, 평화, 해탈, 열반에 최고의 가치를 둡니다. 진정으로 사띠, 즉 알아차림에 가치를 둔다면 알아차림 하기 위해 최선을 다할 것입니다. 수행이 무엇인지, 알아차림이 무엇인지에 대한 가치를 아는 사람은 4시에서 5시는 알아차림 하고 5시 이후는 알아차림 하지 않겠다고 말하지 않습니다. 알아차림이 있을 때의 마음과 알아차림이 없을 때의 마음의 차이를 아는 사람은 수행을 위한 시간표가 따로 없습니다.

깨달음에 지름길은 없습니다. 쉬운 길도 없습니다. 미국의 어떤 단체는 1,000달러를 지불하고 7일간 수행하면 깨닫게 한다고 합니다. 하지만 그런 것은 없습니다. 깨달음은 돈으로 살 수 없습니다. 깨닫기 위해서는 자신의 좋은 점과 나쁜 점을 깊이 이해하고 자신의 나쁜 점도 자애로 대해야 합니다. 욕망, 화, 좌절, 자만, 질투를 개인적인 것으로 보지 않아야 합니다. 욕망, 시기, 질투, 자만을 객관적으로 보고 자연적인 성품으로 볼 때 마음은 평정심을 갖습니다. 번뇌는 사띠(알아차림)와 우뻭카(평정)를 두려워하고 공격하는 것을 좋아합니다. 번뇌를 공격하면 번뇌는 더욱 강해집니다. 우리는 항상 깨어있기 위해 노력해야 하고 감정과 번뇌가 강할 때는 담마 책을 보거나 깨어있는 사람과 함께 해야 합니다. 깨어있는 사람은 자신을 더욱 깨어있도록 합니다.

또한 자신의 가치를 높이는 일을 해야 합니다. 자신감, 자기 존중감은 중요합니다. 자기 존중감이 없이는 좋은 결과를 얻지 못합니다. 자신을 신뢰하지 않고, 자신에게 존중감이 없고, 자신을 가치 있게 느끼지 않는다면 아무것도 이룰 수 없습니다.

수행, 자애, 보시 등 가치 있는 일을 하십시오! 알고도 실천하지 않는다면 통찰을 얻지 못합니다. 이것은 매우 심오한데 깊이 이해해야 합니다. 지혜와 통찰의 본성은 실천하지 않으면 잃게 됩니다. 마음이 그것을 포기합니다. 가끔 좋은 생각이 일어서 "어떤 것을 해야지." 하고 생각하지만 그것을 실천하지 않습니다. 우리는 무엇을 해야 하는지 알고도 실천하지 않습니다. 작은 일이라도 행동에 옮길 때에야 비로소 통찰을 얻을 수 있습니다.

수행을 하면서 마음이 고요하면 실수한 일이나 잊어버린 일들이 떠오릅니다. 이것은 중요합니다. 잊지 않도록 하십시오. 우리는 정신적이고 총명하지만 욕심에 가려서 좋은 행위를 망각합니다. 마음에 통찰이 일 때마다 그것을 기억하고 그것을 실천하십시오. 잘못된 행동이나 말을 했다면 그 실수를 반복하지 않아야 합니다. 통찰을 얻기 위해서는 가치 있다고 생각한 것을 즉시 실천하십시오. 그러면 매우 심오하고 정신적인 것을 얻을 수 있습니다. 잊지 마십시오. 시작은 절반을 이룬 것이고 절반을 획득한 것입니다.

많은 사람들이 저의 스승을 찾아와서 많은 질문을 하였습니다. 그럴 때마다 스승은 모든 질문에 친절하게 답을 해주셨지요. 그리고 항상 마지막에는 "더욱 사띠, 알아차림 하십시오.

그러면 마음이 옳은 것을 말해줍니다."라고 말씀하셨습니다. 이는 진실입니다. 마음이 말한 것을 실천하면 마음은 더 많은 것을 말합니다. 마음은 '그것'이며 개인적인 것이 아닙니다. 우리의 본성은 자연적으로 무엇이 옳고 그른지를 알고 있습니다.

침팬지에 대한 이야기를 다룬《코코의 교육The Education of Koko》이란 책을 읽은 적이 있습니다. 미국에서 텔레비전 쇼로도 만들어진 이야기죠. 이야기는 이렇게 전개됩니다.

코코가 살고 있는 동물원에는 여러 명의 조련사가 있었습니다. 어느 날 한 조련사가 근무 교대를 하면서 다른 조련사에게 말했습니다. "오늘은 코코가 말썽도 많이 부렸고 아주 말을 안 들었어요." 그러자 이 말을 들은 침팬지 코코가 화를 내며 소란을 피웠습니다. "아니요. 거짓말이에요. 거짓말쟁이!" 코코는 그 조련사가 거짓말을 한다며 요란법석을 떨었지요. - 코코는 지능이 높고 훈련되어 있어서 사람의 말을 알아듣고 몸짓으로 의사 표현을 할 수 있습니다.

그 조련사가 떠나고 코코에 대해 더 잘 알고 있는 다른 조련사가 코코를 진정시키며 무슨 일인지 물었습니다. 그러자 코코는 사실은 자기가 거짓말을 했다고 하면서 자신이 나빴다고 했습니다. 또 어느 날에는 코코가 매우 화가 나 있었습니다. 조련사가 무슨 일인지 묻자 코코가 대답하기를 "고양이 나빠요.",

"고양이가 새를 잡았어요." 하면서 펄펄 뛰었습니다.

이처럼 침팬지도 거짓말을 하는 것, 다른 생명체를 해치는 것은 나쁘다는 것을 알고 있습니다. 하물며 우리 인간이 어떻게 그것을 모를 수 있을까요? 그렇습니다. 우리는 무엇이 옳고, 무엇이 그른지를 잘 알면서도 그릇된 일을 합니다. 그런데 알면서도 실천하지 않으면서 무엇 때문에 더 많이 알려고 하나요?

알고 있는 것을 실천하면 마음이 더 많은 것을 알 수 있도록 도와줍니다. 저는 이 진실을 발견했을 때 매우 기뻤습니다. 자신이 자애롭고, 배려하고, 깨어있는 사람이라고 느낄 수 있는 일을 해야 합니다. 자신의 정신을 개발하면 자신에 대해 좋게 느끼게 됩니다. 그것은 자신을 행복하게 합니다. 자신을 위해 작은 일부터 실천하십시오. 계속하면 할수록 쉬워질 것입니다.

우리는 미루기를 좋아합니다. 그것은 나중에 그 일을 하면 더 잘할 수 있을 것이라는 생각 때문입니다. 그러나 지금 그 일을 하지 않으면 더 많은 것을 배울 수 없습니다. 즉 더 많이 알 때 더 쉽게 할 수 있다고 생각하지만 그렇지 않습니다. 지금 알고 있는 것을 하면 더 많은 것을 배울 수 있습니다. 아는 것과 실천이 함께 해야 합니다. 우리 안에는 자신이 생각하는 것보다 더 위대한 힘이 있습니다. 그것은 우리를 기다리고 있습니다.

지금 할 수 있는 것을 지금 하십시오. 그러면 다음 것을 하기가 수월할 것입니다. 첫 발을 내딛으면 그다음 걸음은 쉽게 뗄 수 있습니다. 자신의 손안에 있는 것을 사용하면 더 큰 기회가 옵니다. 지금 자신이 알고 있는 지식을 사용하십시오. 그것을 사용하면 스승에게 더 많은 것을 얻을 것입니다. 심지어는 스승이 여러분에게 올 것입니다. 스승이 함께할 것입니다.

오늘 가지고 있는 것을 오늘 사용하십시오. 동기, 지식, 능력 등 오늘의 수단은 오늘 일에 충분하고 내일 필요한 것은 내일 다시 올 것입니다. 내일까지 기다리지 마십시오. 당신은 지금 무엇을 해야 하는지 이미 알고 있습니다. 잊지 마십시오. 지금 그것을 하십시오! 시작이 반입니다. 이것이 가장 중요한 것입니다.

처음에 저는 스승에게 아주 간단한 수행법을 배웠습니다. 그것은 편안한 자세로 앉아서, 몸과 마음을 이완하고, 숨이 들어오고 나가는 것을 자연스럽게 알아차리는 것입니다. 그리고 머리에서 발끝까지 온몸을 훑으면서 몸의 모든 감각을 느끼는 아주 간단한 지침이었습니다. 저는 이것을 6년간 실천했습니다. 다른 것은 없었습니다. 그것으로 충분했습니다. 앉아서 숨을 들이쉬고 내쉬고, 몸과 마음이 이완되는 것을 느끼고, 온몸을 천천히 훑으면서 차가움, 열기, 통증, 긴장, 아픔, 느낌, 감각을 알아차렸습니다.

가끔은 아주 좋은 느낌이 일고 마음이 평화로웠습니다. 이 평화로움에 머물면서 생각이 들어오면 생각을 보고, 그 생각을 보면 생각은 가버렸습니다. 생각이 왔다가 갔습니다. 생각을 밀어낼 필요가 없었습니다. 저절로 왔듯이 저절로 갔습니다. 그때까지도 저는 수행은 무조건 가부좌를 틀고 앉아서 해야만 하는 것이라고 알았습니다. 그래서 항상 앉아서 수행을 했지요. 그런데 어느 날 대학 기숙사의 룸메이트가 걸으면서도 수행을 할 수 있다고 해서 놀랐습니다.

"정말이에요? 그것을 어떻게 하는데요?"

"걷는 동안에도 수행을 할 수 있어요. 아주 간단해요. 수행의 대상을 바꿀 필요도 없고 천천히 걸으면서 호흡을 알아차릴 수 있고, 각각의 발걸음을 알아차릴 수도 있어요."

저는 그날 밤 캠퍼스 주위를 걸으면서 이것을 시도해 보았습니다. 걸으면서 수행을 하는 이 새로운 경험은 행복했습니다. 조용하고 시원한 대학 캠퍼스 주위를 걷는 것은 아주 흥미로웠습니다. '아! 정말로 되는구나! 정말로 된다!' 하고 전 혼자서 탄성을 질렀습니다.

어떤 일을 할 때 그 일에 대한 조언을 듣는 것은 매우 가치 있는 일입니다. 어떤 문제가 있을 때 누군가가 "이렇게 하면 문제가 풀릴 거예요."라고 말해주면 문제를 해결할 수 있습니다. 하지만 아무것도 하지 않고 있을 때는 배울 수도 없고 충고도 가치가 없습니다. 대학 동쪽에 공동묘지가 있는데 저는 그곳까지 걸었습니다. 그곳은 조용하고 수행하기에 아주 좋은 곳이었습니다. 때로는 테니스 코트에 있는 의자에 앉아서 수행을 했습니다. 밤에는 사람이 없어서 평화롭게 수행할 수 있었습니다. 저는 수행에 대해 더 많은 것을 알게 되었습니다.

　수행을 할 수 있는 특별한 공간이 없다면 특정한 장소를 수행처로 삼는 것도 좋습니다. 중요한 것은 어디에서든 수행을 할 수 있다는 사실입니다. 어떤 것에 대해 배웠다면 그것을 즉시 실행에 옮기십시오. 이것이 중요한 것입니다. 기다리지 마십시오. 지금 알고 있는 것을 지금 하십시오. 그러면 그것이 더 많이 알도록 해줄 것입니다.

　일상의 모든 것이 수행에 영향을 줍니다. 어떤 수행자가 수행이 아주 좋았다고 하면서 그 이유를 물었습니다. 하지만 그것은 자신에게 물어야 할 질문입니다. "무엇을 올바르게 했나요?" 수행이 좋지 않아도 자신에게 물어야 합니다. "무엇을 그릇되게 했나요?"

　음식을 많이 먹으면 그다음 수행은 좋지 않습니다. 기름진 음식은 마음을 둔해지게 만들고 수행에 좋지 않은 영향을 미칩니다. 커피를 많이 마시면 마음이 흔들립니다. 음식이 몸과 마음에 어떤 영향을 끼치는지 알아야 합니다. 균형을 유지해야 합니다. 저는 무엇을 먹고 얼마나 먹는지 항상 관찰합니다. 올바른 양과 올바른 음식을 먹기 위해 노력합니다. 잘못된 음식은 독이기 때문입니다. 좋은 수행자는 음식에 민감합니다.

어떤 주제의 이야기를 하는가도 중요합니다. 듣고, 보고, 말하는 모든 것이 마음에 영향을 줍니다. 때문에 모든 수행센터에서는 침묵하라고 합니다. 말을 하지 않을 수는 없지만 무엇에 대해 말하는지 주의를 기울여야 합니다. 수행 중에 유익하지 않은 말을 한다면 즉시 멈추어야 합니다. 꼭 필요한 말만 짧게 하고 침묵해야 합니다. 이는 이상적인 삶을 강요하는 것이 아닙니다. 자신이 무엇을 어떻게 말하는지 알고 그것이 수행에 어떤 영향을 주는지 알아야 합니다. 유익하지 않은 말은 악영향을 줍니다.

또한 상황이 좋지 않아도 그것을 다른 시각에서 보면서 배워야 합니다. "이것은 나의 인내심을 기르고 내가 만족하는 법을 가르치고 있군요." 누군가 자신에 대해 좋지 않은 말을 해도 "저 사람이 나의 관대함을 시험하고 있군요. 내가 얼마나 용서할 수 있는지, 내가 얼마나 평정심을 유지할 수 있는지 알 수 있는 좋은 기회이군요." 이렇게 생각하면 수행에 도움이 될 것입니다. 자애롭고, 친절하고, 깨어있는 사람과 함께 해야 합니다. 신경질적이고, 불친절하고, 화내고, 탐욕스런 사람과 어울리면 부정적인 영향을 줍니다. 보는 것, 듣는 것, 모든 것이 마음에 영향을 줍니다. 사람들은 대부분 몸에 대해서는 관심을 많이 두지만 마음에는 무관심합니다.

불건전한 생각은 마음의 독입니다. 보고 듣고 생각하는 것들이 마음에 어떤 영향을 미치는지 주의를 기울여야 합니다. 좋은 수행자는 이것에 신중합니다. 수행자는 모든 것에 항상 주의를 기울여야 합니다.

좋은 스승은 좋은 친구입니다. 스승과 친구는 서로 다르지 않으며 붓다 역시 자신을 좋은 친구라고 했습니다. 좋은 스승과 좋은 친구를 갖는 것, 스승에게 질문을 하고 충고를 받아들이는 것은 아주 중요합니다. 스승 없이, 좋은 친구의 도움 없이 이 길을 가는 것은 매우 힘듭니다. 많은 실수를 저지를 것이며 옆길로 빠지게 될 것입니다. 음식, 대화의 주제, 보는 것, 듣는 것, 입는 것, 주위 환경이 수행에 영향을 미칩니다. 조용하고 평화롭고, 깨끗한 곳에서 수행하는 것이 좋습니다.

하지만 수행하기에 적절한 장소가 없다면 어떻게 해야 할까요? 제 경험을 이야기하는 것이 도움이 될 것 같습니다. 제가 미국에서 머물 때 그곳에는 여러 명의 스님들과 20~30명의 사람들이 있었습니다. 그 당시 그곳에서 유일하게 영어를 할 수 있었던 저는 이른 아침부터 밤늦게까지 말을 많이 했습니다.

매우 힘이 들고 피곤했지만 쉴 수도 없었고 수행을 하기도 어려웠습니다. 수행도 하고 쉬기도 해야겠기에 '방해하지 마시기 바랍니다'라고 종이에 써서 방문 앞에 붙여놓기도 했습니다. 그러나 사람들은 노크를 하고 종이를 보여주며 "종이 떼는 것을 잊어버리셨나 보네요." 하곤 했습니다. 저는 멀리 도망치고 싶었지만 그럴 수도 없었습니다. 그래서 친구에게 이렇게 지낼 수는 없다고 했더니 친구가 수행처 밖에 있는 삼나무 숲에 가자고 했습니다. 수행처 밖으로 나가서 언덕에 오르니 아주 좋은 장소가 있었습니다. 그곳은 사람들이 주위의 나무를 베어낸 까닭에 둥근 고리모양을 이루고 있었는데 고리 안에 삼나무 잎이 수북이 쌓여서 마치 푹신푹신한 침대 같았습니다.

그곳에 앉아서 수행을 했습니다. 그 숲에서 수행을 하는 것은 매우 좋았고, 조용하고, 평화로웠습니다. 가끔씩 누워서 낮잠을 자고 수행처로 돌아오기도 했습니다. 그 숲은 제게 많은 도움이 되었습니다.

숲에 갈 수 없을 때는 방에 앉아서 미얀마의 수행처로 돌아가는 상상을 했습니다. 수행처에 가는 길은 양옆으로 아주 드넓은 논이 있고 바람이 불고 시원합니다. 새소리가 들립니다. 상상 속에서 저는 천천히 걸으면서 온도, 바람, 소리, 흙냄새를 느끼고 작은 나무다리를 건넙니다. 다리 옆에는 작은 폭포가 있고, 그곳에 잠시 앉아서 떨어지는 물소리를 들으면서 시원한 바람을 느낍니다. 그런 후에 다리를 건너 완만하게 경사진 언덕을 올라 수행처로 향합니다. 언덕에 올라 정상에 오르면 주위에 있는 모든 것을 볼 수 있습니다. 사방을 둘러보고 주위에 있는 것들을 느끼고 천천히 언덕을 내려와서 수행처에 다다릅니다. 수행처 안으로 들어갈수록 나무들이 커지고 나무가 소음을 흡수하기 때문에 조용해집니다.

수행처 한가운데에는 깨끗하고 텅 빈 공간이 있고 그곳에 수행홀이 있습니다. 저는 수행홀에 들어가서 문을 닫습니다. 그 안에 있으면 시끄럽고 복잡한 세계를 멀리 떠난 듯합니다. 붓다에게 경의를 표하고 자리에 앉아서 수행을 합니다. 마음은 매우 고요하고 평화로워집니다. 이제 바깥 세계는 나와 상관이 없습니다.

'그곳은 세상 속에 있지만 세상 밖에 있습니다. 세상과 단절되지 않고 세상과 접촉하고 있지만 나는 세상 밖에 있습니다.'

이렇게 상상을 하는 데 5분 정도 걸립니다. 하지만 마음에는 아주 많은 영향을 줍니다. 수행하기에 적당한 장소가 없다면 이렇게 해보시기 바랍니다.

자신이 이상적인 수행 장소에 있다고 상상하십시오. 마음이 이것을 받아들일 때까지 아주 천천히 하십시오. 자신이 상상하고 있다는 것을 알고 그것이 실제가 아닌 것도 알지만 상상은 마음에 영향을 미칩니다. 이것이 중요한 점입니다. 그릇된 것을 상상하면 그릇된 영향을 받고 옳은 것을 상상하면 좋은 영향을 받습니다. 자신의 마음을 유익한 생각으로 돌리기 위해 선택을 할 수 있습니다. 한번 시도해보기 바랍니다. 익숙해지면 마음이 유익한 상태에 오랫동안 머물 것입니다.

사람들은 유익하지 않은 생각에 익숙해 있습니다. 대부분의 시간에 화를 내거나 짜증을 냅니다. 오히려 이것을 즐기는 사람이 있습니다. 한번은 그 사람에게 "당신은 왜 화를 내지요? 자신을 화나게 하는 것이 무엇인지 알고 있나요?" 하고 물었더니 "저 스스로가 그렇게 하고 있다는 것을 압니다."라고 하더군요. 그 사람은 자신이 화가 나도록 자신을 자극하고 일부러 나쁜 것들을 생각하는데, 그것은 화가 날 때 더 많은 에너지가 솟는다고 생각하기 때문입니다. 그래서 화가 나 있는 상태의 강한 에너지를 느끼려고 하는 것이죠.

또 그는 뉴스, 정부, 날씨, 음식 등 잘못된 것만을 생각합니다. 모든 것의 결점만을 바라봅니다. 도대체 그것을 통해 그가 얻으려고 하는 것은 무엇일까요? 바로 그 사실을 바라봄으로써 자신이 바보가 아니라는 것을 증명하고 싶은 것입니다. 하지만 유감스럽게도 저는 그가 자신에게 유익한 일은 하나도 하지 않는다는 사실을 발견했습니다. 유익하고 유용한 일을 하는 사람은 불건전한 생각과 다른 사람의 결점을 찾을 시간이 없습니다. 유익한 것을 생각하지 않는 사람은 유익하지 않은 일을 합니다. 유익한 것을 생각하는 사람은 유익한 일을 합니다. 중간은 없습니다. 사람들에게는 유익한 것과 유익하지 않은, 두 가지 방식만이 있습니다.

수행을 하기 위해서는 계율(sīla)을 지켜야 합니다. 수행을 해도 해칠 생각이 있다면 집중, 평화, 통찰을 얻을 수 없습니다. 수행은 자신과 남을 해치지 않겠다는 마음가짐이 필요합니다. 정직하게 결정하고 성실하게 수행하십시오. 자신을 해치지 않고 남 또한 해치지 않겠다고 결정하면 그 순간부터 수행을 할 수 있습니다. 결정의 순간부터 수행할 준비가 된 것입니다.

많은 사람들이 이를 따로따로 생각하는 경향이 있는데, 지계와 자애는 위빳사나(vipassanā) 수행과 함께 하는 것입니다. 즉 따로 분리될 수 없고, 각각의 면이 서로 연계되어 있습니다. 수행자는 이를 아는 것이 매우 중요합니다. 생각이든 행동이든 당신이 무언가를 하면, 그것이 좋은 것이든 나쁜 것이든 수행에 영향을 줍니다. 이는 깨어있는 삶을 위한 기초이며 진실입니다. 선도 없고 악도 없고, 좋은 행위의 결과도 없고 나쁜 행동에 대한 결과도 없다는 식의 잘못된 견해를 가지고는 어떤 정신적인 목표도 성취할 수 없습니다. 마음으로 동료 수행자나 다른 사람을 비난하면 그것이 산만함을 일으키고 그것 때문에 집중이 깨진다는 것을 알게 될 것입니다.

서로에게 친절하고 긍정적으로 대하십시오. 부정적인 것은 발전을 방해합니다. 서로의 발전을 위해서라도 소속감, 연결된 느낌, 자애를 개발하십시오. 이는 매우 중요합니다. 다른 사람의 수행을 지지하지 않으면 단절되고 이기적이 됩니다. 수행에도 진전이 없습니다.

수행을 하면서도 사업상의 거래에서는 정직하지 않았던 한 비즈니스맨이 있습니다. 친구가 이 점을 지적했습니다. "너는 해탈을 위해 수행을 하면서 왜 사업상의 거래는 정직하지 않은 거지?" 그러자 비즈니스맨이 말하기를 "그 두 가지는 다르지. 해탈하기 위해 수행을 하지만 수행은 수행이고 비즈니스는 비즈니스지. 수행과 비즈니스는 엄연히 다른 거라구!"라고 했다고 합니다.

그러나 이렇게 수행과 비즈니스를 분리할 수 있는 방법은 없습니다. 자신의 행위가 목적에 적합한지, 자신의 목적이 무엇인지 마음에 간직하고, 자신이 하고 있는 것이 수행에 해를 끼치는지 도움이 되는지를 확인해야 합니다. 즉 자신이 일상생활을 어떻게 하고 있는가가 매우 중요합니다. 자신이 가지고 있는 자원들을 유용하게 사용하는지, 주위 사람들을 사랑스럽게 대하는지 숙고하십시오. 그것이 성공적인 삶의 열쇠입니다.

다른 사람에게 해를 끼치면 어떻게든 수행에 영향을 받습니다. 계율을 지키면서 무엇을 하고 있는지 항상 숙고해야 합니다. 먹을 때에도 '내가 왜 먹는지', 옷을 살 때에도 '왜 이 옷을 입으려고 하는지' 숙고하지 않는다면 탐욕이 그 자리를 차지합니다. 남에게 자랑하기 위해 욕망으로 옷을 입고 탐욕으로 음식을 먹을 것입니다.

수행의 방법에는 여러 가지가 있습니다. 빠알리 경전에도 충분한 방법들이 있고 주위에도 많은 스승들이 있습니다. 붓다는 "사띠의 4가지 토대(cattāro satipaṭṭhānā)"(MN I. 56)를 말했습니다. 우리는 사띠(sati), 즉 알아차림의 토대가 되는 이 4가지 모두를 수행해야 합니다. 진정으로 깊은 통찰을 얻기 위해서는 이 모두를 개발해야 합니다. 그 4가지는 '신수심법(身, 受, 心, 法)'으로, 즉 '신념처(kayānupassanā)', '수념처(vedanānupassanā)', '심념처(cittānupassanā)', '법념처(dhammānupassanā)'입니다. 그러므로 사띠빳타나(satipaṭṭhānā) 수행은 모든 대상을 포함하고 배타적이지 않습니다. 하지만 사마타(samatha) 수행은 다릅니다. 이는 한 가지 대상을 정하여 그 대상에 머물고 나머지 대상은 무시합니다. 사띠빳타나 위빳사나 수행도 처음엔 하나의 대상을 정해서 시작합니다. 하지만 서서히 더 많은 대상으로 넓혀갑니다. 몸과 마음, 눈, 코, 귀, 혀, 몸 등에서 일어나는 모든 것을 알아차립니다.

수행을 배우는 것은 그리 어렵지 않습니다. 중요한 것은 분명하게 알고 바르게 이해해야 한다는 것입니다. 가장 좋은 자세는 질문을 많이 하는 것입니다. 무엇이든 질문을 자주 하는 사람이 더 많이 이해하게 됩니다. 의미가 명확해질 때까지 묻고 또 물으십시오. 그것은 배움의 가장 좋은 태도입니다. 또 분명하게 이해하기 위해서는 실행을 해야 합니다. 실행을 하다 보면 분명 문제를 발견할 것입니다. 그럴 때마다 스승에게 묻고 조언을 따르십시오. 또 계속 수행을 하면 언젠가는 자신만의 해답을 얻기도 합니다.

저는 오랜 시간을 숲에서 수행하며 스승과 떨어져 지냈습니다. 한 달에 한 번 정도나 스승을 만날 수 있었지요. 그래서 수행 중에 어려움을 겪을 때면 '다음에 스승을 만나면 이것을 물어봐야지' 하고 생각했습니다. 그런데 계속 수행을 하다 보니 그 문제에 대한 해답이 자연스럽게 떠오르곤 하는 것이었습니다. 즉 '스승이 오면 물어봐야지' 하는 문제도, 부지런히 정직하게 수행을 계속하면 자신만의 답을 얻게 되는 것입니다.

수행을 시작하면 자연스럽게 한 가지 대상에 마음을 집중하려고 합니다. 호흡에 마음을 유지하려고 합니다. 호흡에 마음을 둠으로써 집중이 개발되고 마음은 그 대상에 머물 수 있습니다. 마음이 고요해지면 대상의 변화들을 볼 수 있습니다.

아나빠나사띠(ānāpānasati), 즉 호흡 알아차림(출입식념)에는 단계가 있는데 각 단계들을 체계적으로 접한다면 알아차림과 집중의 개발이 훨씬 수월합니다. 대부분의 사람들은 숨을 쉬고 있으면서도 숨을 쉬고 있다는 것을 자각하지 못하는데 그 이유는 항상 '생각'을 하고 있기 때문입니다. 그렇다면 무슨 생각을 하고 있을까요? 대부분 자신이 무슨 생각을 하는지도 모르고 생각에 빠져 있습니다. 무의식적으로 말입니다. 그러므로 호흡을 알아차리는 것은 현재의 순간에 마음을 돌려놓는 데 많은 도움이 됩니다.

'나는 숨 쉬고 있다.' 이렇게 자각하는 것이 호흡 수행의 첫 단계입니다. 자신이 숨 쉬고 있다는 것을 자각하면 한 단계 발전한 것입니다. 다음 단계는 숨을 들이쉬면 숨을 들이쉬는지 알고, 숨을 내쉬면 숨을 내쉬는지 알아차리는 것입니다. 그다음 단계는 숨을 들이쉬고 숨을 내쉬는 짧은 순간에도 마음이 달아난다는 것을 알아차리는 것입니다. 이제는 마음이 달아나지 못하도록 숨을 들이쉬면서 하나, 둘, 셋, 넷, 다섯을 셉니다. 같은 방법으로 숨을 내쉬면서 하나, 둘, 셋, 넷, 다섯을 세면서 마음을 불러들입니다. 이는 호흡에 더욱 깨어있도록 도와줍니다.

주의할 점은 숨을 들이쉬고 내쉬면서 단순히 하나, 둘 하며 숫자만을 세면 안 된다는 것입니다. 숨을 들이쉬고 내쉴 때 일어나는 감각을 알아차리는 것이 중요합니다. 마음으로 하나,

둘, 셋, 넷, 다섯을 세면서 호흡을 알아차리면 마음이 중간에 달아나지 못합니다. 숨을 들이쉴 때는 호흡의 시작과 중간과 끝을 알아차리십시오. 다섯 정도의 숫자를 세면서 알아차리는 것이 좋습니다. 10 이상은 세지 마십시오. 10 이상의 수를 세면 빠르게 세어야 하기 때문에 산만함을 유발합니다. 얼마나 길게 숨을 들이쉬고 내쉬는가에 따라서 다섯 번에서 열 번 정도를 세십시오. 단, 숫자를 세는 것은 호흡에 마음을 유지하기 위해서입니다. 그러므로 숫자를 정해놓지는 마십시오. 숫자를 빠르게 세지 않아야 호흡이 멈출 때 숫자 세는 것을 끝낼 수 있습니다. 숫자에 연연하지 마십시오. 자연스럽게 세면서 호흡에 마음을 유지해야 합니다. 마음을 '빤냣띠(paññatti)' 즉 개념(숫자)이 아닌 '빠라맛타(paramattha)', 즉 실제(감각)에 두십시오. '빤냣띠'와 '빠라맛타'는 매우 중요한 빠알리어인데 나중에 자세히 설명하겠습니다.

대부분 수행을 하면서 마음을 빠라맛타에 두지 않고 빤냣띠에 둡니다. 그러면 안 됩니다. 아나빠나사띠(anapanasati, 출입식념) 수행은 방향이나 숫자, 명칭이 중요하지 않습니다. 방향, 숫자, 명칭은 빤냣띠이기 때문입니다. 빤냣띠란 '개념'이라고 말할 수 있는데, 가령 어떤 물질의 이름이나 명칭이 빤냣띠입니다. 안·밖·동·서·남·북·상·하·좌·우 등의 방향은 빤냣띠입니다.

우리가 어떤 것을 공기라고 할 때 '공기'는 빤냣띠입니다. 즉 어떤 현상에 이름 또는 명칭을 붙여서 한 덩어리로 이해하는 것이 빤냣띠입니다. '공기'라고 하는 것의 실제(빠라맛타)는 여러 가지 요소들의 조합일 뿐입니다.

빠라맛타는 직접 경험하고 느끼는 감각입니다. 우리가 숨을 들이쉬고 내쉴 때 어떤 감각을 느끼는데 그 감각이 빠라맛타입니다. 숨이 들어오고 나갈 때 부드럽게 스치고 미는 것, 차갑거나 따뜻한 것, 온도와 느낌과 감각을 알아차리십시오. 거기에 마음을 유지하고, 마음이 달아나면 반복적으로 마음을 그곳에 가져오십시오.

처음에는 숨을 들이쉬면서 하나, 둘, 셋, 넷, 다섯을 세고 숨을 내쉬면서 하나, 둘, 셋, 넷, 다섯을 세십시오. 지속적으로 호흡을 알아차리는 것이 중요합니다. 처음에는 숫자를 세거나 '들숨, 날숨' 명칭을 붙이지만 숫자나 명칭을 놓아버리고 호흡 자체와 함께 하면서 호흡의 변화와 감각을 보기 위해 노력하십시오. 직접 경험하는 것은 모두 사라집니다. 자신이 어떤 방향을 향해 있는지도 모르고 이상한 느낌들이 일어나기도 합니다. 자신이 누구인지 알지 못하기도 합니다. 자신이 누구인가는 마음에서 만든 하나의 아이디어, 생각, 개념일 뿐입니다.

수행자에게 빠라맛타와 빤냣띠에 대한 이해는 아주 중요합니

다. 수행을 하면서 자신의 마음이 어디에 있는지 무엇을 생각하고 있는지 알아차리십시오. 빠라맛타에 마음을 두지 않으면 마음이 집중되어 고요하고 평화로워도 실제를 볼 수가 없습니다. 빤냣띠에 마음을 두면 사마디는 이뤄지지만 나마(정신)를 나마로, 루빠(물질)를 루빠로 볼 수 없고 나마나 루빠의 본성과 만날 수 없습니다.

수행에는 중요한 두 부분이 있는데 첫 번째는 하나의 대상에 마음을 집중하는 것입니다. 중요한 두 번째는 그것을 무엇이라 부르든 '있는 그대로의 실제를 보고 아는 것'입니다.

담·마·토·크

호흡은 어느 정도 길이로 해야 하나요?

호흡의 길고 짧음이라 하는 것 또한 빤냐띠입니다. 생각해보세요. 어떤 호흡을 얼마나 길게 쉬어야 '긴 호흡'이라고 말할 수 있나요? 그것은 누구도 규정할 수 없습니다. 중요한 것은 마음이 단어나 말에 이끌리지 않아야 한다는 것입니다.

호흡이 길든 짧든 호흡의 처음부터 끝까지 전체를 알고 있는 것이 중요합니다. 마음을 감각에 유지하십시오. 호흡이 길든 짧든, 들숨과 날숨이 닿는 곳에 마음을 두십시오. 처음에만 호흡이 길 때와 짧을 때를 인식하는데 이것은 초보단계입니다. 숨이 들어오고 있는 것, 숨이 나가고 있는 것을 아는 것이 첫 번째 단계입니다. 숨을 길게 들이쉬고 있는 것, 길게 내쉬고 있는 것, 숨을 짧게 들이쉬고 있는 것, 짧게 내쉬고 있는 것을 아는 것이 그다음 단계입니다.

그 후에는 길고 짧음을 놓아버리고 호흡과 함께 있으십시오. 또한 호흡을 셀 때 10을 넘기는 것은 좋지 않습니다. 정확히 몇까지 세려고도 하지 마십시오. 숫자는 중요하지 않습니다. 마음이 호흡에 머무는 것이 중요합니다. 이것은 처음에만 하는 것입니다. 어느 정도 집중이 이뤄지면 세는 것을 놓아버리고 마음이 호흡에 머물 수 있는지를 보십시오.

우리는 생각하는 오랜 습관 때문에 숨을 들이쉴 때 하나, 둘, 셋까지는 잘 세지만 넷, 다섯, 여섯은 잊어버리고 생각을 합니다. 마음이 밖으로 달아나는 것을 막기 위해서 반복적으로 마음을 붙들어서 호흡에 놓아야만 합니다. 이것이 숫자를 세는 목적입니다. 세는 것을 놓아버리고 호흡과 함께 머뭅니다. 숫자를 세지 않고 호흡에 머물 수 있다면 이제는 숫자 세는 것을 멈추십시오. 숫자를 세는 것이 나중에는 또 하나의 장애가 됩니다. 숫자는 숫자일 뿐입니다. 숫자를 이해하기 위해서 수행을 하는 것이 아닙니다.

안과 밖은 빤냣띠입니다. 마음을 숫자에 두는 것은 빤냣띠입니다. 길고 짧음도 빤냣띠입니다. 초보자에게 처음에는 빤냣띠가 도움이 됩니다. 하지만 어떤 단어나 생각 없이 호흡에 머물 수 있다면 그것이 가장 좋은 것입니다. 길고 짧음은 비교이고 빤냣띠입니다. 우리가 하는 것은 호흡과 함께하는 것입니다. 가능한 한 모든 것을 놓아버리십시오!

마음이 산만하지 않도록 하십시오. 처음에만 몇 분간 수식관을 하고 놓아버리십시오. 너무 많이 돌아다니기 때문에 마음이 빨라지고 생각을 많이 합니다. 마음이 호흡과 함께 머물게 되면 모든 단어, 모든 개념을 놓아버리십시오.

사야도 우 조티카(Sayadaw U Jotika)

3
사띠빳타나 위빳사나 수행으로의 길

– '빤낫띠(개념)'와 '빠라맛타(실제)'에 대한 이해 –

우리는 항상 몸과 마음을 지배하려고 합니다. 그러나 수행을 하면서도 몸과 마음을 조절하려고 하면 깊은 통찰을 개발하기 어렵고 일상적인 실제 너머로 갈 수 없습니다. 놓아버리는 법을 배우십시오. 자연스럽게 놔두십시오. 수행의 경험을 조절하려고 한다면 더 이상 나갈 수 없습니다! 자신을 붙잡는 것은 무의식인데 이것을 알아차리기 어렵습니다. 의식적으로는 놓지만 무의식에서는 놓는 것이 두렵고 불안하기 때문에 여전히 자신을 조절합니다.
'무아'는 '자아 없음'입니다. '자아'도 없고 '지배자'도 없습니다. 나마루빠, 즉 정신·물질 현상일 뿐입니다. 하지만 그 과정을 통제하려는 순간 수행 밖으로 나오게 됩니다. 수행은 항복입니다.

가장 아름다운 모습은 앉아서 수행하는 사람입니다. 저는 어렸을 때에도 수행하고 있는 사람을 보면 멈춰 서서 가만히 바라보곤 했습니다. 그 모습은 아주 고요하고 위엄이 있어 보였습니다. 아름답습니다. 확고하게 안정되어 흔들림이 없고 피라미드처럼 보입니다. 이런 모습은 마음이 아주 안정되어 있음을 보여줍니다. 몸의 자세는 마음이 고요할 수 있게 도와줍니다. 불상을 볼 때마다 붓다의 모습은 저를 평화롭게 합니다.

 수행을 할 때는 우선 자신이 하고 싶어 하는 것에 대해 명확한 아이디어를 갖는 것이 중요합니다. 확고한 이념이 없다면 충분한 에너지도 없습니다. 목표와 이상이 확고할수록 많은 에너지를 가지게 되어, 더 많은 시간과 에너지를 사용할 수 있게 됩니다. 그러므로 자신이 진정으로 무엇을 하고 싶어 하는지 분명하게 정하십시오. 저는 일반적인 아이디어만을 줄 뿐이며 나머지는 자신들의 몫입니다.

 수행을 할 때 마음이 고요하고 생각이 느려지고 주위가 희미해집니다. 이것은 마음이 집중되고 있는 것입니다. 하지만 초보자는 마음이 집중되어 고요함이 올 때면 갑자기 일상(물질적인 실제)으로 되돌아옵니다. －초보자란 수행을 이제 시작한 사람은 물론 오랫동안 수행을 했어도 어떤 단계를 넘지 못했으면 초보자입니다.－ 어떤 때는 소리에 놀라서 돌아오기도 합니다. 왜 이런 일이 일어날까요? 이것은 새로운 세계와 접촉하면서 몸 전체가 놀라기 때문입니다.

수행은 일상 세계를 떠나 다른 차원의 세계로 가는 것입니다. 이것은 매우 깊은 의미가 있습니다. 이것을 이해해야 합니다. 이 상태는 '최면 상태'와 유사하지만 최면 상태는 아닙니다. 하나의 대상에 집중이 이뤄지고 다른 실제와 접촉할 때 초보자는 어려움을 겪습니다. 마음이 일상 세계와 다른 실제를 오가는데, 일상적인 실제에 익숙한 초보자는, 일상 세계에서 안전함을 느끼고, 일상적인 실제를 놓아버리지 않기 때문입니다. 이는 보호본능입니다. 자신을 보호하려는 본능이 의식적으로 주변을 마음에 두고, 주위의 일과 몸의 상태를 알고 있는 것입니다. 하지만 수행 중에 마음이 집중되어지면 주위를 알아차릴 수 없습니다. 감각은 알아차리지만 모양은 더 이상 알아차리지 못합니다.

몸의 모양과 크기는 빤냣띠, 즉 개념입니다. 마음은 개념들을 조합하여 아이디어를 만듭니다. 고전물리학 책을 보면 모양, 크기, 움직임 등이 있음을 발견합니다. 뉴턴 물리학에 따라 모든 것을 예측할 수 있습니다. 행성은 공전합니다. 지금부터 10년 후에 어떤 행성이 어느 지점에 있다고 말할 수 있습니다. 일정한 모양, 크기, 움직임이 있습니다. 그렇지만 소립자로 내려가면 내려갈수록 형태가 없습니다. 확실하게 말할 수 없습니다. 오직 일어날 확률로만 말할 수 있습니다. 거기에는 확률만 있을 뿐 어떠한 것도 확실하지 않습니다. 빠라맛타 역시 모양도 없고 크기도 없습니다.

일상적인 실제에서는 주변, 형태, 크기, 존재, 사람, 동쪽, 서쪽, 남쪽, 북쪽, 시간, 날짜, 연도 등을 알 수 있습니다. 그러나 수행 중에는 오늘이 며칠이고, 무슨 요일이고, 몇 시인지를 잊어버립니다. 어디에 있는지도 알지 못합니다. 동쪽을 보고 있는지 서쪽을 향하고 있는지 모릅니다. 알지 못하기 때문에 무서움이 일어납니다. 정신적인 문제가 있다고 여기기도 합니다. 그러나 수행자는 자신을 내려놓고 일상적인 세계 너머로 갑니다. 더 이상 자신이 누구인지 중요하지 않습니다. '나'라는 개념, 이 아이디어를 놓아버립니다. 하지만 초보자는 공포감을 느끼고 일상 세계로 돌아옵니다. 자신 주위의 일을 알아야 안전함을 느낍니다. 주위와 몸 상태를 알고, 자아를 의식해야 자신이 보호받는다고 느낍니다.

이것은 빤낫띠인데 이것이 개념이라는 사실을 알지 못하기 때문에 두려움을 느낍니다. 그래서 "수행이 무서워요.", "어떤 현상에 공포감을 느꼈어요!" 하고 말합니다. 즉 깊은 체험과 초월적 세계를 경험하고 싶어 하면서도 막상 일상적 실제를 벗어나면 두려워합니다. 이것은 오랫동안 자신을 붙잡고 있는 것에 익숙해 있기 때문입니다. 자신의 몸과 외부 환경을 의식함으로써 안전감을 느낍니다. 이것은 보호본능입니다.

새로운 환경에 놓이면 불안감을 느낍니다. 자신이 깊은 정글에 있다고 상상해보십시오. 주위에는 호랑이, 독사 등 위험한 것들이 있습니다. 대나무를 엮어 만든 오두막은 호랑이로부터는 자신을 보호할 수 있지만 독충과 뱀으로부터 자신을 보호하기는 어렵습니다. 그곳에서 수행을 하면 '쉬쉬' 하는 소리를 듣고 몸이 반응을 합니다. 공포심이 일고 수행에서 깨어납니다. "그것이 무엇일까?" 불안감을 느낍니다. 그것이 도마뱀이면 다시 수행으로 돌아갑니다. 하지만 여전히 마음은 밖을 경계합니다. 주위에서 무슨 일이 일어나고 있는지 알려고 하기 때문에 깊은 집중을 얻기가 어렵습니다. 따라서 일상적인 실제 너머로 가기 위해서는 우선 신뢰와 안전을 개발해야 합니다. 이는 아주 중요합니다. 신뢰할 수 있는 스승이나 친구, 가족과 함께 수행을 하는 게 좋습니다. 위험한 일이 생겨도 보호받을 수 있다고 느낄 수 있습니다. 초보자들에게 이는 중요한 일입니다. 미얀마의 스승들은 붓다에게 몸을 맡기라고 합니다.

수행자는 수행을 시작하면 상징적으로 자신을 붓다에게 주어 버립니다. 이젠 더 이상 자신의 것이 아니기 때문에 걱정도 사라집니다. 자신이 안전함을 느끼고 신뢰할 수 있는 장소를 찾기 위해 노력하십시오. 자애심을 개발하는 것도 중요합니다. 자애심은 자신을 안전하게 느끼도록 해줍니다.

저는 오랫동안 숲 속에서 살았습니다. 주위에 몇 집만이 있는 아주 깊은 숲이었지요. 그곳에서 지낼 때는 나무 밑이나 대나무로 얼기설기 엮은 오두막, 혹은 가사로 만든 텐트에서 수행을 했습니다. 그 숲에는 호랑이가 살고 있었지요. 하지만 강한 자애심을 개발하면 그 강한 자애심이 안전하게 느끼도록 해줍니다. 20년 이상 숲 속에서 지냈지만 저는 한 번도 다친 적이 없습니다. 자신을 신뢰할수록 안전함을 느끼게 됩니다.

자신을 신뢰하십시오. 수행을 신뢰하십시오! 오계를 지키고 실천하면 자신의 신뢰와 용기가 개발됩니다. 지계는 용기를 줍니다. 오계를 지키면 공포심이 줄어듭니다. 자신이 친절하고 덕이 있다고 생각되면 그 믿음은 많은 힘과 용기를 줍니다. 자애를 개발하십시오. 자애심은 마음을 고요하고 평화롭게 합니다. 자신의 자애가 자신을 보호합니다. 자애관을 하면 자신의 주위에 자기장이나 라디오파와 같은 보호막이 생겨서 자신의 자애가 자신을 보호하고 있는 것이 느껴집니다. 그 자애의 영역

안에 들어오면 해치려는 의도가 있어도 자애와 친절의 영역을 지나면서 마음이 바뀝니다. 이것은 진실입니다! 때문에 자애심을 개발하기 위해 노력해야 합니다. 더 많이 개발할수록 더 강력한 자애의 영역 안에 있고 더 많은 보호를 받게 됩니다. 어떻게 자신을 보호해야 하는지에 대해 많은 사람들이 질문합니다. 자애와 사띠가 자신을 보호합니다. 자애와 사띠는 붓다의 믿음을 돈독히 하고 수행에 자신감을 줍니다.

물론 초보자는 우선 안전함을 주는 장소를 찾는 게 좋습니다. 초보자는 자신이 붙잡고 있는 것에 익숙하고 자신에게 집착하며 항상 자신을 보호하려고 하기 때문입니다. 그럴 때는 의식적으로 자신이 몸과 마음을 조절하려고 하는 것을 알아차리십시오. 우리는 항상 몸과 마음을 지배하려고 합니다. 그러나 수행을 하면서도 몸과 마음을 조절하려고 하면 깊은 통찰을 개발하기 어렵고 일상적인 실제 너머로 갈 수 없습니다. 놓아버리는 법을 배우십시오. 자연스럽게 놔두십시오. 수행의 경험을 조절하려고 한다면 더 이상 나갈 수 없습니다! 자신을 붙잡는 것은 무의식인데 이것을 알아차리기 어렵습니다. 의식적으로는 놓지만 무의식에서는 놓는 것이 두렵고 불안하기 때문에 여전히 자신을 조절합니다. 두려움과 불안은 뿌리 깊게 박혀 있습니다. 그것이 얼마나 오래된 것인지 모르지만 100억 년 된 것일 수도 있고 DNA 안에 각인되어 있는지도 모릅니다. 무의식에서 심리적인 분열의 위협에 대항하며 자신을 보호합니다. 심리적인 분열은 무엇을 의미하나요? 심리적인 통합은 자신이 누구인지에 대한 아이디어를 가지는 것이고, 분열은 '무아(anatta)'를 의미합니다. '무아'는 '자아 없음'입니다. '자아'도 없고 '지배자'도 없습니다. 나마·루빠, 즉 정신·물질의 과정일 뿐입니다. 하지만 그 과정을 통제하려는 순간 수행 밖으로 나오게 됩니다. 수행은 항복입니다.

우리는 항상 자신을 통제하려고 합니다. "내가 누구인지, 내가 무엇을 하고 있는지 알아야만 한다." 이런 태도를 가지면 발전하지 못합니다. 실제로 일상적인 '나'도 수행하는 '나'도 없습니다. 이것을 아는 수행자는 수행을 조절하지 않습니다. 무엇이 일어나도 순수하게 알아차릴 뿐입니다. 그것은 길가에 앉아서 도로의 차들을 보는 것과 같습니다. 그곳에서 지나가는 자동차를 통제할 수 없습니다. 오로지 지나가는 자동차를 볼 뿐입니다. 어떤 일이 일어나고 있는지 알지만 통제하지 못합니다. 이처럼 몸과 마음에서 일어나는 현상을 조절하지 않고 저항하지 않고 놓아버리는 마음 상태를 개발해야 합니다.

문제는 더 이상 자신을 통제할 수 없게 되고 '나'를 느끼지 못하면 공포심이 생긴다는 것입니다. 그때에는 자신에게 위험하지 않고 무섭지 않다고 말하십시오. 자신을 신뢰하고 수행을 신뢰하고 계속하십시오. 자신을 붙잡지 마십시오. 무엇이 자신을 붙잡으려고 하고 조절하려고 하는지 보십시오. 위험을 느끼면 몸에서 경련이 이는데 이는 보호반응 때문입니다. 초보자는 다른 실제로 가는 순간에 깨어나 다시 자신을 지배하려고 합니다. 이런 갑작스런 몸의 경련은 수행자를 겁먹게 합니다. 이것은 반복해서 일어나는데 지혜가 깊어지면 사라집니다.

또한 초보자는 통증 때문에 산만해지기도 합니다. 몸은 안정된 자세로 있지만 마음은 통증에 반응을 합니다. 마음이 산만해지고 수행이 멈춰집니다. 수행에서 깨어납니다. 이것은 보호반응의 또 다른 양상입니다. 특히 만성적인 긴장과 불안감이 있는 사람은 "이것을 놓아버리면 내게 무슨 일이 일어날지 몰라요. 내가 나를 통제할 수 없을 거예요. 내가 정상적인 삶으로 돌아올 수 없을지도 몰라요." 같은 공포를 강하게 느낍니다.

빠라맛타(paramattha), 즉 궁극적 실제는 직접적인 경험입니다. 빠라맛타는 정신·물질의 궁극적 실제입니다. 빠라맛타는 궁극적 실제이고, 그 너머의 것은 알 수 없습니다. 현대 과학은 궁극적인 실제가 무엇인지 알아내려고 노력합니다. 하지만 아직까지 그것을 찾지 못했는데 이유는 더 깊이 들어갈수록 실체가 없기 때문입니다. 물질은 모양이 없고 크기가 없습니다.

물질의 가장 작은 입자, 즉 빛은 광자들이고 질량이 없는 에너지 패킷일 뿐입니다. 질량이 없는 것을 상상할 수 있나요? 순수한 에너지, 그것이 빛입니다. 그 너머에 있는 것은 아무도 말할 수 없습니다. 그것에 대해 우리가 아는 유일한 것은, 그것이 궁극적 실제라는 것입니다. 그 이상은 없습니다. 수행의 직접적인 경험 역시 궁극적 실제입니다. 따뜻함은 궁극적 실제입니다. 부드러움 또한 궁극적 실제입니다. 움직임, 진동도 궁극적 실제입니다. 하지만 다리를 만질 수는 없습니다. 다리는 마음이 창조한 것입니다. 다리의 궁극적 실제가 무엇이라고 말할 수 없습니다. 다리를 만질 수 없다는 것이 이해하기 어렵지만 이것을 이해하기 위해 노력해야 합니다.

"내가 내 다리를 만질 수 없다니요? 내 다리가 여기 있어요!"

하지만 그것이 '다리'라는 것을 어떻게 아나요? 다리라는 것은 많은 아이디어들의 조합입니다. 눈을 감고 어떤 것이 닿으면 그것이 무엇인지 말할 수 있나요. 그 궁극적 실제를 말할 수 없습니다. 단지 접촉하는 면의 형태만 말할 수 있습니다. 이것은 평평하다고 할 수 있지만 모양을 말할 수 없습니다. 어떻게 모양에 대해 말할 수 있나요? "둥근 공이에요. 안이 비었어요. 1센티미터 정도의 두께입니다." 그것을 어떻게 말할 수 있습니까? 공이라고 하는 것은 보고 만져서 여러 아이디어들을 조합한 것입니다. 아주 많은 데이터들을 조합한 것인데 그중에서 하나의 자료만 가지고는 말할 수 없습니다. 단지 성품만을 말할 수 있습니다. 그것은 딱딱합니다. 그것은 차갑습니다. 그 이상은 아무것도 없습니다.

어떤 것도 덧붙이지 않고 아무것도 첨가되지 않은 순수한 감각과 접촉하기 위해 수행을 하는 것입니다. 우리는 어떤 것을 경험하면 과거의 기억들에서, 눈으로부터, 다른 정보들로부터 그것에 대한 개념을 만듭니다. 우리는 이것을 항상 하고 있습니다. 빠라맛타를 이해하기 위해 노력하십시오. 왜냐하면 빠라맛타가 위빳사나 수행의 대상이기 때문입니다. 마음을 빠라맛타에 두지 않는다면 깊은 통찰을 개발할 수 없습니다. 하나의 대상에 마음이 함께하면 집중이 개발됩니다.

저는 무소유처 선정을 닦았습니다. 출입식념을 통해 삼매를 개발한 후 갈색의 원반을 응시하는 방법으로 색계 선정을 닦습니다. 원반을 응시하고 마음을 원반에 집중하면 눈을 감아도 원반의 이미지가 마음 안에 니밋따로 남습니다. 그러면 그 니밋따, 이미지에 몰입합니다. 합판에 구멍을 뚫고 창문에 대고 밖을 볼 수 없도록 막았습니다. 그리고 그 구멍을 응시합니다.

구멍을 구멍이라고 봅니다. 구멍 안에는 아무것도 없습니다. 구멍 안에 아무것도 없다고 생각합니다. '텅 비어 있다.' 그러면 신기하게도 마음은 '아무것도 없음'에 빠져들어 매우 평화로워집니다. 지금도 그렇게 하고 싶을 때가 있지만 그러면 통찰이 개발되지 않기 때문에 하지 않습니다. 몰입되면 아주 평화롭습니다. 왜 평화로운지 아시나요? 거기에는 어떤 장애도 없기 때문입니다. 장애없음이 모든 것의 끝입니다.

그것은 닙바나(nibbāna), 즉 열반과 매우 흡사한데 열반은 아닙니다. 아무것도 없음을 대상으로 아무것도 없다는 니밋따를 마음에 간직할 뿐입니다. 무소유처 선정에 대해 말하기가 어렵지만 그것은 정말 평화롭습니다. 하루 종일 '코카콜라, 코카콜라'를 염송하면서 집중을 개발할 수 있습니다. 마음이 단어, 소리, 모양, 이미지, 개념에 빠져들면서 집중이 개발됩니다. 마음이 변하지 않는 감각이나 아이디어 등의 개념에 몰입하는 것을 사마디, 집중이라 합니다. 하지만 통찰을 얻기 위해서는 빠라맛타와 접촉해야 합니다. 우리는 항상 빠라맛타(실제)와 접촉하고 있지만 보는 즉시 실제를 빤냣띠(개념)로 바꿉니다.

우리가 보는 것은 색깔일 뿐이지만 경험으로부터 얻은 개념을 통해 이것은 무엇이고 저것은 사람이라고 판단합니다. 하지만 생각해보세요. 우리가 기억을 완전히 잃어버렸다면 그것이 무엇인지 알 수가 없습니다. 우리는 처음 보는 것을 대하면 "이것은 무엇인가요?", "이것은 어떻게 만드나요?", "내가 먹을 수 있는 건가요?", "이것은 무슨 맛인가요?" 하고 묻습니다.

모르면 불안합니다. 그것이 무엇인지 알고 싶어 합니다. 그러나 아무리 설명해주어도 먹기 전에 맛을 알 수 있을까요? 알 수 없습니다! 하루 종일 생각해도 맛은 알 수 없습니다. 오로지 그 맛은 입에 넣고 씹은 후에 알 수 있습니다. 저는 키위라는 과일을 처음 먹어본 곳이 호주였습니다. 그것을 입에 넣기 전까지는 무슨 맛인지 도무지 상상할 수가 없었지요.

무엇을 보면 처음에 색깔을 보고, 서로 다른 색깔을 조합하여 모양을 얻습니다. 모양을 만드는 것은 마음입니다. 눈은 모양을 볼 수 없습니다. 색깔이 없다면 아무것도 볼 수 없습니다. 소리도 같습니다. 귀는 소리를 듣지 단어를 듣지 않습니다. 단어는 마음이 만든 것입니다. 다른 나라에 가면 그곳 사람들의 말을 듣는데 무슨 뜻인지 알 수가 없습니다. 소리는 실제이고 단어와 의미는 마음이 창조합니다. 일상적인 실제 너머의 실제를 이해하기 위해서는 단어와 의미 너머로 가야 합니다. 수행 중에 마음이 집중되면 곁에서 말을 해도 소리는 들릴지라도 그 의미를 알 수 없습니다. 수행자의 집중이 어느 정도 개발되면 스승이 말합니다. "사람들이 떠드는 곳에서 수행하십시오." 그러면서 의도적으로 시끄러운 장소로 보냅니다. 마음이 집중되어 있다면 소리는 듣지만 뜻은 알 수 없습니다. 소리가 더 이상 마음을 산만하게 하지 않습니다. 그것은 소리는 있지만 마음에서 아이디어를 만들지 않기 때문입니다.

빠라맛타와 빤냣띠에 대한 이해를 분명하게 해야 합니다. 이것에 대한 바른 이해는 매우 중요합니다. 움직임은 볼 수 없습니다. 우리는 움직임을 본다고 생각하지만 움직임은 볼 수가 없습니다. 움직임은 감각의 영역이지 눈의 영역이 아닙니다. 어떻게 움직임을 본다고 할 수 있나요? 움직임은 없습니다. 어떤 것이 일어나서 사라지고 이어서 또 다른 것이 일어나고 사라집니다. 텔레비전의 브라운관이나 영화관의 스크린을 보면 아주 작은 점들이 반짝 사라지고 또 다른 점이 반짝 사라지는 것이 지속됩니다. 아주 작은 점들이 아주 빠르게 일어나서 사라지고 일어나서 사라지는 것을 보고 점이 움직인다고 하는데, 사실은 점이 움직이는 것이 아닙니다. 이것을 이해하도록 하십시오. 움직임은 없고 움직이는 점도 없고, 하나의 점이 나타났다가 사라지고 또 다른 점이 나타났다가 사라지는 것뿐입니다.

양초의 불꽃을 이곳에서 저곳으로 옮길 수 있을까요? 초의 불꽃은 계속 새롭게 타오르고 사그라집니다. 따라서 그 불꽃을 이곳에서 저곳으로 옮길 수 없습니다. 불꽃을 옮기는 사이에 이미 그 불꽃은 사라집니다. 새로운 불꽃의 연속성만이 있습니다. 불꽃이 계속 새롭게 타오르고 있기 때문에 연속된 것으로 여깁니다. 각각의 불꽃은 같지 않습니다. 이런 비연속성을 깊이 이해해야 합니다.

Niccaṃ nāvava sankhārā dīpa zālā samūpamā
조건 지어진 모든 것은 항상 새로운 것이다. 램프의 불꽃처럼.

오래되었다는 것은 같은 것이라는 의미이나, 그와 같이 같은 것은 없습니다. 어떤 철학자가 쓴 책에 "당신은 같은 강에 두 번 들어갈 수 없다."라고 합니다. 강물이 계속 흐르고 있기 때문에 어제의 강물은 오늘의 강물이 아니라는 이야기지요. 하지만 사실 우리는 같은 강에 한 번도 들어갈 수 없습니다. 강이 어디에 있고 당신은 무엇인가요? '강'이라는 큰 그림을 가지고 있을 때 '강'이라는 아이디어를 얻습니다.
이 철학자는 사람을 지속적인 것으로 여기기 때문에 같은 강에 두 번 들어갈 수 없다고 말한 것입니다. '강'이라는 아이디어도 '사람'이라는 아이디어도 마음 안에서 조합한 어떤 것입니다. 그것은 항상 움직이고 있고 변하고 있습니다. 자루에 모래를 담아서 매달고 자루 밑에 구멍을 뚫으면 모래가 아래로 떨어집니다. 그때 구멍으로 떨어지는 모래는 긴 선처럼 보입니다. 하지만 그 선이 정말로 존재하나요? 아닙니다. 그것이 선처럼 보일 뿐입니다. 자루를 건드리면 좌우로 선이 움직입니다. 그렇다면 그 선이 움직이는 것일까요? 아닙니다. 움직이는 선은 없습니다. 서로 다른 장소에 떨어지는 미세한 모래알갱이들일 뿐입니다. 좌우로 움직이는 선은 환영입니다. 미세한 모래알갱

이들이 떨어질 뿐입니다. 모래주머니를 뒤로하고 선만 보면 더 나은 아이디어를 얻을 것입니다. 사실 선은 없습니다.

우리 몸도 이와 같습니다. 항상 정신·물질 현상들이 일어나고 사라집니다. 모양은 눈의 영역이 아닙니다. 모양은 마음의 영역이고 마음의 조합입니다. 우리는 냄새를 맡고 '이것은 장미다'라고 하지만 그 냄새가 장미는 아닙니다. 장미는 마음이 창조한 아이디어, 개념입니다. 냄새는 실제지만 이름은 배운 것입니다. 냄새와 함께 장미의 모양과 색깔을 한데 묶어서 장미라고 부릅니다. 그것을 조합하지 않으며 어떻게 순수한 감각들만을 이해하나요?

제가 수행을 배울 때 스승이 물었습니다. "설탕이 단가요?" 그래서 제가 "네, 설탕은 달지요." 하고 대답했습니다. 그러자 스승은 "정말인가요?" 하고 되물었습니다. 저는 스승이 왜 정말이냐고 물었는지 그 질문을 이해할 수 없었습니다. 그러자 스승은 "설탕이라는 이름은 실제인가요, 개념인가요? '이름'은 '이름'일 뿐입니다. 개념입니다. '이름'은 달지 않아요."라고 말씀하셨습니다.

그렇습니다. 이름은 달지 않습니다. 그렇다면 무엇이 단가요? 달다는 것은 무엇인가요? 단 것은 설탕이 아닙니다. '단것은 단 것이다'라고 할 수밖에 없으며 '달다'는 것도 이름일 뿐입니다.

달다는 것은 혀의 감각인데, 우리는 그 감각에 '달다', '쓰다', '설탕이다'라는 이름을 붙입니다. 자신이 실제를 창조합니다. 물론 '개념'은 우리가 일상적인 생활을 하는 데 꼭 필요한 것입니다. 하지만 그것은 일상적인 실제 너머에 있는 '실제'를 경험하는 데는 커다란 장애가 됩니다.

일찍이 붓다는 각기 다른 레벨의 실제를 말했습니다. 일상적인 세계도 실제입니다. 그것은 무시해야 하는 것이 아닙니다. 일상적인 실제는 동의된 실제 또는 관습적인 실제라고 할 수 있습니다. 하지만 빠라맛타, 즉 궁극적인 실제를 이해하기 위해서는 일상적인 실제를 넘어서야 합니다. 그럼에도 우리는 일상적인 실제에 집착하고 그것을 놓으려 하지 않습니다. 일상적인 실제의 덫에 사로잡혀 있는 것이지요. 개념의 덫에 잡혀 있고 개념의 감옥에 갇혀 있습니다. 아이디어가 우리를 행복하게도 하고 불행하게도 합니다. 하지만 빠라맛타에는 행복도 불행도 없습니다. 모든 이상(理想), 주의(主義), 이념(理念) – 공산주의, 민주주의, 종교주의 – 등은 감옥일 뿐입니다. 무슨 사상이든 그 아이디어에 집착하면 그것은 사상의 감옥에 갇히는 것입니다. 자유롭지 못합니다. 또 다른 실제를 이해하면 일상적인 실제에서 더 나은 활동을 할 수 있습니다. 그것은 감옥에 있지 않고 자유롭기 때문입니다.

일상적인 실제는 우리에게 상처를 주는데도 우리는 그것을 놓아버리지 못합니다. 그 까닭은 그것이 자신이 알고 있는 유일한 세계이기 때문입니다. 우리가 무엇을 위해 수행하는지, 수행이 어디로 향하고 있는지를 바르게 알아야 합니다. 수행은 일상적인 실제에서 궁극적인 실제로 가는 것이기 때문에 바른 이해가 중요합니다. 마음에 의해 만들어지지 않은 것이 궁극적 실제입니다.

우리는 이것을 경험하고 그 실제 너머로 가야 합니다. 궁극적 실제 너머에 또 다른 실제가 있는데 그것은 정신·물질 과정을 초월해 있습니다. 일상적 실제에서 빠라맛타(과정, 현상, 지속되는 것 없음, 존재 없음)로 가고, 거기에서 그 너머의 실제로 갑니다. 이것은 이해하기 힘들며 설명하기 어려운 빠라맛타, 즉 '초월적인 실제'입니다. 그것은 시공과 언어를 초월해 있습니다.

한편 수행할 때 잊지 말아야 할 또 한 가지는, 사랑하는 생각을 내어 자애심을 개발해야 합니다. 내가 행복하기를, 내가 평화롭기를, 자신이 진정으로 그것을 원하는지를 반복해서 자신에게 질문해야 합니다. 나아가 자신이 원하는 행복이 무엇인지, 어떻게 해야 행복해지는지 질문해야 합니다. 우리가 무엇을 하는 것은 그것이 자신을 행복하게 한다고 생각하기 때문입니다. 우리는 아주 오랫동안 이렇게 살았습니다. 하지만 행복을 찾았나요? 행복은 개발할 수 있고 다른 이들과 함께 나눌 수도 있습니다. 내가 행복하기를…, 다른 이들도 행복하기를….

자애수행은 자신과 다른 이들을 구별하지 않고 차별하지도 않습니다. 다른 이들에게도 같은 바람을 가집니다. 다른 이들보다 내가 더 행복해지고 싶다고 하는 것은 자애가 아닙니다. 우리는 함께해야 합니다. 하지만 처음부터 다른 이에게 친절하기가 쉽지는 않습니다. 그럴 때는 먼저 부모나 형제, 스승을 떠올립니다. 이렇게 하다 보면 처음에는 어색하지만 나중에는 다른 이들의 행복을 진정으로 바라게 됩니다.

자신과 부모를 증오하는 한 여성의 이야기가 기억납니다. 그분은 "나는 내 자신을 잊고 싶고 나는 나를 증오합니다."라고 했습니다. 알코올 중독, 마약 중독에 빠지기도 했던 그분은 매우 공격적이고 불친절했는데 자기 자신에게조차도 친절할 수 없었습니다. "나는 아버지를 증오합니다. 그는 알코올 중독자였고 가족을 버렸습니다. 그는 우리에게 무관심했습니다. 게다가 어머니는 아버지가 죽자 다른 남자와 재혼해 버렸습니다. 나는 너무 힘들었습니다. 학교 선생님들도 마찬가지였죠. 그들을 떠올리고 싶지 않아요. 도저히 그들을 좋은 사람으로 생각할 수 없습니다."

그녀의 환경은 진정한 자애를 갖기 어려웠습니다. 자신을 사랑하고 누군가를 사랑하는 것은 너무나도 당연한 일인데도, 그

녀는 사랑할 수 있는 누구도 없었고 자애를 가질 수 있는 사람
도 없었습니다. 하지만 아무리 그렇더라도 스스로를 위해 그 굴
레에서 벗어나야 합니다. 스스로를 위해 자애심을 개발해야 합
니다. 자애수행은 위빳사나 수행을 위해 매우 중요합니다. 자
애심 없이는 수행을 할 수 없습니다.

자애, 믿음, 붓다에 대한 존경, 자신에 대한 신뢰와 존중, 그
리고 수행에 대한 신뢰가 필요합니다. 붓다의 성품에 대해 숙
고해야 합니다. 저는 가끔씩 붓다의 성품을 생각하고 깊이 빠
져드는데 그러면 아주 행복하고 평화로워집니다. 마음의 상태
와 성품은 마음의 대상에 달려 있습니다. 미운 사람을 생각하
면 화가 나고 짜증스럽지만 친절하고 평화로운 붓다 같은 사람
을 상상하면 내 마음도 평화로워집니다.

저의 첫 번째 스승은 일반인이고, 음악가이자, 악기를 만드
는 사람이었습니다. 그를 만난 것은 제 인생의 큰 전환점이 되
었습니다. 그는 항상 고요하고 평화로웠습니다. 스님들이 고요
하고 평화로운 것은 특별한 일이 아니지만 일반인이 그렇게 고
요하고 평화롭고 친절한 것은 드문 일입니다. 저는 그가 짜증
을 내거나 거만한 모습, 다른 사람을 낮춰보거나, 화를 내거나,
다른 사람을 나쁘게 말하는 것을 본 적이 없습니다. 오계가 몸
에 배어 자연스럽게 흘러나왔지만 그는 오계에 대해 말하지 않

있습니다. 모든 이에게 친절했지만 자애에 대해 말하지 않았습니다. 모든 것을 행동으로 보여주었습니다.

사람들은 모두 그를 좋아했는데 그는 누구의 편도 들지 않았고 어떤 사람에게도 집착하지 않고 모두 똑같이 대했습니다. 그는 결혼하지 않고 노모와 함께 살고 있었는데, 노모가 살아있는 한 노모를 돌보다가 나중에 비구가 될 거라고 했습니다. 그는 의무감이 아니라 진정한 자애심과 사랑으로 노모를 보살폈습니다. 노모 또한 아들을 사랑했습니다. 그런 모습을 보면서 저는 어떤 것을 매우 깊게 이해할 수 있었습니다. 그것은 언어 너머에 있습니다. 스승은 진심으로 노모를 사랑했고, 노모도 아들에게 헌신적이었지만 서로 집착하지 않았습니다. 이는 아주 드문 케이스입니다. 언제나 그를 생각하면 저는 평화로워집니다.

또 다른 스승은 90세에 돌아가신 사야도인데 부드럽고 친절한 분이었습니다. 그분 역시 모든 사람들을 존중하고 짜증을 내거나 걱정하는 것을 본 적이 없습니다. 언제가 제가 그 스승과 함께 미국에 갈 때 일입니다. 출국 날짜가 임박했는데 여권이 도착하지 않아서 조바심이 났습니다. 그러나 스승은 "걱정하지 마세요."라고 할 뿐이었습니다. 어떻게 저렇게 아무 걱정 없이 말할 수 있는지 당시로선 이해하기 힘들었습니다. 그 스님은 영어 단어 하나도 몰랐지만 서구인들은 그를 좋아하고 사랑했습니다. 그분의 모습은 온화함 그 자체였고, 목소리도 조용하고 부드럽고 편안했습니다. 그러나 그분의 내면은 충만한 에너지와 강인함으로 가득 차 있었습니다. 그분은 어떤 것을 가장하거나 연기를 하지 않았습니다.

이런 것들을 책에서 배울 수는 없습니다. 오직 그런 사람과 함께할 때만 보고 느낄 수 있습니다. 저도 그처럼 될 수 있다는 희망을 갖습니다. 그러므로 스승에게 수행을 배우는 것은 중요합니다. 물론 책을 통해서도 기초적인 수행지침은 배울 수 있습니다. 하지만 좀 더 높은 성품을 얻기 위해서는 살아있는 예, 즉 스승과 함께해야 합니다. 그런 사람과 오랫동안 함께해야 많은 것을 배울 수 있습니다. 저는 스승과 5년을 함께했는데 그때 정말 많은 것을 배웠습니다.

붓다의 청정, 자유, 지혜, 자애, 무아, 붓다의 성품에 대해 깊이 이해하도록 하십시오. 마음은 대상에 의존합니다. 붓다의 청정, 자유, 지혜, 평온, 자애에 대해 생각하면 자신의 마음에서도 비슷한 성품을 느낍니다. 붓다의 성품에 대해 생각할수록 더 많이 느끼는데 그것이 자신의 것이 됩니다. 나도 붓다처럼 되고 싶다고 목표를 세웁니다. 붓다처럼 높은 이상에 도달하기는 어렵지만 어느 정도까지는 개발할 수 있습니다.

붓다가 리더이고 나는 그를 따릅니다. 붓다는 깨달았습니다.

그래서 나도 깨달을 수 있습니다. 수행하기 전에 붓다의 청정, 평화, 자유, 지혜, 자애에 대해 생각하면 고요하고 평화로워집니다. 그런 후에 수행을 하면 마음이 수행의 대상에 오래 머물게 됩니다. 그리고 세속적인 관심사를 내려놓을 수 있도록 도와줍니다. '공과금도 내야 하고 친구에게 전화도 해야 해.' 이런 생각들이 마음을 산만하게 합니다. 일상적인 일로 인해 수행이 방해받지 않도록 준비해야 합니다.

준비는 중요합니다. 준비는 시간 낭비가 아닙니다. 준비할수록 수행이 수월해집니다. 고지서나 전화를 거는 것은 놓아버릴 수 있는 것들입니다. 그것은 몇 시간 정도 기다릴 수 있는 것들입니다. 그것을 내려놓으십시오. 그것은 놓아버릴 수 있습니다. 자유인 붓다와 같은 다른 이를 생각할 때 그것들을 놓아버리기 쉽게 해줍니다. 나에게 있어 나의 진짜 경험은 나의 스승이었습니다. 스승에 대해 생각할 때 놓아버릴 수 있었고, 스승의 자유, 무집착, 만족의 느낌을 나도 느낄 수 있었습니다.

마음이 하나의 대상 ─흰색 또는 갈색 등의 까시나, 멧따, 불수념 등─ 에 완전히 집중된 상태가 선정(jhāna)입니다. 선정에는 두 가지 의미가 있습니다. 하나는 대상에 몰입하는 것이고, 다른 하나는 태우는 것입니다. 그것은 그 순간에만 번뇌를 태웁니다. 마음이 대상과 함께 머물면 흔들림이 없습니다. 강력한 집중이 이뤄지면 마음이 대상에 강하게 밀착되어 있기 때문에 마음을 다른 대상으로 돌릴 수 없습니다.

이런 집중을 개발하기는 쉽지 않습니다. 하지만 근접삼매(upacāra-jhāna)는 쉽게 개발할 수 있습니다. 근접은 가까움입니다. 대상 안에 있지 않고 대상 가까이 있습니다. 이곳에 왔지만 집 안에 들어오지 않고 문 근처에 있는 것과 같습니다. 근접삼매는 대상에 마음이 잠깐 머문 후에 잠시 산만해졌다가 다시 대상으로 돌아옵니다. 마음이 약간 산만해지고 대상에 돌아오기를 반복합니다. 이것으로 위빳사나 수행을 하는 데 충분합니다.

위빳사나 수행을 위해서 본삼매(appanā-samādhi)를 개발할 필요는 없지만 적당한 정도의 집중과 고요함이 필요합니다. 어느 정도의 집중만 있어도 위빳사나 수행을 할 수 있습니다. 호흡에 마음을 집중합니다. 한 호흡, 두 호흡, 호흡과 함께 합니다. 수행을 시작하면 처음에는 부자연스런 숨을 쉽니다. 하지만 부자연스럽다는 것을 알고 있는 것은 유익합니다. 깊이 숨을 들이쉬면 더 호흡과 함께 할 수 있습니다. 마음이 달아나지 못합니다. 깊은 호흡이 마음 전체를 붙잡기 때문입니다. 처음에는 쉽게 피곤해지고 몸이 뜨거워져서 오랫동안 할 수가 없습니다. 하지만 시간이 지나면 피곤하지 않고 호흡이 미세하여 호흡을 느낄 수 없기도 합니다. 마음이 고요하고 몸이 숨을 쉽니다. 마음이 호흡과 함께 있고 생각이 없습니다.

어느 정도의 집중이 이뤄지면 자연스러운 호흡으로 돌아갑니다. 거친 호흡과 함께하면 집중도 거칠어집니다. 집중은 대상에 달려 있습니다. 대상이 거칠면 집중도 거칩니다. 보통 호흡은 부드럽고 느립니다. 부드럽고 느린 호흡과 함께 머물 수 있으면 집중력이 더욱 강화됩니다. 대상이 섬세할수록 집중은 강해집니다. 허위인 호흡은 유용하지만 내려놓아야 합니다. 무엇이 유익한지, 그것이 설령 유용하다 해도 언제 내려놓아야 할지를 알아야 합니다. 선정삼매가 개발되어 호흡과 함께 머물게 되면 순수한 감각으로 호흡을 느낄 수 있습니다.

'나는 숨을 쉬고 있어요!' 공기가 들어오고, 공기가 나갑니다. 호흡을 코 주위에서 느낍니다. 얼마가 지나면 '나는 숨을 쉬고 있어요!'를 잊어버립니다. '나'도 없고 '호흡'도 없고 들어오고 공기도 나가는 공기도 없습니다. 더 이상 코도 없습니다. 오직 순수한 감각과 알아차림이 있습니다. 감각에 대해 더 이상 생각하지 않습니다. 감각에 직접 접촉하는데 그것은 감각이지 더 이상 공기가 아닙니다. 공기는 개념입니다. 코 역시 개념입니다. 들어오는 것도 나가는 것도 개념입니다. '내가 수행하고 있어요.' 이것도 개념입니다. 모든 개념이 떨어져나가고 마음이 감각에 직접 접촉합니다. 아무것도 가미되지 않은 순수한 알아차림이 있습니다. 개념이 달라붙지 않습니다. 일어나고 사라지는 현상에 생각에 없습니다. 감각과 알아차림에 대해서도 생각하지 않습니다. 일어나고 사라지는 현상과 그것을 알아차리는 사띠만이 있습니다.

우리는 생각하는 습관이 있고 생각을 통해 이해합니다. 생각은 좌뇌에서 일어나는데 분명한 생각이나 재미있는 아이디어는 좌뇌를 통해 일어납니다. 그러나 수행은 직관입니다. 수행할 때 우뇌가 활성화됩니다. 좌우뇌가 어떻게 작용하는지 알면 수행할 때 무엇을 하는지 이해할 수 있을 것입니다. 진짜 수행을 할 때는 지적인 생각을 하지 않습니다. 생각은 지적인 과정입니다. 지적인 생각이나 그것을 이용하면 일상적인 실제에 갇혀버리게 될 것입니다. 궁극적 실제를 경험하기를 원한다면 생각을 놓아버려야 합니다.

수행을 하기 전에 책을 읽어, 사마디(samādhi), 나마(nāma), 루빠(rūpa), 아닛짜(anicca), 둑카(dukkh), 아낫따(anatta)가 무엇을 의미하는지 알아보십시오. 그러나 수행을 할 때는 그것들을 놓아버리세요. 무엇이든 일어나는 현상과 단순하게 단지 직접 접촉하세요. 가능한 단순하게 감각과 접촉하십시오. 일어나든 사라지든, 그것이 둑카거나 아낫따이거나, 나마거나 루빠거나 생각하려고 하지 마십시오. 생각 없이 현상에 머물 수 있으면 이해는 직관적으로 자연스럽게 일어납니다. 그러나 그것이 무엇이라고 말할 수는 없습니다. 무상을 경험할 때 그것을 말할 수 없습니다. 무상을 생각할 수 없습니다. 무상을 경험할 때 그것은 언어로 설명할 수 없는 어떤 것입니다. 무상을 생각하는 순간 그것은 더 이상 거기에 없습니다. 순간적으로 어떤 것이 빠르게 일어나서 사라졌는데 '이것이 아닛짜, 무상입니다.'라고 할 수 없습니다.

수행을 멈추는 순간부터 생각을 사용하고 다시 일상적인 실제 안에 머뭅니다. 이것은 자연스러운 것입니다. 우리는 생각하고 해석하는 데 익숙합니다. 생각을 하고 해석을 해야 이해할 수 있다고 생각합니다.

수행을 하면서도 생각하고 분석하고 해석하는 것을 수없이 반복하는데 그것을 '알아차림' 해야 합니다. 이것은 정신 과정이고 저것은 물질 과정이고 그것은 무상이라고 생각한다면 그것은 또 하나의 생각입니다. 그런 생각들이 마음에 들어오는 것을 알아차리십시오. 더 많이 볼수록, 더 많이 알아차릴수록, 더 많이 놓아버릴 수 있습니다.

하지만 그것은 즉시 사라지지 않습니다. 명칭을 사용했다면 이름 붙이는 것이 점차적으로 사라지고, 단어 없이 마음에서 일어나는 것과 직접 접촉하면서, 비로소 현상을 개념화하지 않고 이해하게 됩니다. 이렇게 할 수 있다면 나머지는 수월해집니다. 어떤 것이든 생각을 하면 마음이 산만해집니다. 하나의 감각, 하나의 현상과 정확하게 접촉하면 수행이 순조로워집니다.

저의 스승은 수행 중에 책을 읽지 말라고 했습니다. 그래서 자주 법문을 들으러 갔는데 "이젠 법문 들으러 오지 마세요. 수행에 전념하십시오. 질문이 있을 때만 오고 계속 수행하십시오." 하고 말씀하셨습니다. 그런데도 저는 가끔씩 책을 읽었습니다. 어느 날 스승이 말했습니다. "책을 읽고 있나요? 나중에 책을 볼 수 있는 시간은 많습니다. 책 읽는 것을 멈추고 수행하십시오. 몸과 마음과 접촉하십시오." 그 후로 3년을 수행하고 다시 담마 책을 보았는데 책에 제가 경험한 것들이 적혀 있었고 저는 붓다의 가르침이 모두 진실이라는 것을 알았습니다. 저는 붓다를 더욱 신뢰하게 되었습니다.

저는 수행을 할 때 아주 단순히 했습니다. 지금 이 순간에 몸과 마음에서 일어나는 현상과 직접 접촉했습니다. 생각하면 생각하는 것을 알아차리고 그 생각과 접촉했습니다. 처음에는 한참 지난 후에 그 생각을 알아차렸습니다. 점차 생각을 거슬러 올라가서 생각의 시작을 보고 생각이 다른 개념들과 연결되는 것을 보았습니다.

생각은 생각이고 다른 것들과는 서로 관계가 없다고 생각했는데 그것이 아니었습니다. 생각을 보고 생각을 잡으면 생각이 멈추었습니다. 마음 안에서 단어들이 만들어지는 것을 보았습니다. 천천히 움직이는 단어들, 한 단어 다음에 다른 단어, 그리고 그 단어들이 멈추는 것을 보는 것은 매우 흥미로웠습니다.

어떤 단어가 떠오르면 그 단어와 함께 어떤 감정이 이는 것을 보았습니다. 그 감정은 단어 너머에 있습니다. 생각하기 전에 이미 생각하고 싶은 것(사람, 음식, 할 일 등)에 대해 개념이 일어나는 것을 알았습니다.

마음에서 단어를 만들기 전에 마음에서 그 단어에 대한 미세한 감정을 보았습니다. 그 감정을 알아차리면 사라지고 아주 안정되었습니다. 어떤 것이 일어날 때는 마음에 산만함이 일어납니다. 하지만 그것의 느낌이나 감정, 욕망을 알아차리면 사라졌습니다. 물을 먹고 싶은 욕구가 일면 마음이 물통과 컵의 이미지를 만드는 것을 보았습니다. 그러나 그 순간에 목마른 감각을 알아차리면 그 감각이 사라지고 마음이 안정되었습니다. 수행 중에는 솥 안에서 물이 끓을 때처럼 항상 휘젓는 것이 있습니다. 그것을 더 많이 알아차릴수록 더 많이 안정되었습니다.

어떤 것을 알아차리려고 하지 않아도 알아차림은 거울처럼 거기에 있었습니다. 거울은 대상을 붙잡지 않고 거울 앞을 지나는 모든 것을 비춥니다. 대상이 지나가고, 감각이 일어나고, 알아차리면 대상은 가버립니다. 이때의 알아차림은 자동적이고 오로지 알아차림만이 있습니다. 이 단계는 수행을 '하는 것'이 아니고 수행이 '되는 것'입니다. 이해하기 어렵겠지만 아무것도 하지 않는 것이 수행입니다. 그러나 이렇게 되기 위해서는 시간이 걸립니다.

간혹 몇몇 사람들은 "스님은 수행한 지 오래되어 처음에 수행을 하는 게 얼마나 어려운지 잊어버리셨을 거예요."라고 말하곤 합니다. 그렇지 않습니다. 저 역시 처음 수행을 시작했을 때는 도망치고 싶었고, 한때는 수행이 저를 위한 것이 아니라고 생각한 적도 있습니다. 수행에 발전이 없고 더 이상 희망이 없다고 말하기도 했습니다.

저는 생각을 너무 많이 하는 습관이 있습니다. 책을 좋아하는데 책은 생각을 많이 하게 합니다. 한때 작가가 되려고도 했고 담마에 대한 좋은 글을 쓰고도 싶었습니다. 수행을 하면서 아주 좋은 생각이 떠오르고 마음에 아이디어가 생성되었습니다. "이건 정말 좋은 아이디어군요. 아주 좋은 영감이 떠올랐습니다!" 그 영감을 글로 옮기고 싶었습니다. 그러나 스승은 "쓰지 마세요. 수행기록도 하지 마세요."라고 충고했습니다. 기록은 생각을 많이 하게 합니다. 그것은 수행에 도움이 되지 않고 수행에서 멀어지게 합니다.

"어떤 것도 놓아버리십시오. 내려놓으십시오."

얼마나 놓아야 하는지 아나요? 수행의 결과인 통찰도 내려놓아야 합니다. 우리는 통찰을 통해 얻은 깊은 이해에 집착합니다.

담·마·토·크
Dhammā Talk

'찰나삼매(khaṇika-samādhi)'는 매우 중요합니다. 대부분 사람들이 정확한 의미를 잘 모르고 사용합니다. 카니까(khaṇika)를 '찰나'라고 번역하는데 이는 무슨 뜻인가요?

선정삼매(jhāna-samādhi)에는 본삼매(appanā-samādhi)인 몰입 집중과 근접삼매(upacara-samādhi)로 마음을 하나의 대상에 고정합니다. 사마타수행의 대상은 빤냣띠, 즉 개념이며 고정적입니다. 하지만 위빳사나 수행의 대상은 바뀌는 것입니다. 바뀐다는 것은 머물다 사라지는 것을 의미합니다. 대상이 있으면 알아차림이 있습니다. 알아차림은 대상과 함께 합니다. 대상이 사라지면 그 대상과 함께 일어났던 알아차림도 사라집니다.
새로운 대상이 일어나고 마음은 다시 그 대상을 알아차립니다. 대상이 순간적으로 일어나서 사라지기 때문에 집중과 알아차림도 순간만 지속됩니다. 대상은 항상 다르지만 사띠(sati), 즉 알아차림은 반복됩니다. 지속적으로 대상을 알아차립니다.
한 호흡에서 들숨과 날숨의 감각도 각각 다르고 빠르게 변합니다. 같은 것이 반복되지만 그곳에는 항상 변화와 불연속성이 있습니다. 양손을 맞잡으면 손에서 감각을 느끼는데 우리는 같은 감각을 느낀다고 생각하지만 사실은 항상 새롭습니다. 매 순간 새로운 감각들이 매우 빠르게 일어나고 사라지는 것이 반복되고 있는데도 우리는 같다고 느낍니다. 그렇게 매 순간 일어나는 감각들을 알아차리면 찰나삼매(khaṇika-samādhi)가 개발되고 찰나삼매로 오래 머물 수 있습니다. 그 시간은 몇 초 동안이거나 몇 분, 몇 시간일 수도 있습니다.

위빳사나 수행을 통해 깊은 집중이 개발되면 알아차림과 대상을 서로 풀로 붙여놓은 듯이 느껴집니다. 처음에는 벽에 공을 던지면 공이 튕겨 나오듯이 대상이 느껴지는데 집중이 개발되면 공이 벽에 붙어 있는 것 같습니다. 대상이 일어나서 사라지고, 알아차림은 대상에 밀착하여 계속적으로 일어나고 사라지는 것을 알아차리는, 알아차림의 연속이 있습니다. 알아차림은 그대로이지만 대상은 매 순간 변하기 때문에 아주 짧은 순간만 집중이 이뤄집니다. 그래서 이것을 찰나삼매라고 합니다.

몇 분간의 집중으로 지혜가 개발되고 해탈할 수 없습니다. 집중이 개발되면 1분, 2분, 3분 동안 집중할 수 있습니다. 몇 초 동안 산만해져도 그것을 알아차리고 다시 되돌아옵니다. 선정삼매에서는 "이 대상과 함께 1시간 동안 있을 거예요." 하고 결정할 수 있고 결정해야 합니다. 그것은 자기 최면처럼 자신에게 제안하는 것입니다. 그리고 그 대상과 함께 1시간 동안 머뭅니다.

그러나 위빳사나 수행은 마음의 대상보다 그 대상의 알아차림을 중요시합니다. 위빳사나 수행의 어떤 단계에서는 여러 가지 대상이 한꺼번에 일어나서 사라지는 것을 봅니다. 그것은 창밖으로 자동차 한 대가 지나가고 이어서 연속적으로 또 다른 자동차가 지나가는 것을 보는 것과 같습니다. 그 자동차가 도요타인지 마쓰시타인지, 흰색인지 노란색인지는 중요하지 않습니다. 한 대, 다음 한 대가 지나가는 것을 선택 없이 알아차릴 뿐입니다. 처음 수행을 시작할 때는 알맞은 대상-호흡, 아랫배의 일어남과 사라짐, 몸의 느낌, 무엇이든 적절한 것-을 선택하지만 얼마 후부터는 더 이상 선택은 없습니다. 자연스럽게 깨어서 머뭅니다! 대상은 항상 변하지만 알아차림은 연속적입니다.

가끔씩 마음은 한 가지 대상으로 빨려 들어가고 같은 타입의 감각을 봅니다. 하나의 감각이 아니라 같은 타입의 감각들이 일어나서 사라집니다. 대상과 알아차림이 함께 사라지는 것을 봅니다. 가끔은 다른 대상들이 -같은 타입이 아닌- 아주 빠르게 일어나서 사라지는 것을 보지만 마술처럼 그 대상과 함께 합니다. 마술사의 공과 고리처럼 동시에 많은 것들을 알아차립니다. 수행은 항상 같지 않습니다. 어떤 때는 알아차림이 매우 넓어지고 어떤 때는 좁아져서 미세한 것만을 알아차립니다.

대상의 범위가 넓으면 집중을 잃어버리고 산만해집니다. 그럴 때는 "지금은 줄일 필요가 있어."라고 알아야 합니다. 한 가지 대상으로 줄이고 그 대상에 집중하면 대상이 미세해지고 없는 듯이 느낍니다. 그 대상을 더 이상 경험할 수 없게 됩니다. 사마디가 강하면 명료함이 줄어듭니다. 이때는 다른 대상이나 또는 두 개의 대상을 선택하면 계속 깨어 있을 수 있습니다. 종종 대상에 빨려 들어서 사마타수행이 되기도 하는데 그러면 더 이상 과정을 볼 수가 없습니다.

위빳사나 사마디는 대상에 몰입되어서 고요해지는 것이 아니고 대상의 성품을 보는 것입니다. 수행의 대상에는 두 가지 특성이 있습니다. 하나는 자연적인 특성이고, 또 하나는 공통적인 특성입니다. 자연적인 특성은 딱딱함, 부드러움, 뜨거움, 차가움입니다. 공통적인 특성은 뜨거움과 차가움은 서로 다르지만 그것이 뜨겁든 차갑든, 일어나면 사라진다는 것입니다.

4

첫 번째 통찰에 다가서기

– 통찰을 얻기 위한 바른 이해 –

마음은 여러 가지 모드가 있습니다. 단어를 사용할 때 마음은 일상적인 실제에 있습니다. 어떤 종류의 단어나 모양 또는 이미지 사용을 멈추면 마음은 다른 모드로 작용합니다. 수행 시에 우리 마음은 다른 방식으로 작용하고 있습니다. 우리에게 익숙한 방식이 아닌 다른 방식으로 사물들을 이해합니다. 하지만 단어를 사용하는 순간에 마음은 일상적인 모드로 되돌아옵니다. 그것이 일어날 때마다 그것을 알아차리십시오. 생각하기, 명칭 붙이기가 초보자에게는 도움이 되지만 그것을 놓아버려야 합니다. 무엇이든 강하고 뚜렷한 감각이 일어나면 그것과 함께 해야 합니다. 무엇이든 지금 일어나는 것이 수행의 대상입니다.

담마를 배우고 수행하는 모습을 보니 저는 매우 행복합니다. 우리는 기쁨과 행복을 찾고 있습니다. 우리는 인생에서 행복과 만족을 추구합니다. 그러나 "진정한 행복과 만족감을 주는 것을 찾았나요?" 하고 물으면 대부분 "아니요."라고 대답할 것입니다. 만족감을 느껴도 몇 시간이나 며칠이 지나면 사라집니다. 만족스럽고 가득 채우는 것은 가장 하기 어려운 일입니다. 더 이상 원하지 않고, 더 이상 부족하지 않고, 가득 채워지는 것이 만족입니다. 진정한 만족을 원한다면 자신의 정신적인 부분과 접촉하십시오. 만족감을 밖에서 찾지 마십시오. 밖에 있는 것은 가득 채워지는 만족감을 주지 못합니다. 만족감을 주는 유일한 것은 자신의 정신적인 본성, 매우 고귀하고 아름다운 본성과 깊이 접촉하는 것입니다.

아비담마(abhidhamma)에 의하면 '아름다운'과 '아름답지 않은' 두 가지 정신적 요소가 있습니다. 우리는 이 두 가지 성품을 모두 가지고 있습니다. 이기적인 것은 아름답지 않은 것이고, 관대함은 아름다운 것이며, 해치는 것은 아름답지 않고, 절제는 아름답고, 알아차림이 없는 것은 아름답지 않습니다. 마음에 알아차림이 없을 때는 마음이 불안정하고 방황하고, 불건전한 행동을 하고, 불행하다고 느낍니다. 자신의 정신적인 부분과 접촉하십시오. 자신의 아름다운 부분을 알아차리십시오. 알아차림이 없다면 행복하고 기쁘고 만족스러울 수 없습니다.

세상은 기회의 장소입니다. 이 세계에 인간으로 태어나서 살고 있는 것은 아주 좋은 기회입니다. 보디삿따(Bodhisatta)들은 완벽한 장소에서 살기를 바라지 않는다는 사실을 발견했습니다. 왜 그럴까요? 완전한 곳은 배울 것이 없기 때문입니다. 보디삿따는 안정된 곳에 있어도 의도적으로 힘든 곳으로 갑니다. 붓다를 힘들게 한 사람이 데와닷따(Devadatta)입니다. 저는 데와닷따가 붓다를 힘들게 한 것에 고마움을 느낍니다. 패러독스처럼 들리겠지만 데와닷따 덕분에 붓다의 좋은 성품을 더 많이 알 수 있었고 붓다의 완벽함을 볼 수 있었기 때문입니다. 데와닷따가 붓다를 힘들게 하지 않았다면 제가 어떻게 그것을 알 수 있었을까요?

세상은 배우기에 아주 좋은 장소입니다. 많은 어려움과 불완전함이 있기 때문입니다. 여러분도 지금 이곳에서 배우고 성장할 수 있기를 바랍니다. 인생에 닥치는 모든 어려움은 배우고

성장할 수 있는 좋은 기회입니다. 이것을 이해한다면 인생이 의미 있게 느껴질 것입니다. 좋은 일에서도, 나쁜 일에서도 배울 수 있습니다. 사실 어려움을 극복할 때 더 많이 배우고 성장합니다. 인생에서 어려움은 더 나은 인간이 될 수 있는 기회입니다. 인생의 모든 것을 배움의 과정으로 보면 인생의 모든 것은 의미가 있습니다.

우리는 인생의 학교에 있는 학생입니다. 배우는 것은 우리가 살고 있는 세계에서 우리와 관계하고 있는 모든 것들입니다. 이곳은 태어나는 순간에 입학해서 죽을 때까지 다니는 학교입니다. 각각의 실험은 배움을 위한 귀중한 수업이며 각각의 경험은 가치 있는 배움입니다. 지금 자신이 있는 곳이 배우는 곳입니다. 자신과 주위 세계에서 배우십시오. 이것이 진정한 교육입니다. 자신에 대해, 주위 세계(생물과 무생물 모두를 포함해서)에 대해, 자신과 주위 세계의 관계에 대해 배우는 것이 가장 가치 있는 것입니다.

수행의 대상은 빠라맛타, 즉 정신·물질 현상의 '본성(本性)'입니다. 모든 사람이 사물을 보지만 수행자는 다르게 봅니다. 대상을 보고, 그 대상을 보고 있는 것을 알아차리면서 봅니다. 수행자는 무언가를 보면 그것을 생각하지 않고 그것과 완전히 접촉합니다. 생각하는 것은 사마타수행이 될 수 있지만 위빳사나 수행은 아닙니다. 어떤 사람은 수행은 무언가를 생각하는 것이라고 합니다. 하지만 생각하는 것은 다른 형태의 수행입니다.

예를 들면 멧따 수행과 붓다를 계속해서 생각하는 수행(Buddhānussati-bhāvanā)입니다. 붓다눗사띠는 붓다와 붓다의 성품을 생각하는 수행입니다. 붓다와 붓다의 성품에 대해 생각하면 마음은 자동적으로 그런 성품들 안에 있고, 자연스럽게 그런 성품들을 가집니다. 자애관은 자애로운 생각을 하는 수행입니다. 자애심이 개발되면 생각하지 않아도 다른 이들에게 따뜻함, 친절, 관대함, 자애심을 느낍니다. 이것이 더 높은 상태의 자애입니다. 위빳사나 수행은 생각을 알아차리는 수행입니다.

우리는 생각에 길들여져 있어서 수행을 하면서도 생각을 합니다. 자신의 경험에 주석을 달고 해설하기를 즐깁니다. 해설가가 뉴스나 영화에 대해 설명하는 것과 같습니다. 마음은 설명하기를 좋아합니다. 이것은 이렇다, 좋다, 나쁘다. 마음은 항상 주석을 답니다. "오, 아주 좋아요. 모든 것을 잘하고 있어요." 이런저런 생각들이 일어나는데 아무리 그 생각이 아름다워도 그 생각과 하나가 되지 마십시오. 저도 초보자일 때 그런 생각들이 차례차례 마음에 들어왔습니다. 그 생각들에 집착하니 수행에 큰 장애가 되었습니다. 특히 좋은 담마 글을 쓰고 싶은 열정 때문에 그 생각들을 놓아버리지 못했습니다. 수행에 진전이 없었습니다. 해석하지 마십시오. 생각이 들어오면 그 생각을 알아차리고 놓아버리십시오. 생각을 따라가지 마십시오. 생각을 따르면 그것은 계속될 것입니다.

우리가 어떤 것을 '본다'는 것은 사실 그것의 색깔만을 보는 것입니다. 그 색깔은 망막의 반응입니다. 과학적으로 설명하면 망막의 반응을 뇌가 색깔로 해석하는 것입니다. 그렇다면 무엇이 망막을 때리나요? 그것은 물질입니다. 하지만 물질은 거기에 있지 않습니다. 사실은 그곳에 무엇이 있는지 모릅니다. 본다는 것은 눈에서, 뇌에서, 마음에서 무엇이 일어나고 있는 것입니다. 그것은 모두 다른 에너지와 주파수를 가진 광자들인데 서로 연결되어 있습니다. 신경계가 반응을 하고 다른 강도의 전기자극을 만들고 색깔을 만듭니다.

색맹은 색깔을 볼 수 없고 명암만을 봅니다. 색깔이 있어도 색깔을 경험하지 못합니다. 사실 색깔은 경험이지 밖에 있는 어떤 것을 보는 것이 아닙니다. 이 이야기를 깊이 이해하십시오. 우리는 밖에 있는 것을 보는 것이 아니고 경험을 봅니다. 밖에 무엇이 있어도 그것은 경험을 위한 기초이지 그것이 무엇인지는 알지 못합니다. 망막에 떨어지는 어떤 것을 경험하고 그것에 대해 반응하는 것입니다. 망막은 전기자극을 만들고 신경계는 그것을 뇌로 전달하고 마음과 연결되어 있는 뇌에서 해석을 합니다. 이것을 설명하기는 어렵습니다. 우리가 어떤 것을 볼 때 마음이 해석하지 눈이 해석하지 않습니다. 눈은 색깔 너머에 있는 것을 알지 못합니다.

Ditthe ditthamattaṃ bhavissati - Udn 8
볼 때는 오직 보기만 하라.

붓다는 '볼 때는 오직 보기만 하라'는 아주 간단한 명상지침을 주었습니다. 무엇을 볼 때는 '보는 것'만이 있습니다. 거기에 덧붙여지는 것도 없고 해석도 없습니다. 이것이 수행을 하면서 하는 것입니다. 보고 있는 것을 알아차리려고 하지만 생각이 계속됩니다. 이것은 아름답고, 저것은 좋다고 해석합니다. 그러나 이런저런 생각들이 오는 것을 알아차리면 생각들이 점점 느려지고 멈춥니다. 생각이 멈추면 어떤 것을 경험하고 있다고 느끼지 못합니다. 생각 없이는 경험이 희미합니다. 그것의 의미가 없어집니다.

사실 그것은 의미가 없는 것인데 우리가 의미를 창조합니다. 의미를 만들고, 그것을 해석하고, 자신이 분석한 해석을 이해합니다. 어떤 것을 이해할 때 그것은 자신의 해석입니다. 자신의 해석을 사람들과 동의합니다. 어떤 사람은 어떤 방식으로 어떤 것을 해석하고 나는 또 다른 방식으로 어떤 것을 해석합니다. 그런 해석에 서로의 동의가 있으면, 우리는 "네, 그것이에요."라고 합니다. 하지만 그것은 해석에 대한 동의일 뿐입니다. 우리는 거기에 무엇이 있는지 정말로 알지 못합니다. 우리는 단지 해석에 동의할 뿐입니다.

수행할 때는 단순해집니다. 마음이 극도로 단순해집니다. 생각은 매우 복잡합니다. 생각이 없으면 경험들과 감각적인 자극들이 아주 단순해집니다. 우리는 아주 단순한 레벨까지 내려갑니다. 사물에 대해 생각 없이 그것을 볼 뿐입니다. 이렇게 생각 없이, 생각이 멈춘 상태에서 카펫을 보면, 색깔과 무늬에 대한 해석이 멈춥니다. 무늬는 단지 색깔들의 모여 있음이며 카펫은 없습니다. 거기에는 오직 보는 것, '봄'만이 있습니다. 여러 색깔들이 어우러져 있을 뿐 카펫은 없습니다.

이 레벨에 도달하면 빠라맛타와 접촉하게 됩니다. 우리는 어떤 것을 보면 그것을 해석합니다. "오…, 이것은 좋은데…! 이것을 좋아해요…. 그것은 참 아름다워요." 그것이 그림, 사과, 차, 남자, 여자, 어떤 것이 될 수도 있습니다. 자신이 해석한 것을 봅니다. 하지만 그것이 일어날 때 우리는 해석하거나 생각하는 것을 알아차립니다. "이것이 싫어요. 저것은 끔찍해요." 그 생각, 그 좋지 않음, 증오, 실망을 사띠하며 알아차립니다. 해석을 하고…, 반응을 하고…, 해석을 하고…, 반응을 합니다. 그것을 오랫동안 반복합니다. 해석과 반응이 멈출 때까지 알아차립니다.

해석을 멈추고 더 이상 반응을 하지 않으면 대상과 그 대상을 알아차리는 사띠만이 있는 것을 발견할 것입니다. 대상 때문에 사띠가 일어나는 것을 봅니다. 눈을 감습니다. 눈을 감으면 외부의 대상을 볼 수 없습니다. 자신의 기억이 무엇이 있다고 말하지만 그것은 기억입니다. 다시 눈을 뜨면 대상이 있고 사띠, 즉 알아차림이 있습니다. 이 알아차림은 이 대상과 함께 합니다. '대상의 알아차림' 때문에 대상을 알아차릴 수 있습니다. 이 사띠, 알아차림이 없다면 어떤 것도 알 수 없습니다. 이것을 양면에서 봅니다. 대상이 있기 때문에 알아차림이 있는 것을 봅니다.

알아차림 때문에 대상을 봅니다. 대상을 알아차리는 사띠가 있고, 그 대상을 알아차리는 사띠를 알아차립니다. 이것은 중요합니다. '사띠하는 것을 사띠할 때' 수행이 완전해집니다. 대상을 사띠, 알아차리고 그 알아차리는 것을 사띠하는 이 두 가지가 계속됩니다. 이것은 천천히 일어나는데 이렇게 하기 위해 수행하는 것입니다. 사띠를 사띠하는 것은 아주 강력해서 자신이 진정으로 살아있다고 느끼게 합니다. 사띠하는 것을 알아차리는 사띠는 아주 귀중합니다. 이 알아차림, 즉 사띠는 아주 소중합니다.

눈을 감았다가 눈을 뜨면 눈을 뜨는 순간에 마음 안에서 알아차림의 즉각적인 나타남을 경험합니다. 우리는 이것을 항상 하고 있지만 알지 못합니다. 나는 이것을 경험하기 위해 숲과 언덕을 보면서, 보는 것의 알아차림, 대상의 알아차림, 색깔의 알아차림과 접촉했습니다. 눈을 감으면 눈을 떴을 때의 대상들이 사라지고 그 대상을 알아차리는 의식도 사라졌습니다. 그렇지만 또 다른 의식이 일어납니다. 그것은 새로운 의식입니다. 우리는 이것에 연속성을 부여합니다.

이 세계에서 일어나는 것은 항상 새롭습니다. 조건 지어진 것은 새롭습니다! 어떤 것도 오래된 것은 없습니다. 항상 새롭다는 것은 항상 변하고 있다는 것입니다. 눈을 뜨고 있을 때 대상을 아는 의식이 항상 있나요? 아닙니다. 의식이 너무 빠른 속도로 일어나서 사라지고 있기 때문에 대상을 아는 의식이 항상 있다고 착각합니다. 그것은 항상 있지 않습니다. 아주 빠른 속도로 찰나마다 일어나고 사라지기를 반복하고 있습니다. 그것은 같은 타입의 의식들입니다. 같은 타입이기 때문에 같다고 느끼는데 같지 않습니다. 타입이 같을 뿐입니다.

우리의 눈에서는 모든 것이 흔들리고 순간적으로 빠르게 움직입니다. 망막도 켜졌다가 꺼지고 꺼졌다가 켜집니다. 눈 안에서 일어나는 것을 알아차립니다. 눈에서도 텔레비전 브라운

관처럼 수많은 점들이 일어났다가 사라지는데 그것을 알아차립니다. 이것을 경험하면 "내 눈이 이상해요. 사물들을 명료하게 볼 수 없어요. 눈에 초점을 맞출 수 없어요." 하고 불평합니다. 하지만 이것은 자연스러운 현상입니다. 그것에 더욱 깨어있으면 우리가 평소에 느끼지 못하는 것들이 분명해집니다.

 듣는 것도 같습니다. 소리가 들리면 그 소리를 해석합니다. 이건 트럭이 지나가는 소리고…, 사람이 말하는 것이고…, 사람이 걷고 있고…, 해석할 때마다 반응합니다. 저 사람은 너무 크게 말해요…, 이곳은 너무 시끄러워요…, 이곳에서 무엇을 할 수 있을까요…, 온갖 종류의 생각이 마음 안으로 들어옵니다. 그 생각들을 알아차리고 마음 안에서 해석하고 해설하는 것을 보십시오.

 마음이 반응하는 것과 해석하는 것에 대해 사띠를 거듭한 후에 반응을 멈출 수 있습니다. 이때는 듣지만 해석하지 않습니다. 해석하지 않으면 경험이 더 이상 강렬해지지 않습니다. 생각과 해석 때문에 현상이 강해집니다. 생각이 멈추면 현상을 강하게 느끼지 않습니다. 더 이상 강렬하지 않습니다.

 예를 들어 통증에 반응하면 할수록 통증은 더욱 강해집니다. 통증에 대한 생각을 멈추고, 통증과 함께하고, 통증을 조절하지 않고, 통증을 해석하지 않고, 통증과 접촉하면 통증이 약해집니다. 생각의 과정이 감각을 더 강하게 만듭니다. 가령 미끄럽고 큰 공이 있다면 그것을 한 손으로 잡을 수 없습니다. 그러나 그 공에 손잡이를 달면 잡을 수가 있습니다. 이름, 꼬리표, 해석은 손잡이입니다. 손잡이 때문에 아주 강하게 잡을 수 있고, 놓치지 않을 수 있습니다. 하지만 손잡이가 없다면 잡지 못합니다.

생각은 손잡이입니다. 생각을 멈추면 그것과 접촉하는 어떤 것도 잡을 수 없습니다. 생각이 멈추고 그것과 접촉하면 그것은 희미해져서 무언가 빠진 것처럼 느낍니다. 그러면 우리는 또다시 붙들려고 합니다. 그것을 알아차리고 해석을 멈추십시오. 소리와 접촉하면 소리 때문에 듣는 것이 계속됩니다.

그러면 듣는 것은 어떻게 들을까요? 처음에는 들음을 귀에서 느낍니다. 음파가 고막을 때리는데 그것을 느낄 수 있습니다. 귀뿐 아니라 피부에도 음파가 와서 닿습니다. 알아차림이 매우 날카롭고 예리해지면서 피부(몸)에서 음파를 느끼기도 합니다. 그러면 소리에 매우 예민해지고 소리가 통증을 동반하는 것을 알 수 있습니다. 소리 의식과 대상이 서로 부딪치는 충돌을 느낄 수도 있습니다.

눈은 좋음과 싫음을 경험하지 못합니다. 눈은 중립적입니다. 무엇을 보면 해석하고 좋아하고 짜증을 내는데 그것은 눈 의식의 작용이 아닙니다. 그것은 내적 감각기관인 마노(mano) 의식입니다. 마노의식이 작용하지 않는다면 좋음이나 싫음을 경험하지 못합니다. 어떤 것을 보아도 좋고 싫은 것이 없습니다. 모든 것은 중립이 됩니다. 해석만이 좋아하고 싫어합니다.

용접불꽃처럼 아주 밝은 것을 보면 눈이 부시고 아픕니다. 이때 눈의 대상, 즉 물질이 아픈 것일까요? 고통을 느끼고 해석하는 것은 망막이 아닙니다. 고통을 느끼는 것은 마음입니다. 귀 역시 마찬가지입니다. 귀는 좋고 싫은 감정을 경험하지 못합니다. 귀는 소리만을 알아차리고 그 소리의 좋고 싫음은 마노의식의 작용입니다. 이것은 모두 같은 장소에서 일어납니다. 서로 다르지만 같은 종류로 섞입니다. 하지만 수행을 하면서 이것에 대해 생각할 필요는 없습니다.

코도 같습니다. 이곳에 향을 피우면 어떤 사람은 좋아하고 어떤 사람은 싫어합니다. "이 사람들은 이상한 냄새를 좋아하네요. 왜 이런 것을 태우나요? 폐에도 좋지 않은데요." 하고 생각합니다. 우리는 어떤 것을 좋아하고 싫어하도록 조건지어져 있습니다. 하지만 좋고 싫음은 해석입니다. 좋은 맛은 좋아하고 좋은 맛이 아니면 싫어합니다. 반응을 계속합니다. 반응하지 않고 해석하지 않기 위해 수행을 합니다. 냄새를 감각하면 냄새 때문에 냄새의식이 있습니다. 냄새에 예민한 감각기관 때문에 냄새의식이 일어납니다.

수행을 하면서 대상, 감각기관, 의식, 세 가지가 작용하는 것을 알 수 있습니다. 이 세 가지 작용을 모두 볼 수 있지만 한 가지만 보아도 그것으로 충분합니다. 어떤 사람은 어떤 면을 보고 어떤 사람은 다른 면을 보지만 그것은 같은 것입니다. 그것의 한 면을 알아차리는 한 그것은 충분합니다. 너무 많은 노력을 기울이면 마음이 들뜹니다.

Dīghaṃ vā assasanto 'dīghaṃ assasāmī'ti pajānāti
- MN i. 56
숨을 길게 들이쉬면서 길게 들이쉰다고 꿰뚫어 안다.

이 말을 읽으면 생각해야 하는 것처럼 느낄 것입니다. "나는 숨을 길게 들이쉬고 있어요. 나는 숨을 길게 내쉬고 있어요." 만일 이렇게 하면 들뜨게 됩니다. 초보자는 짧게 '들이쉼' 하면서 처음부터 끝까지 호흡 전체를 느끼는 것이 도움이 됩니다. 그것은 짧을 수도 있고 길 수도 있습니다. 그것을 생각하지 말고 느끼십시오. 전체적인 과정을 알아차리십시오. 생각 없이 그것과 접촉할 때, 마음은 다른 방식으로 바뀝니다.

마음은 여러 가지 모드가 있습니다. 단어를 사용할 때 마음은 일상적인 실제에 있습니다. 어떤 종류의 단어나 모양 또는 이미지 사용을 멈추면 마음은 다른 모드로 작용합니다. 수행 시에 우리 마음은 다른 방식으로 작용하고 있습니다. 우리에게 익숙한 방식이 아닌 다른 방식으로 사물들을 이해합니다. 하지만 단어를 사용하는 순간에 마음은 일상적인 모드로 되돌아옵니다. 그것이 일어날 때마다 그것을 알아차리십시오. 생각하기, 명칭 붙이기가 초보자에게는 도움이 되지만 그것을 놓아버려야 합니다. 무엇이든 강하고 뚜렷한 감각이 일어나면 그것과 함께 해야 합니다. 무엇이든 지금 일어나는 것이 수행의 대상입니다. 그것은 이 전에 일어난 것도 다음에 일어날 것도 아닙니다. 현재에 준비되어 있으십시오. 그러면 대상이 올 것이고 그것을 알아차립니다. 다음을 기대하지 말고 경험을 만들지 마십시오. 무엇이 일어나든지 그것과 함께 하십시오. 이것이 수행의 가장 중요한 면입니다.

어떤 자세든지 한 자세로 오랫동안 있으면 통증이 발생합니다. 통증은 고통스럽고 통증이 일면 마음이 들뜨고 산만해집니다. 마음이 들뜨면 평화로움이 없습니다. 집중도 없습니다. 집중이 없으면 통찰이 없고 통찰이 없으면 해탈도 없습니다! 하지만 통증은 수행의 좋은 대상입니다. 통증이 강해서 견디기 힘들면 자세를 바꾸십시오. 다만 자세를 바꿀 때는 기민하게 깨어서 천천히 바꾸십시오. 아주 조금씩 움직이고 움직이면서 통증이 약해지는 것을 보십시오. 통증이 줄어드는 것을 느끼십시오. 몸의 변화와 통증의 변화를 알아차리지 않은 채로 서둘러

자세를 바꾸지 마십시오. 통증이 있을 때 마음은 그것을 싫어합니다. 제거하려고 합니다. 통증을 경험할 때, 통증과 함께 할 수 있는 한 인내하십시오. 마음이 통증에 어떻게 반응하는지 보십시오. 이것은 매우 중요한 배움입니다.

Āturakāyassa me sato cittaṃ anāturaṃ bhavissatīti.
Evaṃ hi te gahapati sikkhitabbaṃ - SN iii. 1
'나의 몸은 병들었지만 마음은 병들지 않을 것이다'라고 그대는 이와 같이 배우고 익혀야 한다.

붓다는 매우 깊고 심오한 가르침을 주었습니다. 따라서 우리는 그 가르침에 따라서 자신을 훈련해야 합니다! 통증은 제거할 수 없습니다. 통증은 공기처럼 항상 우리와 함께하는 것입니다. 누구도 통증에서 자유로울 수 없습니다. 하지만 통증이 우리를 해치지는 않습니다. 통증과 함께하면서 마음이 통증에 어떻게 반응하는지를 보십시오. 통증이 힘들어서가 아니고 대부분 통증에 익숙하지 않기 때문에 움직입니다. 통증에 반응하지 말고, 통증에 대해 생각하지 말고, 통증에 명칭을 사용하지 말고, 다만 통증에 주의를 기울이십시오.

통증에 반응하고 명칭을 사용하면 통증이 더 강해지는데 그것은 현상을 '통증'으로 해석하기 때문입니다. 통증에 대한 반응과 명칭의 사용을 멈추고, 통증 안으로 들어가서 통증과 함께 머문다면 통증이 아주 흥미롭다는 것을 발견합니다. 사람들은 통증이 아주 고통스러운 것이라고 합니다. 하지만 수행을 배우고, 통증의 실체를 알고, 통증과 함께 하면 통증이 아주 좋은 수행의 대상이라는 것을 알게 됩니다.

통증과 함께하면 통증이 참을 만하지만 통증을 제거하려고 하면 점점 더 참기 어려워집니다. 통증이 일 때 통증을 받아들이고 통증과 함께 하기 위해 노력해야 합니다. 통증이 강해서 한계치에 이르면 아주 천천히 움직이면서 통증이 줄어드는 것을 보고, 마음을 보십시오. 통증이 가벼워지는 만큼 마음도 이완됩니다. "오…, 지금은 좋아요. 기분이 좋아졌어요." 그리고 조금 더 움직이면 마음이 좀 더 편안해집니다. 아주 천천히 움직이면서 더 이상 통증을 느끼지 않는 자세를 찾습니다. 계속 수행을 합니다.

어떤 사람들은 5~6시간 동안 좌선을 하고 때로는 24시간 좌선을 하기도 합니다. 반면에 1시간도 앉아 있지 못하는 사람도 있습니다. 자신이 노력하면 몸을 훈련할 수 있는데도 불가능하다고만 생각합니다. 이것이 한계라고 생각하면 그 한계점에 이르렀을 때 몸이 강하게 반응합니다. 그럴 때는 "이보다 더 할 수 있어요."라고 격려하면 마음이 순응합니다. 이것이 자신의 한계를 늘리는 방법입니다. 3시간 정도 좌선을 하면 수행이 깊어집니다. 수행이 깊어지면 사띠는 더욱 명료해집니다. 생각이 멈추고 실제와 접촉합니다. 아주 미세하게 일어나는 것을 봅니다. 좀 더 오랫동안 앉는 것을 배우는 것은 중요합니다.

일어서서 수행하는 것도 좋습니다. 가끔씩 일어서서 봉이나 탁자 등 균형을 유지할 수 있는 것을 잡고 수행을 해보십시오. 견딜 수 있는 한 서 있다가 걸으십시오. 그러나 알아차리면서 걸으십시오. 오래 서 있으면 몸이 자세를 바꾸고 싶어 합니다. 정말로 움직이고 싶고 바꾸려는 의도가 강력해집니다. 더 이상 서 있을 수 없고, 더 이상 서 있고 싶지 않을 때 움직이고 싶어 하는 에너지를 느껴보십시오.

발은 움직이지 않았는데 몸이 움직이는 것처럼 느껴집니다. 몸을 끌어당기는 것처럼, 어떤 것이 잡아당기는 것처럼 느껴집니다. 몸과 마음의 에너지가 느껴집니다. 마음에 움직이려는 의도가 이는 순간 움직일 몸의 부분이 다르게 됩니다. 모든 신경과 근육이 움직일 준비가 됩니다. 그곳의 에너지, 혈액의 흐름, 신경, 긴장된 근육을 알아차리고 그것을 놓아버립니다. 놓는 순간 갈망과 움직이려고 하는 충동이 일고 욕망이 일어나는 것을 봅니다. 그 욕망을 알아차리고 또다시 놓아버립니다. 욕망이 반복적으로 작용하는 것을 거듭, 거듭, 거듭 알아차린 후에 움직이기로 결정합니다. 아주 천천히 몸을 움직이면서 느낌, 감각,

긴장감을 봅니다. 근육의 감각을 느낍니다. 모양이 아닌 감각과 접촉합니다. 긴 다리가 앞으로 나가고, 펴고, 움직입니다. 움직일 때 일어나는 감각을 알아차립니다. 감각은 수행의 중요한 대상입니다.

움직이기 위해서는 몸과 마음의 협동이 필요합니다. 몸과 마음의 협력 없이는 1센티미터도 움직이지 못합니다. 걷기 위해서는 마음에 의도가 일고 한쪽 다리로 몸무게를 옮겨야 합니다. 그 다리가 몸 전체의 무게를 감당하고 다른 발이 앞으로 나갑니다. 마음과 두 다리의 협동이 있어야 걸을 수 있습니다. 움직이는 것은 복잡한 과정입니다. 흥미를 가지고 한 발짝 움직일 때마다 몸에서 일어나는 것을 보십시오.

지금 무엇이 일어나고 있나요? 흥미가 있다면 그 흥미로움 때문에 마음이 집중됩니다. 집중 때문에 더 많은 에너지를 느낍니다. 마음에 즐거움이 있습니다. 흥미가 없다면 즐거움도 없습니다. 자신이 움직이려고 할 때 몸과 마음에서 어떤 일들이 일어나는지 흥미를 가지고 보십시오. 움직이기 위해 몸과 마음 전체에서 일어나는 것들을 느껴보십시오. 아주 천천히 걸으십시오. 경행은 집중이 개발되지 않는다고 하는데 그것은 흥미가 없기 때문입니다. 경행에 흥미가 있다면 강력한 집중을 얻을 수 있습니다. 붓다는 경행으로 개발된 사마디가 좌선으로 개발된 집중보다 더 강하다고 말했습니다. 이것은 매우 중요합니다.

경행은 계속 움직이기 때문에 그 과정과 접촉하기 위해 더 많은 에너지가 필요합니다. 더욱 주의를 기울이게 됩니다. 열 걸음 정도의 장소면 경행하기에 충분합니다. 어떤 것이든 움직일 때 더 많은 에너지와 노력이 필요합니다. 에너지, 노력, 알아차림이 개발되면 수행이 단순해지고 수월해집니다. 스스로 이유를 알게 될 것입니다. 흥미를 갖고 하십시오. 충분하게 경행을 한 후에 좌선을 하는 것이 더 좋습니다. 그 차이를 느낄 것입니다. 초보자에게는 둘 다 중요합니다. 좀 더 집중을 개발한 후에 2시간 좌선, 1시간 경행을 해도 됩니다. 그 후에는 3시간 좌선을 하고, 1시간 동안 경행을 합니다. 그러면 좀 더 깊이 들어갈 수 있습니다.

Caṅkamādhigato samādhi ciraṭṭhitiko hoti - AN iii. 30
경행에 몰두하면 삼매에 오래 머물 수 있다.

자세를 바꿀 때, 볼 때, 들을 때, 할 수 있는 한 전체적인 과정과 많이 접촉하십시오. 그 과정에 의도, 결정, 욕망이 있고 마음에 원함, 움직이고 싶음, 보고 싶음, 듣고 싶음, 마시고 싶음이 있는 것을 발견할 것입니다. 그 '싶음'을 알아차리십시오.

이것은 아주 간단하고 단순합니다. 하지만 간단한 것이 더 어렵습니다. 우리는 습관적으로 모든 것을 복잡하게 만듭니다. 수행은 아주 단순한 것입니다.

우리는 움직임에 익숙해서 움직이기 위해서 얼마나 많은 노력이 필요한지 모릅니다. 오래 전에 미얀마의 수행처에서 몇몇 비구들과 한 달 동안 아무것도 하지 않고 수행만을 하기로 계획을 세웠습니다. 방문 앞에 바루를 놓고 수행을 합니다. 다른 스님이 바루를 씻어서 음식을 담고 물통에 물을 따라서 문 앞에 놓습니다. 그러면 문을 열고 음식을 먹었습니다. 오랫동안 좌선을 하고 몇 분 정도 다리를 펴기 위해 걷고 다시 좌선을 하였습니다.

얼마가 지난 후에 눈꺼풀이 늘어져 있고 몸 전체가 매우 이완되어 있어서 눈을 뜨는 것도 어려웠습니다. 눈을 뜨기 위해 많은 노력과 많은 에너지가 필요했습니다. 말을 하기 위해 아주 많은 에너지가 사용되고 볼 근육도 아주 부드러워져서 미소 짓는 것조차 힘들었습니다. 우리는 움직임에 익숙해서 움직이기 위해 얼마나 많은 에너지를 필요로 하는지 알지 못합니다.

몇 개월 동안 그렇게 하면 처음에는 생각하기조차 힘들다는 것을 발견합니다. 저는 1년에 최소 4개월간은 홀로 지냅니다. 그런 후에 밖에 나오면 처음에는 어지럽습니다. 생각하고 싶지 않기 때문입니다. 그곳에서는 생각할 필요가 없습니다. 다만 말을 해야 할 때는 짧고 명확하게 말합니다. 또한 수행하기 전에는 이름들, 아이디어들, 관계들을 심각하게 여겼지만 수행하고 나서는 그런 것들이 해석일 뿐이라는 것을 알고 심각하게 여기지 않습니다. 그러나 그 의미는 압니다. 개념, 아이디어, 이름에 얽매이지 않고 개념을 사용합니다.

개념, 아이디어, 이름은 유익하지만 감옥입니다. 마음이 자유롭기 위해서는 그 한계가 무엇인지를 알아야 합니다. 우리 인생은 중요합니다. 올바른 방식으로 어떤 것을 해석하지 않는다면 우리는 생존할 수 없을 것입니다. 진화의 과정에서 우리는 올바른 방식으로 해석하는 것을 배워야 했습니다. 특히 숲 속에서 좌선 중에 어떤 소리를 들었을 때 그것을 올바른 방식으로 해석하지 않는다면 호랑이에게 잡혀 먹힐 수도 있습니다. 호랑이 소리를 들으면 문을 닫아야 합니다. 올바른 방식으로 해석하는 것은 유익하지만 일상적인 실제 너머로 가기를 원할 때는 모든 것을 놓아야 합니다.

담·마·토·크

Dhammā Talk

깊은 산속이나 동굴에서 홀로 수행하면 더 빨리 깨달음을 얻을 수 있지 않나요?

그것은 사실입니다. 그것은 깊은 통찰을 개발하는 데 유용합니다. 그러나 그것이 초보자에게는 바람직하지 않습니다. 갑자기 어떤 사람에게 동굴이나 작은 방에서 몇 달을 살라고 하면 아마 미쳐버릴 것입니다. 그것은 단계적으로 개발되어야 합니다. 항상 자신과 함께 하는 것은 쉽지 않습니다. 반응하지 않고 바라보고 놓아버릴 수 있다면 아주 깊은 집중과 통찰을 개발합니다.

대상들은 마음에 영향을 줍니다. 아름다운 것을 보면 그것이 우리의 마음을 끌어당깁니다. 그것이 더 보고 싶어서 떨어지지 않습니다. 그 대상과 그 대상이 주는 좋은 느낌과 함께 하고 싶어 합니다. 하지만 이런 대상들이 마음을 이끈다는 것을 아는 수행자는 마음을 돌립니다. −이것을 아비담마에서 마나시까라(manasikāra)라고 합니다.− 마음이 대상을 향해 가는 것을 압니다. 우리는 자세히 볼 수 없을 때 더 잘 보려고 합니다. 이때 우리를 보도록 만드는 것

은 무엇인가요? 그것은 대상의 끌어당김입니다. 수행자는 대상이 힘이 있다는 것을 압니다. 대상은 마음을 끌어당깁니다.

여러분이 아주 깨어있을 때는 생각을 할 수 없습니다. 특히 사띠, 알아차림과 사마디, 집중이 강할 때는 마음을 다른 대상으로 돌려도 다시 되돌아옵니다. 그때 무엇을 어떻게 해야 하나요? 내버려 두십시오. 그곳에 머물고 나서 다른 것을 할 준비가 되었다고 느껴질 때, 다른 대상으로 돌리십시오. 마음이 준비되지 않았을 때는 강요하지 마십시오. 그것은 최면 상태와 같습니다. 최면 상태에 있을 때 빨리 나오면 위험합니다. 그것은 일종의 몰입이기 때문에 시간을 가지고 천천히 나오십시오. 위빳사나 수행에서도 빠져들 수 있습니다. 그런 상태에서 빨리 나오기 위해 강요하지 마십시오. 시간을 가지십시오. 몇 분이면 충분합니다. 마음이 그것 밖으로 나오도록 준비하십시오.

생각은 짐입니다. 매우 고요하고 평화롭고, 생각 없고, 산만하지 않다면 거기에 머무는 것도 좋습니다. 잠시 이 문제덩어리 세계에서 멀어지는 것도 아주 좋습니다.

5
첫 번째와 두 번째 통찰

– 정신·물질을 분석하는 지혜 & 조건 파악의 지혜 –

첫 번째 통찰인, '나마루빠 빠릿체다 냐냐(nāmarūpa-paricchedañāṇa)'는 나마루빠, 즉 정신·물질 현상을 있는 그대로 보는 것입니다. 거기에 영원한 것은 없고, 존재도 없고, '나'도 없고 '자아'도 없고, 순수한 현상들뿐입니다. 그것을 본 것은 엄청난 안도감을 주고 마음의 짐을 내려놓게 합니다. '나'는 마음의 창조물입니다. 깨달음의 첫 번째 단계에서는 이런 '나'에 대한 잘못된 견해인 유신견(sakkaya-diṭṭhi)을 완전히 제거합니다. 하지만 욕망, 화, 자만심 등은 그대로 남아 있게 되지요. 그렇기 때문에 사람들은 그를 보고 "이 사람은 여전히 욕심이 많아요."라고 합니다. 그렇습니다. 하지만 다른 점은 그 욕망에 '나'라는 배경이 없다는 겁니다.

저는 이곳에 여러분을 도와주려고 온 것이지 가르치러 온 것이 아닙니다. 정말로 배우고 싶다면 배울 수 있습니다. 아무도 여러분을 가르칠 수 없습니다. 이것을 이해하는 것은 매우 중요합니다.

오늘은 한 가지 질문을 하겠습니다. 아주 단순한 질문이고 대답 또한 아주 단순합니다. 우리가 가지고 있는 가장 큰 짐은 무엇인가요? 잠시 생각해보기 바랍니다. 올바른 질문을 하고 그 질문과 함께 사는 것은 매우 중요합니다. 질문과 함께 할 때 살아 있는 답을 얻고 그 답과 함께 살 때 또 다른 깊이 있는 질문을 발견합니다. 하지만 그 질문은 삶에서 비롯된 것이어야 하고 마음에서 우러난 것이어야 합니다. 이론적이거나 가설적이지 않고 실제적이어야 합니다. 진정한 질문을 가진 사람, 진정한 질문과 함께 살고 있는 사람은 삶을 매우 진지하고, 의미 있고, 깊게 살아갑니다. 오랫동안 질문과 함께 살면 그들의 삶이 답을 해줍니다. 진실한 답은 삶 속에 있습니다. 자신이 가지고 있는 가장 큰 짐은 무엇인가요?

내가 가지고 있는 가장 큰 짐은 '나'입니다. 만약 이 '나'를 놓아버리면 정말 가벼움을 느낄 것입니다. '나' 이것이 가장 큰 짐입니다! 이 '나'라는 짐을 내려놓기 위해서 수행을 하고 순수한 정신·물질 현상을 경험하는 것입니다.

첫 번째 통찰
정신·물질을 분석하는 지혜(nāmarūpa-pariccheda-ñāṇa)

먼저 첫 번째 통찰인, '나마루빠 빠릿체다 냐냐(nāmarūpa-pariccheda-ñāṇa)'는 나마루빠, 즉 정신·물질 현상을 있는 그대로 보는 것입니다. 거기에 영원한 것은 없고, 존재도 없고, '나'도 없고 '자아'도 없고, 순수한 현상들뿐입니다. 그것을 본 것은 엄청난 안도감을 주고 마음의 짐을 내려놓게 합니다. '나'는 마음의 창조물입니다. 마음은 이런 짐을 만듭니다.

깨달음의 첫 번째 단계에서는 이런 '나'에 대한 잘못된 견해인 유신견(sakkāya-diṭṭhi)을 완전히 제거합니다. 하지만 욕망, 화, 자만심 등은 그대로 남아 있게 되지요. 이 점이 중요합니다. 그렇기 때문에 사람들은 그를 보고 "이 사람은 여전히 욕심이 많아요."라고 합니다. 그렇습니다. 하지만 다른 점은 그 욕망에 '나'라는 배경이 없다는 겁니다. 그래서 욕심을 채우기 위해 남의 것을 훔치거나 속이는 법은 없습니다. 다만 그는 자신이 원하는 것을 적절한 방법으로 얻습니다. 이 같은 욕망도 깨달음의 네 번째 단계에서는 완전히 제거됩니다.

Nāmarūpānaṃ yāthāvadassanaṃ diṭṭhivisuddhi nāma
- Vsm 587
견해의 청정은 나마를 정신 현상의 과정으로,
루빠를 물질 현상의 과정으로 보는 것이다.

위의 문장을 해석해보죠. 우선 '나마루빠(nāmarūpānam)'는 나마(nāma)와 루빠(rūpa)의 복합어입니다. '나마'는 정신이고 성품이며 어떤 존재가 아닙니다. '루빠'는 물질이고 물질의 성품입니다. 예를 들어 따뜻함이나 차가움은 성품이고 과정입니다. 이것을 과정이라고 하는 것은 연속성을 가지고 일어나고 사라지고 있기 때문입니다. 하지만 나마와 루빠는 서로 다른 별개의 것이고 같은 것이 아닙니다. 나마는 의식, 아는 것이고, 루빠는 앎의 성품이 없는 물질적 성품입니다. 그 둘은 서로 다른 과정입니다.
'야타와(yāthava)'는 진실한, 적절한, 올바른, 있는 그대로를 뜻합니다. '닷사남(dassanam)'은 '본다'라는 뜻입니다. '딧티 위숫디(diṭṭhi-visuddhi)'는 '견해의 청정'입니다. '딧티(diṭṭhi)'는 견해이고 '위숫디(visuddhi)'는 순수함, 청정함을 뜻합니다. 그리고 두 번째 '나마(nāma)'는 '~이라고 불리는'입니다(나마는 문맥에 따라 의미가 다릅니다. 어떤 경우에는 나마루빠를 이름과 형태로 사용합니다. 이 경우 나마는 '이름'이 되지요. 또 다른 경우에 나마는 '~이라 불린다'의 뜻입니다. 여기서는 후자의 경우입니다).

같은 문장이지만 첫 번째 나마는 정신을 뜻하고 마지막 줄의 나마는 '~이라 불린다', '의미하다'입니다. 따라서 이 문장을 해석하면, "견해의 청정은 나마를 정신 현상의 과정으로, 루빠를 물질 현상의 과정으로 보는 것이다."라고 할 수 있습니다.

이 문장에서 '나마'와 '루빠'의 의미는 '이름'과 '형태'가 아닙니다. 이름은 빤냣띠(개념)입니다. 형태와 모양 역시 빤냣띠입니다. 빤냣띠는 실제가 아니기 때문에, 첫 번째 통찰을 개발하면 이름과 형태를 아는 것이 아니고, 정신·물질 현상들을 있는 그대로 보는 것이라는 것을 압니다.

아나빠나사띠(ānāpānasati, 출입식념)는 처음에 몸의 모양, 코의 모양을 알아차리고 들숨과 날숨을 알아차립니다. 때론 사람들은 공기의 모양이나 길이 줄처럼 들어갔다 나왔다 한다고 상상합니다. 하지만 이는 상상일 뿐입니다. 어디에서 긴 공기가 들어오고 나가나요? 그 실체가 없는데도 그렇게 느끼는 것뿐입니다. 그러므로 모든 형태와 상상과 이름을 극복하고, 공기가 닿고 미는 감각을 알아차려야 합니다. 이렇게 닿고 미는 것은 아주 단순한 과정입니다. 하지만 이렇게 간단한 것에서도 잘못된 견해를 가지기 쉽습니다.

견해를 청정하게 하기 위해서는 닿고 미는 과정을 다른 것과 섞지 않고 순수한 감각만을 봐야 합니다. 숨을 들이쉴 때는 차갑고 숨을 내쉴 때는 따뜻합니다. 이 감각을 알아차리는 의식을 봅니다. 이런 따뜻함…, 차가움…, 밀어냄…, 닿음을 알아차리면서 그것을 보면 두 개의 서로 다른 과정이 계속되는 것을 볼 수 있습니다. 그것에 존재는 없고 어떤 것도 지속되지 않는 것을 봅니다. 그것들은 지금 일어나서 지금 사라집니다. 루빠, 즉 물질은 의식이 없습니다. 머리카락은 머리카락이 머리에 있는 것을 알지 못합니다. 머리카락은 어디로 가려고 의도하지도 못합니다. 그렇다면 무엇이 가려고 합니까? 그것은 마음입니다. 물질은 의도가 없습니다.

마음이 대상을 향해 가고 대상에 도달하는 것을 보십시오.

소리를 듣기 위해 소리에 주의를 기울이는데 이 '주의 기울임'은 '나마'의 성품입니다. 대상을 인식하고 대상을 아는 것은 '나마'입니다. 물질 현상인 '루빠'가 있고 그것을 아는 '나마', 즉 정신 현상이 있습니다. 이 두 가지는 서로 다릅니다. 대상 때문에 의식이 일어나고 대상이 없으면 의식도 없습니다.

첫 번째 통찰에서 대상과 대상을 알아차리는 의식을 봅니다. 소리가 있기 전에는 소리의 알아차림도 없습니다. 이 알아차림은 이 소리 때문에 일어납니다. 소리와 소리를 알아차리는 것을 분명하게 구분지어 볼 수 있습니다. 하지만 알아차림, 사띠는 소리를 듣기 위해 그곳에서 기다리지 않습니다. 소리가 일 때 알아차림도 일어납니다. 알아차림 이전에 다른 알아차림이 있었는데 그 알아차림은 다음 알아차림이 일어나기 위한 조건입니다. 하지만 그것들은 같지 않습니다.

우리는 항상 '같음', 즉 동일한 어떤 것이 있다고 생각합니다. 그러나 생각이 연속성을 만들고 '같음'이라는 아이디어를 창조하는 것입니다. 지금 일어나는 것에 주의를 기울이면 바로 지금 일어나는 것을 볼 수 있습니다. 하지만 그것은 일어나기 위해 이전부터 그곳에 있지 않았습니다. 그것은 바로 '지금' 일어납니다.

나무망치로 종을 치면 소리가 나는데 그 종소리는 나무망치에서 나지 않습니다. 종에서 나는 것도 아닙니다. 소리는 나무망치나 종 안에 있는 것이 아닙니다. 얼마나 세게 치는가에 따라 소리의 성품이 달라집니다. 그 소리가 나기 위해서 소리가 그곳에서 기다리지 않았습니다. 만일 소리가 그곳에 있다면 아무리 종을 세게 쳐도 같은 소리일 것입니다. 조건을 바꾸면 결과가 달라집니다. 소리는 나무망치에도 종에도 없고 어디에서 기다리고 있지도 않습니다. 조건에 따라 발생합니다. 나무망치로 종을 치면 소리가 생깁니다. 요컨대 모든 것은 새롭다는 말입니다. 그것을 새로운 것으로 이해하는 것이 중요합니다.

보는 것도 같습니다. 눈을 감으면 눈앞에 있는 것들이 보이지 않습니다. 하지만 눈을 뜨는 순간 어떤 것이 눈을 때리고 동시에 알아차림, 보는 의식이 일어납니다. 그것은 그 순간에 일어납니다. 대상과 의식, 서로 다른 두 가지를 봅니다. 이것을 보는 것이 첫 번째 통찰, 정신·물질을 분석하는 지혜입니다.

몸을 움직이기 위해서는 먼저 마음에 의도가 일고 다음에 몸이 움직입니다. 소리의 경우에는 소리가 의식을 조건짓고 소리 때문에 의식이 일어납니다. 움직임에는 항상 움직임을 미리 조건짓는 의도가 있습니다. 나마 즉 정신이 물질을 조건짓고, 루빠 즉 물질이 정신을 조건짓습니다. 그것은 양 방향으로 작용합니다.

우리가 무언가를 먹기 위해서는 먼저 의도가 있고, 손을 사용해서 음식을 입안에 넣습니다. 그렇다면 누가 먹는 건가요? 마음이 의도하고 몸에게 방향과 지침을 줍니다. 마음이 의도하고 몸이 먹습니다. 마음과 몸이 먹는 것이지 '내'가 먹는 것이 아닙니다. 그런데도 우리는 '내'가 먹는다고 생각합니다. 사실 그것은 나마와 루빠, 마음과 몸의 과정입니다. 그것을 바르게 보고 과정으로 아는 것이 바로 '견해의 청정'입니다.

모든 행위는 같은 방식으로 작용합니다. 걸을 때도 같습니다. 걷기 전에 다리의 근육이 단단하게 굳고, 움직이고 싶고, 마음에서 '움직임'…, '움직임'… 의도가 일어납니다. 이 의도는 정말로 다리를 밀어냅니다. 움직이기로 결정하고 다리를 들어 올리고 앞으로 밀고 내려놓습니다. 따라서 몸과 마음이 움직이는 것이지 내가 움직이는 것이 아닙니다. 이렇게 이해하는 것이 첫 번째 통찰입니다.

사실 존재는 없습니다. 마음이 고요해지고 마음이 대상에 오랫동안 머물 수 있으면, 한 가지 대상에 초점을 맞추기 시작합니다. 그러면 이제는 어떤 것들을 함께 놓지 않습니다. 이렇게 같이 놓지 않는 것은 중요합니다. 우리가 어떤 것들을 함께 놓을 때 빤냣띠, 개념이 생깁니다. 그러나 같이 놓지 않고 있는 그대로 보면, 정신과 물질의 실제 성품이 보입니다. 마음이 집중되고 순수한 성품을 보면 존재가 아니고, 남자도 아니고, 여자도 아닌 순수한 것을 볼 수 있습니다. 이것이 첫 번째 통찰인데 매우 중요합니다. 수행자가 이 통찰에 이르지 못한다면 발전할 희망이 없습니다. 남자, 여자, 존재를 사실로 보는 실제는 세속적인 실제(sammuti-sacca)입니다. 두 가지 실제를 절대 섞지 마십시오. 수행은 오직 빠라맛따 성품만을 봅니다.

나마와 루빠에 대한 가장 바른 이해는 나마루빠를 직접 보는 것입니다. 앞에서도 얘기했지만 나마는 정신 혹은 정신 현상을 의미하고, 루빠는 물질 혹은 물질 현상을 의미합니다. 정신 현상인 나마는 물질 현상인 루빠와 섞이지 않습니다. 그런데도 우리는 의식적 또는 무의식적으로 이것을 섞고 있습니다. 하지만 수행자는 나마와 루빠가 서로 다른 현상인 것을 분명하게 보기 때문에 섞지 않습니다. 나마루빠의 고유한 성품과 서로 다른 본성을 보면 '나'에 대한 견해가 정립되고 잘못된 앎이 정리됩니다. 그 이상은 아닙니다. 나, 영혼, 존재에 대한 그릇된 견해가 정리되는 것이 '견해의 청정(diṭṭhi-visuddhi)'입니다.

첫 번째 통찰에 이르면 견해가 청정해집니다. **견해의 청정은 첫 번째 통찰과 함께 옵니다.**

두 번째 통찰
조건파악의 지혜(paccaya-pariggaha-ñāṇa)

두 번째 통찰은 '빳짜야 빠릭가하 냐나(paccaya-pariggaha-ñāṇa)'입니다. '빳짜야(paccaya)'는 조건을 뜻하고, '빠릭가하(pariggaha)'는 잡는, 파악하는, '냐나(ñāṇa)'는 통찰 혹은 지혜입니다. 그러므로 이를 해석하면 '조건을 파악하는 지혜'입니다.

통찰이 성숙해지면 대상을 대상으로, 의식을 의식으로 보고 그것에 대해 생각하지 않습니다. 대상 때문에 의식이 일어나는 것을 보기 시작합니다. 이 대상은 이 의식의 조건입니다. 의식은 홀로 일어나지 않고 조건이 있기 때문에 일어나는데 어떤 사람은 그것을 깊이 보고 어떤 사람은 얕게 봅니다. 어쨌든 중요한 것은 무엇이 일어나든 그것의 조건을 보는 것입니다. 소리 의식은 소리 때문에 일어납니다. 그렇다면 우리는 이것을 아는데 '왜! 수행을 해야 할까요?'

지적인 이해는 자아의 강력한 믿음을 제거하지 못합니다. 우리는 소리를 들으면 "내가 소리를 들어요."라고 합니다. 그러나 수행을 할 때에는 '나'는 사라지고 듣는 의식만 있습니다. 소리 때문에 소리 의식이 일어나는 것을 봅니다. 귀 때문에 들음이 있다는 것을 이해합니다. 들음은 의식입니다. 소리와 귀 고막은 들음의 조건입니다. 수행을 하면 이것을 이해하게 됩니다.

소리가 있어도 주의를 기울이지 않으면 소리를 듣지 못합니다. 마음이 대상을 향하는 것, 주의를 기울이는 것을 봅니다. 잠을 자고 있을 때는 소리가 있어도 듣지 못합니다. 깨어 있어도 책에 집중하고 있으면 불러도 듣지 못합니다. 주의를 기울이지 않으면 소리가 있어도 들을 수 없습니다. 소리, 귀, 주의가 들음을 조건짓습니다.

보는 것도 같습니다. 이 통찰이 개발되면 보지만 다르게 봅니다. 어떤 것을 볼 때, 보는 대상과 함께 일어나는 의식을 봅니다. 보는 것 때문에 의식이 일어나는 것을 봅니다. "무엇을 본다는 것은 놀라워요." 무언가를 본다는 것이 놀랍다는 것을 발견합니다. 그렇습니다. 이것은 아주 경이롭습니다. 어떤 것을 보고 전혀 다른 방식으로 느낍니다.

철학자 비트겐슈타인Wittgenstein이 의미 있는 말을 했습니다. "왜 아무것도 없음이 아니라 어떤 것이 있음인가요?" 이것을 진정으로 이해하면 충격일 것입니다. 꽃이 있고, 나무가 있고, 곤충과 동물, 인간, 행성이 있는 것은 매우 경이롭습니다. 왜 아무것도 없음이 아닌가요? 어째서 어떤 것이 있나요? 어떤 것이 있는 그 자체로 놀랍습니다! 수행자는 보는 의식이 일어나는 것이 놀랍다는 것을 발견합니다. 보는 것을 새로운 과정, 새로운 경험으로 봅니다. 사람들은 대부분 꿈을 꾸듯이 무의식적으로 행동합니다. 하지만 이젠 깨어서 봅니다. 보는 것이 경이롭습니다. 보는 것을 아주 새롭게 경험합니다. 그것이 우리의 무의식을 때립니다.

> Etass'eva pana n marupassa paccayapariggahanena
> tīsu addhāsu kaṅkhaṃ vitaritvā ṭhitam ñāṇam
> kaṅkhāvitarana-visuddhi nāma - Vsm 598

- Etass'eva pana nāmarupassa ; 이 정신·물질의
- paccayapariggahanena ; 조건을 파악함으로써
- tīsu addhāsu ; 과거, 현재, 미래 ; 수행할 때는 오직 현재에 주의를 기울입니다. 현재를 완전하게 이해할 때 과거와 미래도 이해합니다.
- kaṅkhaṃ vitaritvā ; 정신·물질 현상의 조건을 분명히 파악하기에 모든 의심이 사라집니다. kaṅkhaṃ은 의심, vitaritvā는 극복입니다.

우리에게는 "나는 전생에 태어났었나요?" 혹은 "다음 생에 다시 태어나는 가요?"와 같은 의문이 있습니다. "이번 생 이전에 '나'가 있었나요?" 한 가지 의심입니다. "이번 생 이전에 '나'가 없었나요?" 이것은 다른 각도에서 본 같은 질문입니다.

만약 전생에 '나'가 있었다면 그 '나'는 어떠했을까? 남자였을까, 여자였을까? 유럽인, 아시아인? 여러 가지 의구심이 들지만 이것을 지혜로 보면 이름은 단지 관습이라는 것을 알게 됩니다. "내가 또다시 태어날까요?", "나는 태어나지 않을까요?" 이는 같은 종류의 의심입니다. "영혼이 내 안에 있다면 어디에 있나요?" 이것은 다른 의심입니다.

하지만 나마루빠, 즉 정신·물질 현상을 보면 의심이 사라집니다. 그것은 현재 일어나고 있고, 과거에도 일어났고, 일어날 조건이 있다면 미래에도 일어난다는 것을 분명하게 이해합니다. 조건이 있으면 일어나고, 조건이 없으면 일어나지 않습니

다. 영원한 존재와 같은 것은 없고 모든 것은 변하고 일어나서 사라집니다.

그렇다면 이 '나'는 어디서 온 것인가요? 윤회 rebirth와 환생 reincarnation은 흔히 함께 사용하지만 두 단어는 결코 같지 않습니다. 환생은 아트만, 영혼과 같은 존재가 새로운 몸을 갖는 것입니다. 그것은 영혼이 새로운 몸에 들어가는 것입니다. 하지만 그런 영혼은 없습니다. 실제로 '나'라는 것은 없습니다. 현재의 완전한 이해는 과거와 미래의 의심을 제거합니다. "누가 이것을 창조했나요?" 같은 의구심이 정리됩니다. 모든 것은 초월적인 존재에 의해 창조되는 것이 아니고 모든 것은 원인과 결과인 것을 봅니다.

연기(paṭiccasamuppāda)를 공부했다면 그것이 진실이라는 것을 봅니다. 연기의 기본은 "원인 때문에 결과가 있고, 원인이 없으면 결과도 없다."입니다. 이것이 연기에 대한 가장 기초적인 설명입니다. 소리와 귀와 의식이 서로 부딪치는 것이 접촉 (phassa)입니다. 이 접촉 때문에 웨다나(vedanā), 즉 느낌 - 좋은 느낌, 싫은 느낌, 중립적 느낌 - 이 있습니다. 이 느낌 때문에 갈애와 화가 일어납니다. 이 진리를 완벽하게 볼 수는 없지만 일부분은 명료하게 봅니다. 어떤 것을 보고 들은 적이 없다면 그것에 대한 갈애가 일어나지 않습니다. 모르는 것에 갈애는 없습니다. 생각해보십시오. 갈애는 왜 일어나는 걸까요? 그것은 무엇을 보거나 들었기 때문입니다.

Phassa-paccayā vedanā, vedanā-paccayā taṇhā
접촉을 조건으로 느낌이 있고, 느낌을 조건으로 갈애가 있습니다.

수행 중에 수행자의 지식 정도에 따라 어떤 이해나 생각이 퍼뜩 떠오릅니다. 어떤 때는 빠알리어 경구나 영어책에서 본 문장이 마음 안에서 일어납니다. 그러나 그 생각이 아무리 심오해도 그것에 대해 너무 많이 생각하지 마십시오. 생각은 알아차림과 관찰의 연속성을 방해합니다.

수행과 수행 사이에 이런 생각들이 반복적으로 들어오는데 이것을 계속 사띠하고 알아차려야 합니다. 그런 순간적인 생각은 강한 에너지가 있는데 깊은 영감을 주기도 합니다. 문제는 그것에 대해 말을 하고 싶고 그것을 멈추기가 어렵다는 것입니다. 자신에게 명료한 통찰이 일어나면 행복해하고 함께 수행하는 친구들에게도 같은 일이 생기기를 바랍니다. 이 친구가 이것을 이해한다면 행복해할 것이라고 생각합니다. 그러나 말을 하는 순간, 사띠를 상실하게 됩니다. 그러므로 깊은 통찰의 개발을 원한다면 수행 중에 그것에 대해 생각을 하거나 말하지 마십시오.

 수행자가 정신·물질의 조건과 그것이 일어나고 사라지는 과정을 볼 때 '나'라는 큰 '짐'에서 벗어나게 되고 안도감을 느낍니다. 마음에 기쁨과 환희가 일고 붓다에 대한 신뢰와 믿음이 강렬해집니다. 저는 나마·루빠를 보고, 정신·물질의 조건을 파악하였을 때, 마음에서 아주 강렬한 기쁨과 환희가 일면서 붓다를 생각했습니다. "붓다는 정말로 옳다." 이 순간에 대부분 사람들은 가슴 깊은 곳에서 우러나는 존경심으로 붓다께 삼배를 합니다. 그것은 붓다에 대한 진정한 존경과 삿다(saddhā, 믿음)가 아주 자연스럽게 마음에서 일기 때문입니다. 이것은 아주 다른 차원의 붓다에 대한 경의입니다. 아주 개인적입니다.

 아윗자(avijjā, 무지)는 모름입니다. 무엇을 모르나요? 진리를 모르고 실제를 알지 못하는 것입니다. 모르기 때문에 '내가' 이것을 하면, '내가' 행복해질 것이라거나 '내가' 얻을 것이라고 합니다. 이것이 무지, 알지 못하는 것입니다. 진정한 행복은 없습니다. 이것을 생각하면 매우 슬픕니다. 우리는 자신을 너무 오랫동안 속였습니다. 진정 만족감을 주는 것이 있나요? 그런 것이 있던가요?

 어떤 것을 행복이라 생각하고, 그것이 진실로 행복할 거라는 희망을 갖는 것은 무지입니다. 고귀한 사성제를 모르는 것도 무지입니다. 다나(dāna, 보시)는 좋은 행위입니다. 관대함은 대단한 것입니다! 우리는 서로를 돕고 서로에게 줄 필요가 있습니다. 우리는 돈을 주고, 음식, 옷, 시간, 주의, 지식을 줍니다. 가르치는 것도 주는 것입니다. 그것은 좋은 행위입니다.

그러나 그것으로부터 무엇을 기대하나요? 그 기대가 중요합니다. "만약 내가 이 음식을 보시하면, 이 업의 결과로 나는 부자로 다시 태어날 거예요. 나는 행복할 거예요. 나는 만족스러울 거예요." 이것이 무지입니다. 물론 그것이 확실히 어떤 결과를 가져 오긴 하지만 그렇다고 그것이 우리를 진정한 행복으로 이끌어 주지는 못합니다. 보시라는 좋은 행위를 하면서도 그것이 진정한 행복과 만족을 줄 거라는 무지를 가지고 합니다.

왜 우리는 보시를 하고 보시를 하면서 무엇을 기대하나요? 보시의 공덕으로 수행할 수 있는 기회가 생기고 진리를 볼 수 있기를 기대하는 것이 가장 수승한 것입니다. 가끔 조금 보시하고 아주 많이 가지게 되었다고 자랑하는 것을 듣습니다. 그렇다면 그것은 아주 좋은 투자일 뿐입니다. '탐욕'와 '나'가 합쳐진 '내가' 많이 얻을 것에 기초를 둔 것입니다. 그것을 깊이 보십시오. 기대는 탐욕입니다. 보시는 좋은 행위이지만 무지로 인해 탐욕과 '나'의 잘못된 견해에 뿌리를 둔 것입니다. 이렇게 어리석기 때문에 어리석은 행동을 하고 오계를 지키지 않습니다. 수행이 깊어지면 무지 때문에 상카라가 일어나고(avijjā-paccayā saṅkhārā), 상카라(行) 때문에 식(識)이 일어나는 것을(saṅkhārā-paccayā viññāṇaṁ) 봅니다.

Kammam n'atthi vipākamhi, pāko kamme na vijjati
aññamaññaṁ ubho suññā, na ca kammam vinā phalam
kammañ ca kho upādāya tato nibbattate phalam
Na h'ettha devo brahmā vā saṁsārass'atthi kārako
suddhadhammā pavattanti hetusambhārapaccayā ti - Vsm 603

· Kammam n'atthi vipākamhi, pāko kamme na vijjati
업은 결과 안에 있는 것이 아니고 업 안에도 없다.
; 원인은 결과 속에 없고 원인 안에 결과가 없습니다. 하나가 다른 하나 안에 있지 않습니다. 그 둘은 같지 않습니다. 결과가 원인 안에 있거나 원인이 결과 안에 있다고 하면 두 가지를 같이 받아들이는 것입니다. 그것은 분리되어 있습니다.

· aññamaññaṁ ubho suññā
둘은 서로 공하다.
; 하나에는 다른 하나가 없고, 이것은 저것 안에 있지 않고 저것은 이것 안에 있지 않습니다.

· na ca kammam vinā phalam
그리고 결과 없는 업은 없다.

; 결과 없는 원인은 없습니다. 원인이 있으면 결과가 있습니다.
・kamman ca kho upādāya tato nibbatttate phalam
업을 의지하여 업으로부터 과보가 생길 뿐
Na h'ettha devo brahma vā sam sārass'atthi kārako
신이나 브라만이나 윤회를 만드는 자는 없다.
・suddhadhammā pavattanti hetusambhārapaccayā ti.
원인과 조건 따라 순수한 법들이 일어날 뿐이다.

이 단계에서는 아주 심오한 것을 봅니다. 사마디, 즉 집중과 사띠, 즉 알아차림이 개발되어 있어서 매우 명료하게 볼 수 있기 때문에 깊이 생각하게 합니다. 자신의 통찰에 집착하기도 합니다. 첫 번째와 두 번째 통찰을 얻은 사람을 '작은 소따빤나(cūla-sotāpanna)'라고 합니다. 소따빤나는 막가팔라(maggaphala), 즉 첫 번째 도과(道果)를 성취한 사람인데 '작은 소따빤나'의 의미는 완성단계는 아니더라도 정신·물질의 원인을 파악하여 '나'에 대한 잘못된 견해가 아주 많이 정리되어 있는 사람을 말합니다. 소따빤나와 매우 비슷하지요. 그래서 '작은 소따빤나'라고 합니다.

Iminā pana ñāṇena samannāgato vipassako
buddhasāsane laddhassāso laddhapatiṭṭho niyatagatiko

- Vsm 605
- ñāṇena : 통찰로
- samannāgato : 구족된, 구비된
- vipassako : 위빳사나 수행자
- laddhassāso : 안식를 얻은
- laddhapatiṭṭho : 발판을 얻은 자
- niyatagatiko : 태어날 곳이 정해진 자

; 통찰로 구족된 위빳사나 수행자는 부처님 가르침에 안식을 얻은 자, 발판을 얻은 자, 태어날 곳이 정해진 자이다.

'그는 짐을 지고 있었는데 이제는 그 짐을 놓아버렸고 짐에서 벗어나서 안심한다.'라는 의미입니다. niyatagatiko는 통찰지혜가 개발되어 있고 이것을 유지하는 사람이라는 뜻으로 낮은 영역의 세계에 태어나지는 않습니다. 좋은 삶으로 삼사라(saṃsāra), 윤회합니다. 삼사라, 돌고 돎은 마음의 성품에 연관되어 있습니다. 깊은 통찰력은 엄청난 힘이 있어서 견해가 청정해집니다. 이 청정함으로 마음의 성품이 아주 높아져서 낮은 영역에 태어나지 않습니다.

인생은 마음의 성품에 달려 있고 마음의 성품과 함께 합니다. 낮은 성품의 의식은 아래 영역 세계, 낮은 삶으로 태어납니다. 깊은 통찰과 순수한 이해는 계의 청정, 마음의 청정, 견해의 청정으로 성품이 높아져서 낮은 영역에 태어날 수 없습니다. 통찰은 안도감을 줍니다. 낮은 영역으로 윤회하지 않기 때문입니다.

이 진실을 알지 못하기 때문에 어떤 것을 원하면 그것을 가져야만 하고, 그것을 갖지 못하면 행복하지 않습니다. 이렇게 '해야만 하는 것'은 큰 짐입니다. 하지만 이제는 마음에 탐욕이 일 때 마음에 탐욕이 있다는 것을 알아차립니다. '나'와 '원하는 것'을 동일시하면 문제가 됩니다. 하지만 동일시하지 않는다면 그것은 하나의 과정이고 그것에 대해 아무것도 할 것이 없습니다. 지금까지는 "나는 이것을 원하고 그것을 가지면 행복하고, 갖지 못하면 불행할 거예요."라면서 소유하지 못하면 행복할 수 없었습니다.

하지만 이제는 그것을 관찰할 수 있고, 그것은 큰 안도감을 줍니다. 노력하면 불행의 90%를 제거할 수 있습니다. 탐욕을 있는 그대로 볼 수 있습니다. '나'에 대한 잘못된 견해가 번뇌를 강하게 합니다. "나는 화가 났어요. 나는 짜증이 나요." 이런 생각이 마음에 일 때마다 한발 물러서서 집착을 보고 집착을 놓아버립니다. 그것을 자아와 동일시하지 않고 현상으로 보기 때문에 그것은 힘을 잃어버립니다. 그렇게 되면 평정심이 유지되고 그것이 꼭 필요한 것이면 그것을 얻는 좋은 방법을 찾습니다. 우리에게 정말 필요한 것과 우리가 원하는 것은 차이가 많습니다. 원하는 것은 끝이 없고 필요한 것은 매우 적습니다. 행복해지기 위해 필요한 것이 얼마나 적은지 믿기지 않을 것입니다.

저의 스승은 아주 작은 오두막에 살았습니다. 그분은 자신이 가르치는 것을 실천하고 자신이 실천하는 것을 가르쳤습니다. 머리나 책으로 가르친 것이 아니라 자신의 삶으로 가르쳤습니다. 그분은 아주 단순한 삶을 살았습니다. 그의 방은 텅 빈 방입니다. 나무 침대에서 자고 타월을 베개로 사용합니다. 카펫도 없고 바닥에는 아무것도 깔려 있지 않습니다. 가구도 없습니다. 그래서 스승을 만나러 오는 사람들 중에는 그분이 정말 아무것도 갖고 있지 않은지 직접 확인하러 오는 사람도 있었습니다.

그분은 채식주의자인데 하루에 한 끼 식사만 합니다. 밥 조금과 토마토 샐러드, 콩나물, 삶은 콩과 채소를 먹습니다. 사람들이 케이크와 비스킷을 공양 올리지만 먹지 않습니다. 그는 그것들은 적절하지 않다고 말합니다. 40년 이상 하루에 한 끼를 먹고 있지만 아주 건강합니다. 저는 그분을 20년 이상 알고 지냈는데 아픈 것을 딱 두 번 보았습니다. 그분이 육식을 하지 않는다는 것을 모르고 어떤 사람이 얇게 썬 돼지고기를 채소에 섞어 만든 요리를 공양 올렸습니다. 그것을 모르고 드셨다가 배탈이 난 것입니다. 만약 의사에게 이렇게 단순한 음식을 그것도 하루 한 끼만 먹고 있다고 하면 99%는 영양실조에 걸릴 거라고 말할 것입니다. 하지만 그는 아주 건강했습니다. 그는 그렇게 살았습니다. 그가 가진 모든 물건은 작은 꾸러미로 들 수 있습니다.

우리가 원하는 것과 우리가 필요로 하는 것에는 큰 차이가 있습니다. 사람들은 점점 더 많이 원합니다. 그것이 자신을 행복하게 해줄 거라고 착각하기 때문입니다. 마음을 이해하고 탐욕을 이해하고 내려놓으십시오. 인생을 단순하게 만들 수 있습니다. 그렇게 되면 인생은 더 이상 큰 짐이 아닙니다! 그렇습니다. 사실 인생의 짐은 그렇게 크지 않습니다. 탐욕의 짐이 더 큽니다.

담·마·토·크

어떻게 이러한 통찰을 유지할 수 있나요?

계속 수행을 하면 유지할 수 있습니다. 그것을 유지하는 것이 수행입니다. 통찰을 경험하면 그것의 중요성을 알 수 있습니다. 또한 통찰은 삶이 단순해지도록 합니다. 통찰이 없는 사람은 삶이 복잡합니다. 사람들은 불필요한 것을 너무 많이 합니다. 불필요한 생각을 하고, 보고, 듣고, 먹고, 여기저기 돌아다닙니다. 통찰은 인생에서 중요한 것과 중요하지 않은 것을 알 수 있게 해줍니다. 모든 것에 같은 중요성을 부여하면 항상 시간이 부족하고 수행할 시간이 없습니다. 사실 아이들이나 남편, 부인, 일에 대한 걱정 중 대부분의 걱정은 불필요한 것입니다. 통찰이 개발되면 걱정이 줄어듭니다. 아플 때만 걱정하고 의사를 만납니다. 10년, 30년 후에 아플 일을 미리 걱정하지 마십시오. 할 필요가 있는 것과 해야만 하는 것을 하면 많은 것을 놓아버릴 수 있습니다. 매우 단순합니다.

그것이 통찰을 유지하는 수행자들이 단순한 삶을 살아가는 이유입니다. 그들은 복잡한 인생을 살 수 없습니다. 수행자인 제 친구는 집에 새로운 것을 들여놓는 것을 두려워하는데 그 이유는 '그것이 그녀의 마음을 차지해서 그것에 시간을 빼앗기게 될까 봐'라고 합니다. 도시의 가게에는 물건들이 잘 진열되어 있지만 이 친구 눈에는 불필요한 것들이 대부분이라고 합니다. 누가 이것들을 필요로 하나요? 누가 이런 필요를 만드나요? 바로 우리들 스스로가 필요를 만들고 그것이 없으면 불행하다고 믿게 만듭니다. 통찰을 유지하는 것은 중요하며 그것을 유지할 수 있는 유일한 방법은 계속 수행을 하는 것입니다. 첫 번째 단계의 깨달음에 도달하면, 되돌아 뒤로 갈 수 없게 됩니다. 첫 단계의 깨달음을 얻기까지 끊임없이 수행해야 합니다.

처음 두 가지 통찰도 책을 통해서는 얻을 수 없습니다. 그것에 대해 들을 때는 쉽게 이해되지만 그것은 통찰이 아니라 지식입니다. 그것은 그것을 경험하는 순간에 알게 됩니다.

붓다는 세 가지 지혜를 말했습니다. 첫 번째 지혜는 듣거나 책을 읽고 이해하는 지혜입니다. 두 번째 지혜는 깊이 사유해서 얻는 지혜입니다. 세 번째 지혜는 수행을 통해 얻는 통찰 지혜입니다. 처음 두 단계에서는 책을 보고 듣고 사유함으로써 잘못된 견해들을 제거할 수 있습니다. 이것이 책을 읽는 것, 듣는 것, 생각하는 것, 질문을 하고 명료하게 이해해야 하는 중요한 이유입니다. 하지만 보고 듣고 읽는 것만으로는 부족합니다. '수행해서 직접 앎' 이것이 담마의 아름다움입니다. 붓다는 보고 듣고 읽어서 얻는 지식이나 사유해서 얻는 이해를 인정했습니다. 그러나 대부분 사람들은 여기까지입니다. 특히 서양 철학이 그렇습니다. 그러나 붓다는 한 걸음 더 나아가서 수행해서 직접 앎을 강조합니다.

수행을 하지 않고는 통찰을 얻을 수 없나요?

그렇습니다. 무상·고·무아를 사실적으로 이해하기 위해서 다른 방법은 없습니다. 유일한 방법은 수행을 하는 것입니다. 그것이 담마의 심오함입니다.

붓다는 매일매일 사띠, 알아차림에 대해 말씀하셨고 알아차림은 위빳사나입니다. 붓다는 반복해서 이것에 대해 말씀하셨습니다. 염처(satipaṭṭhanā)는 위빳사나입니다. 염처는 4가지가 있지만 수행할 때는 사실상 그와 같이 분류할 수 없습니다. 몸을 관찰하는 것은 '까야누빳사나(kayānupassanā)'입니다. 마음을 관찰하는 것은 '찟따누빳사나(cittānupassanā)'입니다. 느낌, 감각을 알아차리는 것은 '웨다나누빳사나(vedanānupassanā)'입니다. 담마를 관찰하는 것은 '담마누빳사나(dhammānupassanā)'입니다.
'누(nu)'는 '아누(anu)'의 a가 복합어가 되면서 생략되었는데 '계속

해서, 따라서, 반복적으로'라는 뜻이고 '빳사나(passanā)'는 '본다'라는 뜻입니다. 즉 그것을 '계속해 반복적으로 본다'는 의미입니다. 어떤 것을 아주 짧은 순간만 보면 본 것을 확신할 수 없습니다. 하지만 그것을 반복적으로 보면 점점 분명해질 것입니다. 예를 들어 컵 안에 어떤 것이 있는데 아주 짧은 순간만 컵 안을 보여주고 컵에 무엇이 있느냐고 물으면 말할 수 없습니다. 하지만 짧은 순간이라도 반복해서 보면 그것이 무엇인지 알게 될 것입니다.

―――

원인이 없이는 어떤 것도 일어날 수 없습니다. 자신을 꼬집으면 고통스런 느낌이 이는데 그것은 꼬집었기 때문입니다. 눈은 중립적이고 해석은 마음의 영역입니다. 좋아하는 것은 눈의 영역이 아니고 마음의 영역입니다. 어떤 것을 볼 때, 보는 것 자체는 눈 의식이지만 눈 의식은 눈이 본 것이 무엇인지 모릅니다. 눈은 보기만 합니다. 눈은 남자 여자를 보는 것이 아니고 색깔만을 봅니다. 그것을 해석하는 것은 눈 의식이 아니고 마음이 합니다. 과거에 경험이 있기 때문에 그것이 무엇인지 압니다. 과거에 그것을 좋아했기 때문에 지금 그것을 좋아합니다. 처음 보는 것을 보면 그것이 무엇인지 모르기 때문에 좋아하거나 싫어하지 않습니다. 따라서 좋고 싫음은 과거의 조건입니다.

대부분의 미얀마 사람들은 이 소스를 좋아합니다. 매우 끈적거리고 냄새가 많이 나는데도 그것을 매우 좋아합니다. 하지만 같은 나라 사람인 저는 그것을 아주 싫어합니다. 모든 것은 조건지어짐입니다. 보는 것이 어떤 것과 섞이지 않을 때, 그것이 순수한 보는 의식입니다. 거기에는 좋아함과 싫어함이 없습니다. 생각과 기억이 좋아하고 싫어하도록 합니다. 그렇기 때문에 좋아함과 싫어함은 과거에 조건지어진 것입니다.

6
세 번째 통찰 : 명상의 지혜

– 직접 경험을 통한 무상·고·무아 알기 –

이 통찰에서 수행자는 사실적으로 무상을 받아들입니다. 그동안 무상에 대해 많이 들었고 무상을 이해한다고 했는데 이제야 진정으로 아닛짜, 즉 무상을 보고 둑카, 즉 고(苦)와 불만족을 봅니다. "어떻게 만족할 수 있을까요?" 어느 것도 통제할 수 없는데 통제하고 있다고 속은 것을 알게 됩니다. 우리가 우리를 늙지 않도록 할 수 없습니다.
저한테 그런 능력이 있다면 저 역시 항상 스물다섯 살이고 싶습니다. 우리는 그것을 통제할 수 없습니다. 그렇다고 해서 자신을 돌보지 말라는 뜻은 아닙니다. "죽는다면 죽어야지요." 하는 것은 올바른 태도가 아닙니다. 자신을 돌보고 오래 살아서 더 많이 배우십시오. 우리는 이 생에 많은 것을 투자했습니다. 최대한 많이 얻어내십시오.

마음이 고요하고 평화로울 때 마음은 더 수용합니다. 마음이 보다 더 수용할수록 더 몰두할 수 있습니다. 대학에 다닐 때 저는 공부하기 전에 꼭 5~10분간 수행을 하고 공부를 하곤 했습니다. 수행하지 않고 책을 보면, 무엇을 읽는지도 모르고 몇 페이지를 읽을 수도 있습니다. 시험을 볼 때도 저는 책이나 공책을 가지고 가지 않았습니다. 어떤 사람은 마지막까지 책을 읽고 공부를 하는데 저는 그렇게 하지 않았습니다. 마음을 가볍고 고요하게 유지하고 시험장에 들어갔습니다. 자리에 앉아서 시험지를 받은 후에도 시험지를 뒤집어 놓은 채로 두었습니다. 즉시 읽지 않았습니다. 어떤 것도, 시험도 생각하지 않고, 숨을 들이쉬고 내쉬면서 약 5분간 수행을 하고 마음이 고요해지면 천천히 답을 적었습니다.

 천천히 알아차리면서 일을 하면 그것을 끝내는 데 오히려 시간이 덜 걸립니다. 이것은 이완된 방식으로 일을 하는 것인데 서두르지 않으면서도 빨리 끝낼 수 있습니다. 모든 면에서 효

율적으로 하는 법을 배우십시오. 효율적이 되는 최선의 방법은 고요하고 평화로운 것입니다. 서두르고 들뜨면 더 많은 시간이 걸립니다. 창의적인 사람은 수행을 모든 일에 사용할 수 있는데 그러면 모든 것이 좀 더 질적으로 우수해집니다. 좋은 품질, 즉 질적인 것은 우리의 인생에서 매우 중요한 것입니다.

질적인 면을 무시하고 인생에서 만족할 수 없습니다. 질적인 면을 보지 않고 어떻게 만족을 찾을 수 있나요? 양만을 쫓는다면 우리가 하는 일과 사용하는 것에 소중히 하는 마음을 가질 수 없습니다. 저는 좋은 품질의 것을 소중하게 여기고 사랑하는 마음으로 사용해서 그것이 오래가도록 합니다. 인간관계에서의 질은 서로 존중하고 배려하며 가치를 두는 것입니다. 모든 면에 좀 더 주의를 기울이는 것입니다. 자신에게 물으십시오. "어떻게 하면 가장 좋은 태도로 가장 좋은 마음의 질로 할 수 있나요?" 이렇게 한다면 모든 것에서 만족을 찾을 것입니다. 질 높은 마음을 가진다면 우리의 모든 것은 좋은 품질이 됩니다.

하나가 다른 하나의 원인이 됩니다. 정신 현상은 물질 현상의 원인이고 물질 현상은 정신 현상의 원인입니다. 수행자가 정신·물질을 분석하는 지혜를 개발하고 이 통찰에 충분한 힘과 명료함이 있다면 자동적으로 마음이 앞으로 움직입니다. 수행자는 현상이 일어나는 순간을 보기 시작합니다. 지금까지 일어난 것은 보았지만 일어나는 처음 시작 순간은 보지 못했습니다.

통찰이 개발되면서 현상이 일어나고…, 또 다른 현상이 일어나고…, 또 다른 현상이 연이어 일어나는 것을 보기 시작합니다. 그리고 현상이 일어나서 머물다 사라지는 것을 봅니다. 모든 것이 아주 천천히 움직입니다. 생각들, 감각들의 움직임이 마치 영화의 슬로모션을 보는 것과 같습니다. 일어나서 머물다 사라지는 것을 명료하게 봅니다. 모든 것이 일어나서 사라지는데 이 안에서 어떻게 만족을 찾을 수 있나요. 만족할 만한 것은 없다는 것을 봅니다.

이 통찰에서 음악을 들으면 음(音)의 항상함이 없습니다. 한 음 한 음이 일어나서 사라지고 또 다른 음이 일어나서 사라집니다. 이전처럼 음악을 즐길 수가 없습니다. 예전에는 "이 음악이 정말 좋은데…."라고 생각했지만, 항상함이 사라진 지금은 어떤 것도 즐길 수 없습니다. 무상함을 봅니다. 그것이 좋든, 싫든 그것이 일어나서 머물다 사라지는 것을 봅니다. 일어나서 사라지기 때문에 불만족스럽습니다.

Atitānāgatapacuppannānam dhammānam
saṅkhipitvā vavatthane paññā sammasane ñāṇam
 - Pts. i. 54

이것은 《빠띠삼비다막가Paṭisambhidāmagga》에 있는 경구입니다. 담마남(dhammānam)은 정신·물질 현상입니다. 아띠따(atita)는 과거, 아나가따(anāgata)는 미래, 빠쭙빤나(pacuppanna)는 현재입니다. 이 문장에서 과거, 현재, 미래의 순서대로 있지 않다는 것을 볼 수 있는데 이것은 꼭 이 순서대로 볼 필요는 없다고 봅니다. 과거에 일어난 것이 무엇이든, 미래에 무엇이 일어나든, 지금 일어나는 것이 무엇이든 사람은 덩어리로 뭉쳐서 봅니다(saṇkhipitvā는 '요약, 축약해서 받아들인다'는 뜻입니다). '와왓타네(vavatthane)'는 그것을 아닛짜(무상)·둑카(고)·아낫따(무아)로 보는 것입니다. 이와 같은 지혜(paññā)를 삼마싸냐나(sammasanañāṇa)라 하며 정신·물질을 분석하고 무상·고·무아를 보는 것입니다

탐욕은 무엇인가를 가지려 하고 갈구하는 특성이 있습니다. 이러한 단어의 도움 없이 당신은 이 성품을 느낄 수 있습니다. 어떤 것에 대한 갈애, 좌절, 증오, 파괴하고 싶은 마음, 밀어내는 마음 등등 몸이나 또는 마음에서 일어나는 어떤 현상도 그 현상 그대로 볼 수 있을 것입니다. 모든 것은 조건지어져 있으며 원인이 있어 일어났음을 봅니다. 얼마 후에 그것이 일어나고 잠시 머물다 곧 사라지는 것을 볼 것입니다.

수행자는 그것을 보고 과거에도 같은 것들이 일어났다는 것을 이해합니다. 얼마나 오래 전의 일인지와 상관없이 같은 것

이 일어났습니다. 다른 이야기일지는 몰라도 물질 현상인 딱딱함, 부드러움, 정신 현상인 행복, 불행, 욕망, 증오, 자만, 시기, 질투, 지혜, 자애 등 어떠한 특성도 일어났다 사라집니다. 거기에 어떤 존재는 없습니다. 모든 것은 원인이 있기 때문에 일어납니다. 이 단계에서는 많은 생각이 일어나는데 그것은 수행자가 무상·고·무아와 과거·현재·미래를 덩어리로 보기 시작했기 때문입니다. 그는 덩어리로 보며 단순화합니다. 과거에 무엇이 일어났든지 그것은 모두 정신·물질 과정이고 현상이라는 것을 이해합니다.

모든 것은 원인이 있기 때문에 일어나고, 사라지는 본성 때문에 사라집니다. 어떤 것이 일어나기 위해서는 원인이 필요하지만 사라지는 것에는 원인이 없습니다. 종소리를 듣기 위해서는 종을 쳐야 합니다. 종을 치면 종소리가 나고 종소리가 점점 사라지는 것을 알 수 있습니다. 물리학에도 유사한 법칙이 있습니다. 열역학의 두 번째 법칙은 "모든 것은 붕괴된다."입니다. 그것은 그것의 본성입니다. 그것을 위한 원인은 필요 없습니다.

어떤 정신·물질 현상도 조건이 있기 때문에 일어나고 사라집니다. 일어나서 사라지는 과정은 빠라맛타입니다. 하지만 그 과정을 해석하면 그것은 빤냣띠, 이야기가 됩니다. 그렇기 때문에 우리는 해석하지 않고, 조합하지 않고, 각각의 순간과 각각의 현상을 분리해서 봅니다. 이렇게 볼 때, 그것들의 본성을 볼 수 있습니다. 분리하지 않으면 아이디어가 됩니다.

정신·물질 현상이 일어나는 조건을 파악하는 지혜(paccaya-pariggaha-ñāṇa)를 개발하고 통찰이 강해지면 자동적으로 수행이 발전됩니다. 일어나고 사라지는 과정에서 불만족을 보지만 그것을 조절할 수 없다고 이해합니다. 자연적인 특성은 우리의 의지를 따르지 않습니다. 우리는 이렇게 할 수 없습니다. '내 몸이 움직이지 않기를!'

몸은 이 순간에도 움직이고 있고 항상 미세하게 진동하고 있습니다. 모든 것이 일어나면 사라지는데 일어나서 멈추도록 할 수 없습니다. 소리가 있는데 "내가 듣지 않기를" 할 수 없습니다. 소리가 있으면 소리를 듣습니다. 조건이 있으면 일어납니다. 어떤 자연현상도 우리의 뜻대로 할 수 없습니다. 하지만 사람들은 초능력을 개발하면 통제할 수도 있다고 생각합니다. 강한 집중력과 정신력이 개발되면 일시적이지만 현상을 통제하는 것처럼 보이기도 합니다. 그러나 죽음을 통제할 수 없습니다.

수행자가 정신·물질 현상을 직접 보면 어떤 것도 통제할 수 없다는 것을 이해합니다. 생각을 멈추라고 생각에게 말해보십시오. 생각을 멈추라고 생각에게 말할 수 있지만 그렇게 될 수는 없습니다. 하지만 강한 집중이 개발되면 생각이 멈추는데 그것은 소망했기 때문이 아니라 조건 때문입니다. 수행은 조건입니다. 수행 중에 생각이 멈추는 것이 생각을 통제하는 것이 아닙니다. 생각에 주의를 기울이고 생각을 보고 생각을 관찰하면 생각은 통제할 수 없다는 것을 압니다.

이 통찰에서 수행자는 사실적으로 무상을 받아들입니다. 그동안 무상에 대해 많이 들었고 무상을 이해한다고 했는데 이제야 진정으로 아닛짜, 즉 무상을 보고 둑카, 즉 고(苦)와 불만족을 봅니다. "어떻게 만족할 수 있을까요?" 어느 것도 통제할 수 없는데 통제하고 있다고 속은 것을 알게 됩니다. 우리가 우리를 늙지 않도록 할 수 없습니다. 저한테 그런 능력이 있다면 저 역시 항상 스물다섯 살이고 싶습니다. 우리는 그것을 통제할 수 없습니다. 그렇다고 해서 자신을 돌보지 말라는 뜻은 아닙니다. "죽는다면 죽어야지요." 하는 것은 올바른 태도가 아닙니다. 자신을 돌보고 오래 살아서 더 많이 배우십시오. 우리는 이 생에 많은 것을 투자했습니다. 최대한 많이 얻어내십시오.

Ekasaṅkhārassapi aniccatāya diṭṭhāya sabbe sankhārā aniccā ti avsesesu nayato manasikāro hoti - KvuA 160

하나의 현상을 조건지어진 것(ekasaṅkhārassapi)으로, 무상으로 보게(aniccatāya diṭṭhāya)되면, 하나의 현상이 일어나고 사라짐을 명확히 확실히 보면 다른 것도 이와 같다는 확신이 섭니다. 그것은 큰 벽을 허물기 위해 중간에서 벽돌 하나를 빼내는 것과 같습니다. 중간에 있는 벽돌 한 장을 빼면 다음은 수월합니다.

처음에는 어떤 현상이든 한 가지를 분명하게 이해하기 위해 노력하십시오. 가능한 한 그것에 마음을 두십시오. 하나의 현상에 마음을 둘수록 일어나고 사라지는 것을 더욱 명료하게 볼 수 있습니다. 한 면에서 그것을 보면 다른 면에서도 볼 수 있습니다(avsesesu nayato manasikāro hoti). 이것이 무상한 것처럼 다른 것도 무상합니다. 서두르지 마십시오. 그것이 일어나도록 놔두십시오. 가능한 한 하나의 현상에 마음을 두십시오. 하나의 무상을 분명하게 보면 모든 조건지어진 것이 아닛짜, 즉 무상하다(sabbe saṇkhāra anicca)는 것을 확신할 수 있습니다. 그것은 모든 상카라(saṇkhāra)를 전부 볼 필요가 없다는 의미입니다. 그것은 너무 많아서 붓다만이 모두 볼 수 있습니다. 다만 담마의 이해가 깊은 사람은 세 가지 특성인 무상·고·무아를 여러 가지 측면에서 다양하고 넓게 볼 수 있는데 그것은 그 사람의 지식과 능력에 달려 있습니다. 하지만 지식만을 가지고 생각을 하면 통찰은 더 늦어집니다. 어떤 사람들은 무상·고·무아를 생각할 수 있다고 하고 무상·고·무아를 반복해서 염송하면 그것을 볼 수 있다고 하기도 합니다. 그러나 그렇게 할 수 없습니다. 아닛짜·둑카·아낫따, 즉 무상·고·무아는 생각하는 것이 아니라 단지 보는 것입니다.

또한 어떤 이들은 이것을 이해하기 위해서는 과거의 모든 것을 기억해야 한다고 하기도 합니다. 강력한 집중, 즉 사선정을 개발해서 마음이 지난 삶을 회상하도록 해야 한다는 것입니다. 과거 생을 회상하고 그 생의 끝과 그 전생의 마지막 순간의 마지막 의식을 본 후에 다음 생의 첫 의식을 보고, 그 생을 회상하고 다시 그 생의 마지막 의식을 보고, 또 다른 생의 처음을 보라고 합니다. 그렇게 하면 강력하게 집중된 마음을 원하는 곳에 보낼 수 있다는 것입니다. 그러나 이것은 극소수의 사람만이 성공할 수 있습니다. 그리고 그렇게 되기까지는 몇 달 혹은 몇 년이 걸리기도 합니다. 하루에 몇 시간 수행으로는 그런 집중을 개발할 수 없습니다. 스님들은 시간의 여유가 있어서 오랫동안 집중하기 위해 노력할 수 있지만 일반인들이 그렇게 하는 것은 쉽지 않습니다.

이 단계에서는 집중과 통찰이 강력하게 개발되어 있기 때문에 담마의 이해가 깊어지고 생각이 심오해집니다. 매우 아름다운 경구가 마음에 들어오기도 합니다. 이제 수행자는 인생 전체를 보기 시작합니다. 자신의 삶에서 있었던 모든 것이 얼마나

일시적인지를 봅니다. 이런저런 것에 얼마나 불행했었는지를 봅니다. 이 통찰에서는 집착하지 않으며 그것을 개인적이지 않은, 나에게 속하지 않은, 나도, 내 것도 아닌 현상으로 봅니다.

무집착을 경험하고 세상을 보면 그것이 큰 안도감을 줍니다. 심지어 여러 종류의 정신병이 치유되기도 합니다. 우리 모두는 각각 다르지만 정신적으로 아픕니다. 이 점을 이해하십시오. 완전히 건강한 몸이 없듯이 완전하게 건강한 정신도 없습니다. 우리 모두가 미쳤다는 뜻은 아닙니다. 정상이지만 정상적으로 건강하지 않다는 것입니다. 하지만 무집착의 통찰을 경험하면 정신이 건강해집니다. 건강한 정신에는 명료한 이해가 있습니다.

정신적으로 건강해지기 위한 다른 방법은 없습니다. 우울증에 걸린 사람이 이 통찰을 경험하면 우울증이 사라지기도 합니다. 너무 생각하지 말라는 주의를 잊지 마십시오. 특히 둑카(고)에 대한 생각은 좋지 않습니다. 하지만 아닛짜(무상)에 대한 생각은 괜찮습니다. 이 통찰의 단계는 무상을 점점 더 많이 보는데 무상이 점점 더 명확해지고, 확신하게 됩니다. 둑카를 보고 만족할 수 없는 것과 만족할 것이 없다는 것을 알게 됩니다. 한눈에 명료하게 이해됩니다. 그러나 그것에 대해 생각하기 시작하면 무집착을 잃고 그 생각에 휘말리게 되고, 둑카에 대한 생각이 우울하게 합니다. 집중의 힘 때문에 둑카에 대한 생각에 깊이 빨려들 수 있습니다. 집중력은 좋은 쪽으로도 나쁜 쪽으로도 사용될 수 있습니다. 그렇기 때문에 둑카에 대해 생각하지 않는 것이 중요합니다.

모든 것은 변하고 있습니다. 이 변화의 과정을 볼 때, 영원한 자아, 영원한 존재, 영혼이 없는 것을 아주 분명하게 봅니다. 모든 것이 과정인 것을 알고 모든 것을 과정으로 봅니다. 이것을 아주 간단하게 정리하면 나마(정신)와 루빠(물질)의 두 개의 카테고리를 발견합니다. 정신 현상과 물질 현상이 함께 일어나서 사라집니다. 사람들은 영원한 아이디어를 간직하려고 합니다. 하지만 작년에 나의 행복은 어디로 갔나요? 지속되지 않는 것을 알 수 있습니다. 불행은 어떤가요? 불행 역시 마찬가지입니다. 보는 것, 듣는 것, 모든 것이 지속되지 않습니다. 소리를 듣고 소리가 사라지는 것을 봅니다. 소리를 아는 의식도 일어나서 사라지는 것을 봅니다. 모든 것은 지속되지 않고, 모든 것이 일어나서 사라지는 것을 보면서 아닛짜(무상)와 둑카(불만족)에 대해 확신합니다.

통제 없음, 사람 없음, 존재 없음이 아낫따이며 단지 현상일 뿐입니다. 우리는 지금 일어나고 지금 사라지는 것을 볼 수 있습니다. 무아는 여러 가지 의미가 있습니다. 내부에 딱딱한 중심은 없습니다(asārakatthena). 큰 나무를 베면 중심에 단단한 부분이 있습니다. 이처럼 단단한 중심부를 '사라(sāra)'라고 하는데 이것은 본질, 영원한 것을 의미합니다. 이에 반해 '아사라까(asāraka)'는 단단한 중심체가 없는 것, 본질이 없는 것, 영원하지 않는 것을 뜻합니다.

무상한 것은 고이고
무상하고 고인 것이 무아입니다.
통제할 수 없기에 고이고
무상하기에 고이고,
무아이기에 또 고입니다.

이처럼 고(苦)는 가운데에 있습니다. 우리는 무언가를 갈망할 때 그것이 고인 것을 보지 못합니다.
모든 현상은 본성의 변화 없이 일어나서 사라집니다. 증오가 자애로 변할 수 없습니다. 탐욕은 탐욕으로 일어나서 탐욕으로 사라집니다. 화를 사랑으로 바꿀 수 있다고 하는데 그것은 불가능합니다. 증오를 자애로 바꿀 수 없습니다. 증오는 증오로 일어나서 증오로 사라집니다. 자애는 자애로 일어나서 자애로 사라집니다. 본성이 바뀌지 않습니다. 그것의 특성은 변하지 않습니다. 그것이 일어나서 그것이 사라지기 때문에 무상입니다. 아닛짜, 즉 무상의 '빠라맛타는 바뀔 수 없다'입니다. 빠라맛타가 변하지 않는다면 빠라맛타는 영원하다는 것인가요? 아닙니다. 본성이 변하지 않고 일어나서 사라집니다. 무상과 변하지 않는 특성은 서로 모순되지 않습니다.

또 다른 중요한 술어는 '우다얍바와삘라나(udayabbaya-pīlana)' 인데 '삘라나(pīlana)'는 압박하는 것, 해를 입히는 것입니다. '우다야(udaya)'는 일어나는 것, '와야(vaya)'는 사라지는 것입니다. "일어나고 사라지는 것을 보는 고문"이라는 말입니다. 그것을 생각으로 이해하기는 어렵습니다. 우리는 수행 중에 이것이 반복적으로 일어나고 사라지는 것을 보는데 그것은 정말 고문(pīlana)과도 같습니다.

이 '우다얍바와삘라나'는 높은 통찰단계에서도 반복적으로 봅니다. 특히 가장 높은 통찰에서는 사띠(알아차림)조차도 둑카(고)라는 사실을 깨닫게 됩니다. 그것이 매우 예리하고 명료해집니다. 현상들이 아주 빠르게 일어나서 사라지는 것을 보는 것이 둑카, 고입니다. 이제는 더 이상 알고 싶지도 않고 일어나고 사라지는 것을 보고 싶지도 않습니다. 그것은 고문입니다. 이전에는 좋은 소리를 들으면 행복했는데 이제는 듣는 것이 고통입니다. 듣고 싶지 않습니다. 어떤 것도 듣고 싶지 않고, 느끼고 싶지 않고, 알고 싶지 않습니다. 하지만 그것을 멈출 수가 없습니다. 여전히 하나씩 하나씩 알게 됩니다. 현상들이 일어나고 사라집니다. 도망칠 수 없습니다. 그러나 그것에 대해 생각하지 마십시오.

수소는 하나의 양성자와 하나의 전자를 가진 원자모델입니다. 그러나 수소원자 하나만 본다면, 이 원자는 항상 변하고 아무것도 안정된 것이 없습니다. 그것은 항상 변하고 있는데 너무 빨리 변하기 때문에 같은 것처럼 보입니다. 수소원자의 구조를 좀 더 깊이 들여다보면 전자는 광자를 흡수했다가 배출하면서 에너지 레벨이 끊임없이 변화하고 있습니다. 우리는 전자를 어떤 것(실체)으로 생각할 수 없습니다.

저는 물리학을 공부했고 이에 매우 흥미를 갖고 있습니다. 제가 좋아하는 노벨 물리학상 수상자인 리처드 파인만 *Richard Feynman*은 "전자는 어떤 것이 아니고 그것은 하나의 이론적인 모델이다. 거기에는 에너지만 있고 그 에너지는 항상 변하고 있다."라고 했습니다(다른 물리학자들도 같은 말을 한 것을 알고 있습니다). 핵도 깊이 들여다보면 핵을 이루고 있는 중성자와 양성자가 항상 에너지를 주고받고 있는 것을 발견할 것입니다. 모든 것이 변하고 있는데 전체적인 그림을 보면 멈춰있는 것처럼 보입니다.

에너지 패턴을 깊이 관찰해보면 그것이 항상 바뀌고 있는 것을 발견합니다. 우리는 어떤 '것'을 실체라고 할 수 없습니다. 우주 전체가 하나의 과정입니다. 어떤 것을 '것'으로 볼 때 변하지 않는 것처럼 보입니다. 그러나 전자, 중성자, 양성자도 항상 변합니다. 그것들은 섞어도 변하는데 특성이 바뀌기도 합니다. 수소와 산소는 서로 특성이 다르지만 둘을 함께 섞으면 새로운 성품을 얻을 수 있습니다. 하지만 그것도 항상 같이 있지 않습니다.

위빳사나는 성품을 말하지 성품 너머에 있는 '것'에 대해 말하지 않습니다. 그런 것은 없기 때문입니다. 그것을 생각할 뿐입니다. 위빳사나 수행은 무집착 상태가 되는 것입니다. 집착이 고통의 원인입니다. 우리는 무엇에 집착하나요? 바로 경험한 것에 집착을 합니다. 우리가 경험하지 않은 것은 집착할 수 없습니다. 보는 것, 냄새, 맛에 집착합니다. '나'와 관련된 것에 집착합니다. 일상에서의 경험은 어떤 경험도 지속되지 않는 것을 알 수 있습니다. 이것은 중요한 점입니다.

경험은 무상합니다. 이 점에 동의할 수 있나요? 이는 매우 중요한 것입니다. 경험을 제외하고 무엇을 확신할 수 있나요? 확신할 수 있는 것이 없습니다. 물리학 이론도 변경되고 수정됩니다. 물리학자들은 전자를 확신하지 않습니다. 저는 전기공학도로 교육을 받았고, '전기란 무엇인가?'를 공부해왔습니다. 누군가가 전자는 움직인다고 합니다. 그러면 저는 '무엇이 전자인가?' 하고 묻습니다. 저는 전자를 연구했지만 아직까지 진정한 답을 찾지 못했습니다. 하지만 여전히 흥미롭습니다.

위빳사나 수행에서 우리는 직접 경험하는 것을 봅니다. 그것을 보아야 하는 이유는 우리가 그것에 집착하기 때문입니다. '나'

라는 것은 무엇을 의미하나요? 이런 경험들을 함께 놓고 그것을 '나'라고 부릅니다. 경험이 없다면 '나'라는 것도 없습니다. 수행자는 유익한 정신 상태가 일어나면 그것을 유익한 정신 상태로 보고 유익한 정신 상태로 사라지는 것을 봅니다.

본성은 변하지 않습니다. 이것은 매우 중요한 점입니다. 이것은 불건전한 정신 상태가 유익한 정신 상태로 되지 않고, 유익한 정신 상태가 불건전한 정신 상태로 되지 않는 것입니다. 이 통찰에서 수행자는 이것을 매우 명료하고 심오하게 봅니다. 생각이 일어나서 사라지는 것을 봅니다. 그것에 대해 어떤 것도 할 필요가 없습니다. 탐욕이 일어나도 그것을 볼 뿐이고 그것이 자신을 이끌도록 하지 않습니다. 그것에 복종하지 않습니다. 이제는 선택을 자신이 합니다. 이것이 올바르다고 생각하면 그것을 합니다. 그러나 해야만 하는 것은 아닙니다. 그렇지 않다면 우리는 더 많은 것을 강요당할 것입니다. 우리는 항상 강요당하고 있습니다. 선택이 없고 자동적입니다. 어떤 것을 보고 탐욕을 내고 어떤 것을 듣고 화를 냅니다. 선택의 여지가 없습니다. 하지만 이제는 선택할 수 있습니다. 탐욕을 부리지 않습니다. 화를 내지 않습니다. 자유롭습니다. 이것은 엄청난 자유입니다.

이 단계에서는 너무 많이 생각하지 않아야 합니다. 현상의 사라짐을 좀 더 가까이서 보고 사라지는 것에 좀 더 많은 주의를 기울이면 그것이 사라질 때 공백이 있고, 또 다른 것이 일어나고 사라지고, 다시 공백이 있는 것을 봅니다. 현상의 사라짐에 좀 더 주의를 기울일수록 더욱 날카로운 알아차림이 개발됩니다. 알아차림이 개발되면 관찰이 예리해집니다.

사띠, 즉 알아차림을 좀 더 개발하는 것이 중요합니다. 너무 생각을 하면 통찰이 둔해집니다. 통찰이 강해질 수 있는 상황이나 조건을 선택하십시오. 머무는 장소와 음식은 중요합니다. 올바른 종류의 음식과 적당한 양을 드십시오. 많이 자면 예리함을 상실합니다. 적당한 양의 수면은 하루에 4시간 이상이면 충분합니다. 불건전한 것들을 보거나 듣지 마십시오. 정말로 수행하기를 원한다면, 텔레비전을 보지 말고, 잡지를 보지 말고, 마음을 산만하게 하는 것을 피하십시오. 뉴스도 듣지 마십시오. 말하는 것을 피하십시오. 말하지 않고 살 수 없지만, 특히 집중 수행 기간에는 가능한 필요한 이야기만 하고, 담마에 대해서만 말하십시오. 이것은 더욱 날카로운 통찰을 개발할 수 있도록 도와줍니다.

알아차림이 있는 사람, 정직하게 알아차리려고 노력하는 사람과 어울리십시오. 수행을 하지 않은 사람, 수행에 대해 말만 하는 사람과 어울리면 날카로움을 잃어버리고, 알아차림의 강도가 약해집니다. 적절한 온도 또한 중요합니다. 아주 더운 곳이나 추운 곳은 적절하지 않습니다. 수행을 방해하는 곳에 가지 마십시오. 적절한 장소인지 적당한 시간인지를 고려해야 합니다. 어떤 장소는 가기에 적절하지만 시간을 참조해야 합니다. 낮에는 괜찮지만 밤에는 적절하지 않은 곳이 있습니다. 무엇을 말하는지 누구와 어울리는가도 중요합니다. 자세 또한 조절해야 합니다. 너무 누워 있으면 날카로움을 상실합니다.

항상 알아차림을 유지하고 균형이 잡혀 있어야 합니다. 알아차림을 유지하면 명료하게 볼 수 있습니다. 마음에 명료함이 있으면 명료함과 알아차림이 더 강력해집니다. 나태해질 때면 수행을 할 수 있는 좋은 기회를 생각하고 스스로에게 동기를 부여해야 합니다. 스스로 동기를 부여하는 것은 중요합니다. 좋은 친구와 훌륭한 스승은 더 많은 에너지를 수행에 사용하도록 도와줍니다.

저는 많은 사람을 만나는데, 항상 그들에게 수행을 할 것을 권합니다. 하지만 그들은 "너무 바빠요.", "새로운 업무를 배우는 중이에요.", "하고는 싶은데 시간이 없어요."라고들 말합니다. 그들 중 한 사람은 5~6년 전에 죽었습니다. 그에게 "시간 있을 때 수행하세요."라고 여러 번 말했지만, 그는 항상 시간이 없다고 했습니다.

어느 날 그는 몸이 피곤하고 기운이 없어서 병원에서 검사를 받았는데 신장암에 걸린 것을 알았습니다. 신장 하나를 제거했습니다. 병가를 내고 한 달 정도 수행을 했고, 약간 좋아진 것을 느꼈습니다. 아마 수술, 약, 치료, 수행 때문일 것입니다. 그는 다시 직장으로 돌아갔습니다. 암이 완치됐다고 느꼈습니다. 그는 또다시 매우 바빠졌고 수행할 시간이 없어졌습니다. 2년 후에 그는 또다시 아파서 검사를 받았고, 다른 신장에 암이 발견되어서 입원했습니다.

저는 일주일에 한두 번씩 병문안을 갔고 그가 수행하도록 격려했습니다. 하지만 그가 병원에서 무엇을 했는지 아시나요? 그냥 누워서 텔레비전만 보고 있었습니다. 그는 점점 더 아팠고, 저는 계속 그에게 수행하라고 말했습니다. 가끔씩 그의 옆에 앉아서 말했습니다. "같이 수행할까요?" 그에게 아주 간단한 지침을 주고 같이 수행을 했는데 그는 순간 평화롭고 행복하다고 했습니다. "저는 이만 가겠습니다. 하루에 꼭 몇 차례 수행을 하도록 하세요." 하고 돌아왔습니다.

그 후 부인에게 그가 수행을 하는지 물어보았습니다. 수행은 전혀 하지 않고 텔레비전만 본다고 하더군요. 그의 병은 점점 더 악화되었습니다. 저는 좀 더 자주 그를 방문했고, 그때마다 그는 "수행하고 싶어요."라고 했지만 이미 너무 많은 약을 복용한 탓에 계속 깨어있을 수 없었습니다. 그는 "수행하고 싶지만 자꾸 잠이 들어요."라고 했습니다. 죽기 얼마 전, 그를 만나러 갔는데 이렇게 말하더군요. "수행하기에는 조금 늦은 것 같아요."… 아니, 너무 늦었어요!

몇 주 전 밤늦게 초인종이 울렸습니다. 저는 이 늦은 시간에 누군가 날 찾는 걸 보니 매우 급하고 중요한 일일 거라고 생각했습니다. 문을 여니 밖에 두 남자가 서 있었습니다. 그중 한 사람이 말했습니다. "이분이 수행을 배우고 싶어 합니다. 지금 당장…." 저는 흔쾌히 대답했습니다. "좋습니다. 정말로 배우고 싶다면 가르쳐 드려야죠."

우리는 수행홀에 가서 앉았습니다. 저는 그에게 몇 가지 명상 지침을 주었습니다. 그런데 그는 마음이 아주 불안해서 앉아 있을 수가 없다고 말했습니다. 저는 그렇다면 한 걸음, 한 걸음을 알아차리면서 경행을 하라고 했습니다. 그런데도 그는 도통 수행에 집중하지 못했습니다.

"무엇을 생각하고 있나요?"

제가 물었습니다.

"내일 일을 생각하고 있습니다."

그가 말했습니다.

"내일 일 무엇을 생각하나요?"

다시 물었습니다.

"소송이 있어서 법정에 가야 합니다."

그는 소송에 걸리자 불안해져서 갑자기 수행을 한다고 밤늦게 찾아온 것입니다. 이것은 너무 늦지 않나요? 이와 같은 일이 있기 전에 수행하십시오. 마음을 훈련시키십시오. 그러면 그런 일이 인생에서 생기더라도 충분히 대처할 수 있습니다. 또한 몇몇 경우에는 많은 것을 개선할 수도 있습니다.

자신에게 동기를 부여하는 것은 매우 중요합니다. "지금 나는 건강해요. 내가 원한다면 시간을 낼 수 있어요." 그것은 자신에게 달려 있습니다. 정말 하려고 하면 시간을 찾을 수 있지만, 하지 않으려고 하면 수백 가지 변명을 할 수 있습니다. 다만 이미 수행을 하고 있는데, 수행 중에 몸이 피곤해지는 경우에는 쉬십시오. 그러나 알아차림을 놓아버리지는 마십시오. 잠에 빠져들지 마십시오.

Lakkhaṇaṃ āropetvā - Vsm 607

'lakkhaṇaṃ'은 무상·고·무아를 의미합니다. 'āropetvā'는 꼭대기에 놓는다는 의미입니다. 그러나 '생각해야 한다'는 뜻으로 해석하기도 합니다. 정신·물질을 보고, 이것은 무상이고, 이것은 고이고, 이것은 무아라고 봅니다. 어떤 것을 꼭대기에 올려놓기 위해서는 거기에 어떤 것이 있어야 합니다. 그렇다면 무엇이 거기에 있나요? 정신·물질 현상을 보는 지혜와, 모든 것은 조건이 있기 때문에 일어난다는 것을 아는 지혜가 이미 개발되어 있습니다. 그 위에 더 깊은 통찰을 개발하고, 나마와 루빠를 무상(아닛짜)·고(둑카)·무아(아낫따)로 보는 것입니다. 그것은 생각이 아니고 깊게 보고 찾아내는 것입니다.

이 단계에서는 경행을 하면 매 순간의 움직임들이 조각조각 사라지는 것을 느낄 수 있습니다. 움직임이 하나의 움직임 전체로 보이는 것이 아니고 움직임의 조각들로 보입니다.

이 의식, 이 깨어있음은 이 움직임을 알아차리고, 그것은 각각의 순간에 하나하나의 움직임이 사라지는 것을 알아차립니다. 손을 움직이면 움직임의 작은 부분들이 연이어 사라지는 것을 볼 수 있습니다. 걸을 때도 움직임을 보면 그 움직임의 작은 조각들이 사라집니다. 그러나 사라지는 것은 움직임이지 형태가 아닙니다.

움직임 자체에는 형태가 없습니다. 움직임이 사라지고, 감각들이 사라집니다. 움직임은 감각입니다. 모든 동작에서 발생하는 순간순간 움직임의 감각들이 사라집니다. 소리를 들을 때, 들음은 사라집니다. 이 통찰에서 종소리를 들으면 하나의 소리가 아니고 여러 소리가 하나하나 점진적으로 사라지는 각각의 소리를 듣습니다. 모든 것들이 부분적이고 별개의 것이며 불연속적이 됩니다.

연속적인 것은 아무것도 없습니다. 이 통찰에서는 물이나 주스를 마시면 그것이 위로 내려가는 것을 느끼고 위에서 감각을 느낍니다. 아주 미세한 현상들이 관찰됩니다. 그것의 효과를 몸 전체에서 느낍니다. 그것이 몸의 모든 세포로 스며드는 것을 느끼고 그것이 변화하는 매 순간을 볼 수 있습니다. 음식이 몸에 미치는 영향을 알 수 있습니다. 날씨가 변하면 몸의 감각도 변하는 것을 봅니다. 생각을 하면 그 생각이 몸 전체에 영향을 미치고 몸의 세포들이 그 생각에 반응하는 것을 봅니다. 생각 하나 하나가 몸의 세포에 영향을 주는 것을 느낍니다. 마음이 몸에 영향을 주는 것을 알 수 있고 알아차림이 몸과 마음에 어떤 영향을 미치는지 알 수 있습니다. 알아차리고 있을 때와 알아차리고 있지 않을 때의 차이를 느낍니다.

이것은 생각한 이론이 아니고 심오한 것입니다. 이런 관찰력과 이해력이 깊어지면 좋은 책을 발견하기 어렵고 책들은 생각인 것을 알게 됩니다. 이때는 생각이 몸에 영향을 주는 것을 알 수 있습니다. 자연스럽게 좀 더 생각을 알아차리면서 부정적인 생각을 덜 하게 됩니다. 부정적인 생각에 빠지지 않습니다. 만일 알아차림이 없다면 생각에 사로잡히고 마음이 들뜨고 스트레스를 받습니다. 가장 가치 있는 인생은 알아차림이 있는 삶입니다.

Anidhānagatā bhaggo, puñjo n'atthi anāgate
nibbattaye pi tiṭṭhanti, āragge sāpūpamā - Vsm 625

- Anidhānagatā bhaggo ; 그것들이 사라지면 어디로 가지 않고, 어느 곳에 모이지 않습니다.
- punjo n'atthi anāgate ; 그것들이 오기 전에 어디에 있지 않았습니다.
- nibbattaye pi titthanti ; 그것들이 일어나면 머물지 않습니다.
- āragge sāsapūpamā ; 바늘 끝에 겨자씨를 놓는 것처럼, 그것이 얼마나 오래 머물 수 있을까요? 즉시 떨어질 것입니다.

모든 것은 일어나고 사라집니다.
모든 것은 사라지고, 사라진 것이
어디로 가거나 어디에 모이지 않는 것을 압니다.
단지 사라질 뿐입니다.
일어나기 전에 그것들은 어디에 있지 않았습니다.
어디에서 오는 것도 아니고 어디로 가는 것도 아닙니다.

이 게송은 짧지만 매우 심오합니다. 그것을 보면 그것의 심오함도 봅니다. 어떤 마음 순간, 어떤 현상, 감각, 경험들이 어디에서 오는 것이 아니고, 어디로 가는 것이 아닙니다. 어떤 경험을 하기 전에 그 경험은 어디에도 없습니다. 그것을 경험한 후에 그 경험은 어디로 가나요? 아무 데도 아닙니다! 이것은 추상적인 것이 아니고 현상의 직접적인 경험입니다. 소리는 경험입니다. 들음은 경험입니다. 닿음은 경험입니다. 움직임은 경험입니다. 이런 모든 경험들은 지금 일어나서 지금 사라집니다.

정신과 물질이 함께 일어나서 함께 사라집니다. 감각과 그 감각을 알아차리는 알아차림이 함께 사라지는 것을 봅니다. 이것이 '관찰의 이원론적 방법'입니다. 이 과정을 관찰합니다. 처음에는 '내가 수행을 하고 있다'고 느낍니다. 이것은 아주 사실적입니다. 그러나 통찰이 깊어지면서 수행 의식과 알아차림도 순간임을 봅니다. 그것이 어떤 때는 거기에 있고 어떤 때는 거기에 있지 않습니다.

수행은 길고 거창한 것이 아닙니다. 수행은 순간순간의 의식, 사띠 즉 알아차림입니다. 이 알아차림도 무상·고·무아라는 것을 봅니다. 수행하는 '나'는 없습니다. 이것을 볼 때 아낫따, 무아에 대한 통찰이 일어납니다. 이 전에는 대상이 일어나서 사라지는 것은 보지만 사띠, 즉 알아차림과 수행 의식은 그렇게 느끼지 않았습니다. 누가 수행하나요? 그것은 알아차림과 수행 의식의 연속인 '봄' 그 자체이지 '나'가 아닙니다. 이것을 보는 것은 이해를 완전하게 합니다. 그렇지 않다면 불완전합니다. 수행자가 이 지점에 도달하는 것은 매우 중요합니다. 이 지점에 도달해야 잘못된 견해가 벗겨집니다.

수행은 내가 하는 것이 아닙니다. 수행은 사띠, 알아차림의 연속입니다. 이것을 경험하지 못하면 다음 단계로 갈 수 없습니다. 기초를 분명하게 이해해야 합니다. 이해가 부족하면 더 높은 통찰에 대해 말하는 의미가 없습니다. 하지만 이것을 이해하면 나머지는 훨씬 쉬울 것입니다. 처음 4가지의 통찰에 대한 이해는 아주 중요합니다.

담·마·토·크
Dhamma Talk

우리가 어디서 시작해야 하나요? 우리는 현재에서 시작합니다. 바로 지금 몸과 마음에서 일어나는 것을 보고, 그것을 순수한 자연현상으로, 자연적인 성품으로 이해합니다. 우리는 성품을 볼 수 있지만 개념을 볼 수는 없습니다. 개념은 경험할 수 없고 생각할 수 있을 뿐입니다. 딱딱함, 부드러움, 차가움, 열, 압력, 움직임, 무거움의 특성(성품)들을 생각 없이 직접 접촉하십시오.

빠라맛타의 특성은 상실되거나 변하지 않습니다. 뜨거움이 차가움으로 변할 수 없습니다. 열은 열로 일어나고 사라집니다. 딱딱함이 부드러움으로 변하지 않습니다. 같은 연속선상에 있어도 다른 것으로 바뀔 수 없습니다. 다른 것이 일어나면 그것은 새로운 것입니다. 모든 현상들은 항상 새로운 것입니다. 본질적인 특성을 상실하지 않고 일어나서 사라집니다. 탐욕은 탐욕으로 일어나서 탐욕으로 사라집니다.

업(業)도 일어나고 사라집니다. 업에는 일종의 에너지가 있는데 이 에너지도 변화의 흐름 안에 있습니다. 컴퓨터 디스켓에는 소리, 사진 등 많은 것을 담을 수 있습니다. 말, 단어, 소리, 사진 등이 담긴 디스켓을 컴퓨터에 넣으면 보고 들을 수 있습니다. 하지만 디스켓 속에 그것들이 있는 것이 아닙니다. 카세트테이프에는 소리가 없습니다. 그것을 이해하기 위해서는 테이프와 디스켓에 일종의 자기부호가 있다는 것을 알아야 합니다. 소리를 전기로 바꾸고, 전기를 자기부호로 바꿉니다.

디스켓에는 두 가지 신호, 예와 아니오, 꺼짐과 켜짐만이 있고, 이 두 가지를 섞어서 어떤 것을 컴퓨터에서 만듭니다. 즉, 켜짐과 꺼짐의 서로 다른 배합이 있을 뿐입니다. 디스켓은 플라스틱 위에 자기화된 철 코팅이 되어 있고 일종의 철 화합물로 만들어졌습니다. 이 철 화합물을 들여다보면 원자들이고 그 원자를 들여다보면 전자 등이 항상 변화하고 있는 것을 발견할 수 있습니다. 즉 어떤 연속성이 유지되고 있기 때문에 데이터를 검색할 수 있는 것입니다.

업을 말하는 것은 어렵습니다. 붓다도 설명하기 어렵다고 한 것이 깜마, 바로 업입니다. 삼사라(samsāra), 즉 윤회도 같습니다. 아낫따(무아)이고 존재가 없는데 무엇이 어떻게 삼사라(윤회)의 과정을 통과할까요? 실체가 없는데 사람이 윤회의 과정을 겪는다고 할 수 있나요? 이것은 매우 흥미로운 주제지만, 다음 기회에 더 자세히 이야기하고 싶습니다.

7
네 번째 통찰 : 일어나고 사라짐을 관찰하는 지혜

– 현상의 생멸을 보고 길과 길이 아닌 것을 알기 –

이 단계에 들어서면 모든 의구심이 사라집니다. 수행이 자연스럽고 마음이 균형 잡혀 있습니다. 마음에 우뻭카, 즉 평정심이 있습니다. 평정심에는 여러 가지 특징이 있는데 그중 한 가지는 공포나 기쁨이 없는 것입니다. 마음이 매우 고요하고 균형이 잡혀 있고 수행이 자동적으로 됩니다. 마음이 대상에 머뭅니다. 가끔 마음이 달아나더라도 그것을 되돌리는 데에는 알아차리는 것만으로 충분합니다. 수행이 힘들지 않습니다. 이 전에는 마음이 달아나고 마음을 되돌리면 또 다시 가버리곤 합니다. 그것은 수행이 아니고 투쟁이었습니다. 하지만 이제는 마음이 안정되고 한곳에 머뭅니다. 더 이상 투쟁하지 않습니다.

오늘은 네 번째 통찰, 현상의 일어나고 사라짐을 관찰하는 지혜에 대해서 살펴봅니다. 세 번째 통찰에서 우리는 자연현상의 세 가지 특성인 아닛짜(무상)·둑카(고)·아낫따(무아)에 대해 좀 더 깊이 이해했습니다. 모든 것은 원인이 있기 때문에 일어나고, 사라지는 본성 때문에 사라집니다. 우리가 어떤 것을 일어나고 사라지게 할 수 없습니다. 영원한 존재(영혼, 아트만)는 없고 모든 것은 과정일 뿐입니다. 이것이 붓다의 가르침인 담마의 독특한 점입니다. 대부분 사람들은 영원히 불변하는 실체가 있다고 합니다. 그런 것이 있다고 믿기를 원합니다. 하지만 붓다는 그런 '것'이 없다고 합니다. 어떤 '것'에 대해 말할 때 우리는 그 '것'을 이해하기 위해 노력해야 합니다.

'것'에는 많은 의미가 있습니다. 하지만 '것'이라는 '것'은 없습니다. 오직 '과정'만 있을 뿐입니다. 이는 매우 깊고 중요합니다. 이것이 붓다-담마가 다른 사상이나 가르침과 다른 점입니다. 다른 종교에서도 무상을 말하고 고통에 대해 말하기도 합니다. 그러나 그들이 말하는 무상은 형태나 모양에 대한 것입니다. 컵이 깨졌을 때 "오, 이것은 무상한 것이에요." 하는 것처럼 말이지요. 하지만 그 컵은 깨지기 전에 변하고 있었습니다. 붓다의 가르침의 본질은 그런 형태나 모양에 대한 무상을 넘어 따뜻함, 차가움, 딱딱함, 부드러움과 같은 성품에 대한 무상입니다. 이것들은 항상 변하고 있습니다.

세 번째 통찰에서 우리는 무상·고·무아의 특성을 전반적으로 보았는데 통찰이 개발될수록 무상·고·무아의 특성을 더 깊이 보게 됩니다.

네 번째 통찰은 '우다얍바야 냐나(udayabbaya-ñāṇa)'입니다. '우다야(udaya)'는 일어남, '와야(vaya)'는 사라짐, '냐나(ñāṇa)'는 지혜입니다. 아닛짜(anicca), 즉 무상의 정의는 "hutvā abhāvatthenā anicca"(Vsm 628)입니다. 'hutvā'는 '존재로 되어짐' 즉 '일어남'을 의미하고, 'abhāva'는 '더 이상 존재하지 않음'을 말합니다. 이것이 무상에 대한 정의입니다.

즉 무상은 현상이 다른 형태로 존재하는 것이 아니고 완전한 사라짐입니다. 변화는 아닛짜, 즉 무상의 한 단면입니다. 모든 것이 변하지만 사람들은 항상성에 집착하면서 항상한다고 합니다. 그러나 모든 것은 변합니다.

이 통찰에서는 집중과 알아차림이 강력하게 개발되고, 생각은 아주 미미합니다. 가끔 수행과 수행 경험을 생각하지만 다른 생각은 멈춥니다. 그 전 단계에서는 자신이 수행을 바르게 하고 있는지 많은 걱정을 합니다. "이것이 나마, 정신인가요?", "이것이 루빠, 물질인가요?", "이것이 아닛짜, 무상인가요?", "이것이 아낫따, 무아인가요, 아닌가요?"

이 같은 해석, 걱정, 흔들림이 계속됩니다. 그러나 이 단계에 들어서면 모든 의구심이 사라집니다. 수행은 자연스럽고 마음은 균형 잡혀 있습니다. 마음에 우뻭카, 즉 평정심이 있습니다. 평정심에는 여러 가지 특징이 있는데 그중 한 가지는 공포나 기쁨이 없는 것입니다. 기쁨 또한 욕망입니다. 강력한 평정심이 개발되면 마음에 들뜸이 없고 행복하거나 불행하지 않습니다. 마음은 매우 고요하고 균형이 잡혀 있고 수행은 자동적으로 됩니다.

마음은 대상에 머뭅니다. 가끔 마음이 달아나더라도 그것을 되돌리는 데는 알아차리는 것만으로 충분합니다. 수행이 힘들지 않습니다. 이 전에는 마음이 달아나고 마음을 되돌리면 또다시 가버리곤 합니다. 그것은 수행이 아니고 투쟁이었습니다. 하지만 이제는 마음이 안정되고 한곳에 머뭅니다. 더 이상 투쟁하지 않습니다. 에너지가 균형이 잡힙니다.

이전에는 충분한 에너지가 없었고 수행에 흥미도 없었습니다. 에너지를 많이 사용하고 마음은 들떴습니다. 하지만 이제

는 에너지가 충분하고 균형이 잡혀 있습니다. 아주 적절한 에
너지가 있어 오랫동안 좌선을 할 수 있습니다. 마음에 들뜸이
없습니다. 너무 많은 노력은 들뜸의 원인이고 적은 노력은 게
으름의 원인입니다. 오랫동안 앉지 못하는 것은 불안정의 표시
이지 통증 때문만은 아닙니다.

이 단계는 통증이 있어도 마음이 안정되어 있기에 들뜸이 없
고 다른 욕망이 없습니다. 마음은 대상과 함께 있고 일어나고
사라지는 순간을 관찰합니다. 수행이 정교해집니다. 그것은 매
우 미세하고 섬세하게 나타납니다. 이전에는 감각과 생각이 거
칠었지만 이제는 감각과 생각들이 미세합니다. 생각이 아주 느
리고 섬세해집니다. 마음에 6가지 성품 - 공포 없음, 기쁨 없음,
좋아함 없음, 싫어함 없음, 행복 없음, 불행 없음 - 이 있습니
다. 수행은 자동으로 되고, 에너지는 균형이 잡혀 있어 힘들이
지 않고 오랫동안 앉아 있을 수 있습니다. 대상은 매우 미세하
고 섬세하며 마음에 산만함이 없습니다. 이 상태를 '6가지 성품
을 가진 평정심'이라고 합니다.

Paccuppannānaṃ dhammānaṃ viparināmānupassane
paññā udayabbayānupassane ñāṇaṃ - Pis i. 57

'paccuppannā'는 '현재'입니다. 'paccuppannā'는 지금 이

순간에 정신·물질을 보는 것이며, 이전에 일어난 것에 대해서는 생각하지 않는 것입니다. 사람들은 과거를 생각하고, 과거에 일어난 것이 사라진 것을 보고 무상을 이해한다고 합니다. 그러나 이것은 진정한 지혜가 아니고 무상에 대한 통찰이 아닙니다. 아닛짜, 즉 무상의 진정한 통찰은 지금 일어나는 것에 대한 것이어야 합니다.

'paccuppannānam'은 현재 일어나는 것, 여기서 'dhammānam'는 정신·물질현상을 의미합니다. 변화에 대한 관찰(viparinamanupassane)과 생멸에 대한 이해(paññā udayabbayānupassane)가 '일어나고 사라짐을 관찰하는 지혜(udayabbayañāṇa)'입니다. 이 단계에서 수행자는 일어나고 사라지는 것을 아주 날카롭고 명료하게 봅니다. 즉시 일어나고 즉시 사라집니다. 그것이 다르게 되지 않고 바로 지금·여기에서 일어나서 지금·여기에서 사라지는 것을 봅니다.

Jātaṃ rūpaṃ paccuppannaṃ tassa nibbattilakkhaṇaṃ udayo viparināmalakkhaṇaṃ vayo - Pts 54

지금 존재하는 물질(jātaṃ rūpaṃ paccuppannaṃ tassa)의 일어나는 특성(nibbattilakkhaṇaṃ)은 '우다요(udayo)'이고, 사라지는 특성은 '와요(vayo)'라고 합니다. 두 단어 '우다요'와 '와요'

가 합쳐져서 '우다얍바야(udayabbaya)'가 됩니다.

사실 많은 종류의 현재(paccuppanna)가 있습니다. 그중 하나는 "산따띠 빠쭙빤나(santati-paccuppannaṃ)'인데 사물을 그룹(덩어리)으로 보는 것입니다. 예를 들어, 종소리를 듣는다면 '땡~' 하고 소리가 일어나서 사라지는 데 몇 초가 걸립니다. 이것을 '산따띠(santati)'라고 합니다. 산따띠는 연속물, 즉 전체적인 시리즈 하나로 여기는 것을 의미합니다. 그러나 이것은 무상에 대한 거친 이해입니다. 그 소리에 주의를 기울이면, 작은 종소리들이 들리고, 각각의 소리는 점점 약해집니다.

매 순간 소리가 일어납니다. 매초 많은 소리가 일어나고, 많은 소리가 사라집니다. 이론적으로는 1초에 1,000번 진동이 이는데 그것은 매우 짧고 빠르게 생멸합니다. '카나 빠쭙빤나(khana-paccuppanna)'는 매우 짧습니다. 정신·물질 현상들이 아주 빠르게 일어나고 사라지므로 그 속도만큼 빠르게 보고 경험할 수 없습니다. 붓다는 물질이 1초에 10억 번 일어나고 사라진다고 말했습니다. 1초에 10억 번 일어나고 사라집니다! 그만큼을 다 경험하고 알아차리는 것은 보통 사람은 불가능합니다. 게다가 정신 현상은 2배나 더 빠릅니다. 그렇지만 우리가 1초에 10번 정도라도 무상을 경험할 수 있다면 무상을 이해했다고 할 수 있습니다. 우리는 기껏해야 1초에 2번 정도 볼 수 있습니다. 하지만 집중이 되면 시간이 늘어서 1초가 긴 시간이 될 수 있습니다. 가끔 1시간 동안 앉아 있는 것처럼 느꼈지만 5분밖에 안 지났고, 반면에 수행의 다른 단계에서는 3~4시간을 앉아 있었는데 1시간처럼 느껴지기도 합니다. 시간이 실제 적이지 않게 됩니다. 알아차림이 빠르고 날카로워지면 시간이 늘어납니다. 깊은 집중에 들면 시간이 사라집니다. 이때부터는 시간의 왜곡이 일어나기 시작합니다.

이 통찰에서는 수행을 하면서 명칭을 사용한 수행자는 대상에 명칭을 붙이지만 명칭을 붙이는 순간 그 대상은 그곳에 없습니다. 수행자는 더 이상 명칭을 붙일 수 없다는 것을 알고 대상을 볼 뿐입니다. 현상에 명칭을 붙일 수 없습니다. 명칭을 붙이는 것은 매우 느리고, 보는 것은 아주 빠르기 때문입니다.

이 단계에서 수행자는 오바사(obhāsa), 즉 아주 밝은 빛을 경험하는데, 이것은 마음에 집중이 이뤄졌다는 표시입니다. 이 빛은 모양과 색깔이 있습니다. 아주 밝은 별 모양의 빛이 일어나서 빠르게 사라지기도 하고, 이리저리 가로질러 움직이기도 합니다. 수행자는 매우 흥미를 갖습니다. 아주 작고 밝은 빛이 움직이면서 달처럼 커지는 것을 보기도 합니다(사마타수행에서도 이런 빛을 경험합니다). 이것은 마음이 집중되어 있다는 표시이고 마음 에너지의 표시입니다. 시간이 빠르게 가는데 이것은 마음이 천천히 작용하고 있는 것입니다.

정신 과정들의 각 과정의 끝에는 바왕가(bhavaṅga), 즉 공백이 있습니다. 이 공백이 많으면 넓은 공백이 있는 것입니다. 각 과정들 사이에 수많은 공백이 있지만 우리는 1초에 몇 개만을 경험할 수 있습니다. 공백이 적을수록 더 많은 것을 경험합니다. 이 공백을 더 많이 경험할 때 시간이 천천히 가는 것처럼 느껴집니다. 양자물리학과 상대성이론을 공부했다면 이를 보다 쉽게 이해할 수 있을 것입니다.

마음이 빨리 움직이면 시간은 천천히 가는 것 같습니다. 또 다른 통찰에서는 마음이 시간과 현상의 너머로 갈 때, 일어나고 사라지는 것을 보지 않는 순간, 시간이 존재하지 않습니다. 이것은 시간이 없는 어떤 것입니다. 이 단계에서는 지혜가 명철해서 나마루빠, 즉 정신·물질 과정을 순수한 과정으로 봅니다. 그것을 보고 그것은 오로지 과정일 뿐이고 존재가 아니라는 것을 압니다. 아주 자연스럽고 명료하게 보는데 그렇게 볼 수 있는 것에 놀랍니다. 마음이 명료하고 마음에 지혜가 충만합니다. 우리는 대부분 몽롱한 상태에 있어서 명료하게 보지 못하는데 이 통찰에서는 있는 그대로 아주 명료하게 봅니다. 명료하게 봄으로 수행자는 매우 행복하고 만족해합니다. 그것은 다음과 같습니다.

• 삐띠(pīti) : 희열. 희열이 몸 전체에 일어납니다. 마음은 아

주 고요하고 생각 없고, 관찰이 명료하고, 통찰이 날카롭고 예리합니다. 희열이 용솟음칩니다. 하지만 희열은 마음을 들뜨게 하고 번뇌가 될 수 있습니다. 주의를 기울이고 그것에 집착하지 않고 잘못 이해하지 않는다면, 그것 역시 일어났다 사라지는 현상입니다. 이 상태에서 집착하면 자만하게 되고 열반으로 잘못 해석하기도 합니다.

- 빳삿디(passaddhi) : 경안. 몸과 마음이 시원해집니다. 마치 에어컨 틀어져 있는 방에 앉아 있는 것처럼 진짜로 시원합니다. 때로는 몸에 차가운 물방울이 있는 것처럼 느껴지며 체온이 내려가기도 합니다. 제가 있던 곳에 체온계, 혈압계, 맥박계가 있었습니다. 수행을 하면서 이것을 팔에 두르고 혈압, 체온, 맥박을 재보았습니다. 정말로 혈압, 체온, 맥박이 내려갔는데, 이것은 몸의 신진대사가 저하된다는 것입니다. 마음은 매우 활동적이지만 생각하지 않습니다. 이것은 생각과 걱정이 많은 에너지를 사용하는 것을 보여줍니다. 생각과 걱정이 없을 때 최소의 에너지를 사용합니다.

- 수카(sukha) : 행복. 행복과 더불어 삐띠(pīti), 희열을 경험합니다. 그러나 그것을 집착하거나 생각하지 않습니다. 매우 자유롭고 행복합니다. 이것은 패러독스입니다. 어떻게

모든 것의 생멸을 보면서 행복할 수 있을까요? 그것은 탐욕 없음 상태에 있기 때문입니다. 탐욕 없음에 진정한 행복이 있습니다. 탐욕은 짐입니다. 사람들은 원하는 것을 얻었을 때 행복을 느끼지만, 사실 진정한 행복은 탐욕 없음입니다. 생각으로 이를 이해하기는 어렵습니다. 이 통찰에서는 아무것도 원하지 않습니다. 탐욕이 없습니다.

- 아디목카(adhimokkha) : 확신, 결심. 이 통찰에서 수행자는 담마에 깊은 확신을 갖습니다. 이 수행이 깊은 지혜와 자유로 이끌어 준다는 것에 대해 더 이상 의심이 없습니다. 의심이 극복됩니다.

- 빡가하(paggaha) : 분발. 노력. 힘. 많은 노력이 있고 게으르지 않습니다. 몸이 가볍고 무겁게 느껴지지 않습니다. 계속 수행하기를 원하고, 피로와 졸음이 사라집니다. 이 단계에서 몇몇 사람은 잠을 자지 않고 밤낮으로 수행을 합니다.

- 우빳타남(upaṭṭhānam) : 확립. 알아차림이 예리해지고 강력해집니다. 알아차림(sati)과 집중은 어떤 면에서 비슷하지만 다릅니다. 하나의 대상에 집중되어 있으면 일어나고 사라지는 것을 예리하게 보지 못합니다. 사마타수행으로

집중은 개발되지만 통찰로 이끌지 못합니다. 마음에 사띠, 알아차림이 있을 때 집중도 이뤄집니다. 이 통찰에서는 사띠가 강력해서 일어나고 사라지는 과정을 아주 명료하게 보고 오랫동안 마음이 대상에 머뭅니다. 가끔씩 사띠를 놓치지만 마음이 산만하지 않고 성성하게 깨어있습니다. 더 이상 알아차리기 위해 노력하지 않아도 알아차림이 강력해서 같은 시간에 많은 대상을 봅니다. 이전에는 대상을 찾았지만 이제는 거꾸로 대상이 알아차림으로 와서 알아차림에 접촉하는 것을 봅니다. 대상이 알아차림을 때립니다. 이때 여러 대상들이 오는데 이것을 잘 다루지 못하면 마음이 산만해집니다. 산만해지면 마음에 명료함이 사라집니다. 이때는 조절이 필요한데 대상에 제한을 두고 한두 가지 대상에 주의를 기울여야 합니다.

수행 초기에는 대상에 주의를 기울이려고 해도 마음이 자꾸 달아납니다. 이것을 알아차리고 마음을 기본 대상에 되돌려 놓는 것을 반복해야 합니다. 하지만 지금은 마음이 항상 대상에 머물고 그것은 항상 현재입니다. 알아차림이 거울 같습니다. 거울이 거울 앞을 지나는 모든 것을 비추듯이, 알아차림은 항상 있고 알아차리는 것은 자동적입니다. 알아차리는 것에 대해 걱정하지 않습니다.

사띠, 즉 알아차림과 삼빠쟌냐(sampajañña), 즉 명료한 이해가 강력해지고 알아차림이 항상 준비되어 있습니다. 더 이상 대상을 고르지 않습니다. 수행이 매우 수월합니다. 하지만 주의해야 할 것은 니깐띠(nikanti), 즉 욕구입니다. 위빳사나 수행의 9가지 요소의 경험은 마음이 집중되고 깨어있다는 표시입니다. 광명, 희열, 경안, 확신, 분발, 행복, 지혜, 확립, 평온은 모두 수행에 좋은 요소들입니다. 하지만 이 중에 무엇이라도 집착하면 낄레사(kilesa), 번뇌가 됩니다. 광명은 번뇌가 아닙니다. 지혜 역시 번뇌가 아닙니다. 그것은 좋은 요소들입니다. 그러나 그것에 집착하면 번뇌가 됩니다.

이 명료하고 날카로운 봄, 광명, 희열, 경안, 확신, 분발, 행복, 지혜, 확립, 평온을 다시 경험하고 싶어 합니다. 그렇게 원하는 것이 니깐띠(욕구)이고 이것이 낄레사(번뇌)입니다. 이러한 경험들을 좇아가면 탐욕·자만·사견을 초래할 수 있습니다. 광명을 보면 마음이 밝아집니다. 마음이 깨어있기 때문에 밝음을 경험하는데 이것을 닙바나(열반)로 잘못 해석하기도 합니다. "나는 깨달았어요. 마음이 아주 명료하고, 평화롭고, 고요하고, 자유로워요. 지혜는 매우 날카로워서 더 이상 좋아질 수 없어요." 이렇게 해석하면 이것은 번뇌입니다.

평온 때문에 노력을 하지 않아도 몸과 마음이 이완되고, 고요하고 자유롭습니다. 하지만 분발하지 않으면 마음이 에너지를 잃어버리고 날카로움과 알아차림을 상실합니다. '위빳사나의 10가지 부수번뇌'가 있습니다. 그중 9가지는 그 자체로 번뇌가 아니고 열 번째가 번뇌입니다. 번뇌는 탐욕, 자만, 사견입니다. 이것을 이해하기 바랍니다.

> **위빳사나 수행의 10가지 부수번뇌**
>
> 1. 광명을 경험하고 : obhāsa
> 2. 예리한 이해력이 생겨 경구의 깊은 의미를 꿰뚫듯이 이해하고 : ñāṇa
> 3. 몸에 전율을 느끼는 희열이 일고 : pīti
> 4. 몸과 마음이 아주 안정되고 가볍고 편안해지고(경안) : passaddhi
> 5. 강렬한 행복감을 느끼고 : sukha
> 6. 아주 강한 결심이 일어나고 : adhimokkha
> 7. 더욱 더 수행에 전념하여 분발을 하고 : paggaho
> 8. 사띠가 확고하여 흔들림이 없고(확립) : upaṭṭhāna
> 9. 일어나고 사라지는 현상들에 평온 : upekkhā
> 10. 위의 9가지 현상들에 집착하는 마음(욕구) : nikanti

밝은 빛은 사마타수행에서도 일어나고 위빳사나 통찰 때문에 일어나기도 합니다. 지혜가 명료하고 날카로워지면 내면이 밝아집니다. 하지만 이것은 처음 단계에서도 경험합니다. 첫 번째 통찰에서도 사띠와 사마디가 강해지고 마음이 명료해지면 빛과 행복감과 흥미를 경험합니다. 하지만 이 통찰에서는 그것이 매우 강력합니다. 사람들의 성향에 따라 붓다 이미지 또는 평화로운 풍경 등의 이미지를 봅니다.

저는 아름다운 풍경을 좋아해서인지 산과 거울처럼 맑은 호수 표면을 봅니다. 사람의 성향에 따라 각기 다른 표상이 마음에서 일어납니다. 혐오하는 성향의 사람은 시체, 험악한 얼굴과 같은 좋지 않은 표상 봅니다. 삿다(saddhā), 즉 믿음이 강한 사람은 붓다의 표상을 봅니다. 때론 살아계신 붓다와 진짜 이야기하고 행동하는 것처럼 느끼기도 하는데 그것은 마음이 만든 것입니다. 이러한 표상을 '니밋따(nimitta)'라고 합니다. 마음에 이런 표상 떠오르면 그것을 알아차리고 해석하지 마십시오. 해석은 생각이기 때문입니다.

생각을 하면 알아차림과 집중을 잃어버립니다. 빛을 경험하면 몸과 마음이 가벼워집니다. "깨달음을 경험하기 때문에 빛이 있어요." 이는 잘못된 해석입니다. 현상이 일어나고 사라지는 과정을 보면서 "오…, 이것은 정말로 무상하군요." 하고 생각합니다. 날카로운 알아차림을 보고 '나의 이해가 예리하다'라고 생각합니다. 생각과 이해를 자신과 동일시하고 '나의 이해, 나의 지혜, 나의 통찰'이 되는데 이 '나의'가 낄레사, 즉 번뇌입니다. 통찰은 번뇌가 아니지만 '나의'는 번뇌입니다. 강력한 삐띠(희열)가 일면서 파도처럼 온몸이나 몸의 일부를 통과하기도 합니다. 공중에 떠 있는 것처럼 느껴지고, 몸무게가 사라지고, 몸이 없어지고 마음만 있는 것같이 느낍니다. 무의식이 되고 더 이상 아무것도 알아차리지 못합니다. 때로는 나마루빠가 멈추고 현상이 사라지는데 그것을 열반으로 착각하기도 합니다. 나마루빠의 소멸이 열반이지만 이 단계의 그것은 열반이 아닙니다. 짧은 순간 마음이 멈췄을 뿐입니다. 이것과 열반의 차이는 빈틈을 본 후에도 날카로움과 명료함이 있고, 똑같은 방식으로 같은 현상을 보지만 열반을 경험한 후에는 마음이 느려지고 그 이전처럼 날카롭지 않다는 것입니다.

아울러 이 단계에서는 평온이 강력해집니다. 집중이 깊어지고 대상이 희미해지고 사라집니다. 마음은 비어 있고 몸의 자세도 고요하게 균형 잡혀 있습니다. 몸이 움직이거나 넘어지지 않습니다. 이 집중상태에서는 잠깐 동안 잠에 떨어져도 몸이 넘어지지 않습니다. 평정심이 있어 수행에 대해 걱정하지 않습니다. 처음에는 "내가 지금 알아차리고 있나요? 마음이 방황하고 있나요?"하며 수행에 대해 생각하고 걱정하였지만 이 단계에서는 수행에 대한 생각과 걱정이 없습니다. 마음이 매우 평온하고 이완되어 무의식 상태가 됩니다. 마음이 아주 이완되면 무의식이 됩니다. 가끔은 그것이 진정한 수면입니다. 이 수면은 보통 잠과 다릅니다. 보통 때는 앉은 자세를 유지할 수 없고 졸음이 오면 축 늘어집니다. 그러나 지금은 마음이 매우 고요하고 평화롭고 집중이 있습니다. 잠에 떨어져도 몸이 처지지 않고 자세를 유지합니다. 잠에서 깨도 마음이 여전히 명료합니다. 수행이 준비되어 있습니다.

저도 가끔은 이런 경험을 하는데 잠에서 깨면 마음이 상쾌하고 깨어나는 순간부터 자동적으로 수행을 합니다. 보통 사람들은 잠에서 깨어나도 자신이 깨어난 사실을 단번에 알아차리지 못합니다. 희미한 꿈과 생각들이 일어나면서 서서히 깨어납니다. 그러나 수행자는 깨어나는 순간부터 수행 의식이 함께 하면서 수행할 준비가 되어 있습니다. 이것은 아주 좋은 것입니다. 이렇게 되면 꿈에서도 수행을 합니다. 무의식적으로 수행을 할 수 있습니다. 꿈도 습관이기 때문입니다. 우리는 대부분 낮에 한 일에 대한 꿈을 많이 꿉니다. 의사는 수술하고 진료하고 주사 놓는 꿈을 꾸고, 백화점에서 일하는 사람은 물건을 파는 꿈을 꿀 것입니다. 즉 우리는 익숙한 것에 대한 꿈을 꾸기가 쉽습니다. 그러므로 수행하는 꿈을 꾸는 것은 수행이 습관이 되었다는 증거입니다. 이 단계는 깨어나는 순간 수행할 준비가 되어 있고 깨어나는 순간 수행을 합니다.

그러나 아라한이 되면 꿈조차 없습니다. 꿈을 꾸는 것은 모하(moha), 즉 무지가 남아 있는 것이고 무의식에서 어떤 것이 일어나고 있다는 것입니다. 아라한에게 무의식적인 것은 없습니다. 아라한은 의식적인 것과 무의식적인 것이 하나가 됩니다. 보통사람은 의식적인 것보다 무의식적인 것이 훨씬 더 많습니다. 깨어있을 때도 무의식적인 생각들이 계속됩니다. 하지만 수행자는 무의식적인 마음을 의식적인 마음으로 바꿀 수 있습니다.

이 통찰에서는 정신적인 병들, 신경증이 사라집니다. 그러므로 이 수행은 좋은 성품의 개발이나 나쁜 습관의 극복을 위해 아주 좋습니다. 이 통찰에 이르면 커피나 차를 마시는 것을 저절로 삼가게 됩니다. 어떤 것에 대한 집착이나 중독이 끊어집니다. 술이나 약물, 니코틴에 중독되어 있는 사람이 이 통찰을 경험하면 술과 담배를 끊기도 합니다. 또한 몸의 질병이 낫기도 합니다. 빳삿디(경안)와 삐띠(희열)는 엄청난 치료의 힘이 있습니다. 공포증, 불면증이 극복됩니다. 만약 우리에게 경안이 있다면 혼잡한 곳에 가려 하지 않을 것입니다. 불필요한 활동과 산만함을 멀리하게 됩니다. 조용하고 평화로운 곳에서 수행하며 있고 싶어 합니다.

또한 이 단계에 이르면 걸을 때도 몸이 없는 것처럼 가볍게 느껴집니다. 걸음을 내딛는다고 생각했는데 이미 다리가 움직입니다. 그것을 알아차리지만 몸의 무게를 느끼지 못합니다. 한 걸음 한 걸음 공기 속을 거닐고 있는 느낌이고 발은 땅에 닿는 듯합니다. 닿는 느낌은 느껴지지만 무게감은 느껴지지 않아 빨리 걸을 수 있습니다. 나는 듯이 느껴집니다. 온몸이 살아있는 것 같습니다. 몸이 알아차림으로 가득 차 있습니다. 통증도 없고 더위도 없습니다. 마음은 산만하지 않습니다.

Suññāgāra paviṭṭhassa santacittassa bhikkhuno
amānusī rati hoti sammā dhammaṃ vipassato - Dhp 373

빈 집에 가서 마음을 고요히 하고(sunnagaraṃ pavitthassa, santacittassa bhikkhuno) 완전한 담마를 보는(sammā dhammaṃ vipassato) 빅쿠에게 인간의 것이 아닌 즐거움이 있다(amānusī rati hoti).

Yato yato sammasati khandhānaṃ udayabbayaṃ
labhati pītipāmojjaṃ amataṃ taṃ vijānataṃ - Dhp 374

오온의 일어나고 사라짐을 완전히 아는 것으로(yato yato sammasati khandhānaṃ udayabbayaṃ) 희열과 기쁨을 얻는다(labhati pītipāmojjaṃ). (오온의 생멸) 아는 자에게 그것은 영원하다(amataṃ taṃ vijānataṃ).

이 단계에서는 수행이 해탈로 이끈다는 것을 확신합니다. 수행자는 자신이 올바른 길 위에 있다고 확신합니다. 수행은 매우 강력해집니다. 그래서 이 단계를 '발라와 위빳사나(balava-vipassanā)'라고 합니다. 발라와(balava)는 '강한, 힘센'입니다(이전 단계를 '따루나 위빳사나(taruṇa-vipassanā)'라고 합니다. 따루나(taruṇa)는 '약한, 어린'의 뜻입니다). 이 단계는 성숙되고 강력한 위빳사나입니다. 이 단계에서 수행자는 수행을 하면서 가벼움, 자유, 기쁨을 경험하는데 문제는 다른 사람의 수행을 참견하고 싶어 한다는 것입니다. "수행하십시오, 수행하십시오, 모든 것을 놓아버리시오!"라고 말하며 가르치고 싶어 합니다. 그러나 그렇게 하면 수행이 잘못됩니다. 자신의 수행을 계속하고 참견하지 마십시오. 그것은 나중에 할 수 있습니다. 물론 그것은 매우 참기 어렵습니다. 그래도 참아야 합니다.

이 단계에서는 사띠와 알아차리는 대상이 서로를 향해 가서 부딪힙니다. 대상이 와서 마음에 부딪힙니다. 대상이 마음에 접촉하는 것을 매우 명료하게 봅니다. 이전에는 팟사(phassa), 즉 접촉의 의미를 진정으로 이해하지 못했습니다. 그러나 이 단계에서는 대상과 마음의 접촉을 분명하게 경험합니다. 가끔씩 마음이 대상 안으로 들어갑니다. 알아차림이 산만하지 않습니다. 이전에는 수행의 대상을 찾았지만 이제는 대상이 알아차림으로 오고 알아차림은 준비되어 있습니다. 마음에 흥미와 기쁨, 에너지, 명료함이 있기 때문에 수행이 아주 수월하고 계속적으로 지속됩니다. 게으름과 산만함이 없어서 "나는 수행하는 것이 행복해요. 나는 수행을 좋아해요."하고 말합니다.

하지만 문제는 그것에 대한 집착입니다. 그것을 다시 경험하지 못하면 불행함을 느끼는데 이것이 바로 집착하고 있는 표시입니다. 그리고 그것을 얻기 위해 노력하면 할수록 더 얻기 힘들어집니다. 참으로 미묘한 일입니다. 이때는 그 의도를 잘 관찰해야 합니다. 마음을 들여다보고 "지금 다시 그 상태에 이르려고 하나요?" 하고 자신을 독려해야 합니다. 수행은 무엇을 얻기 위한 것이 아닙니다. 그러나 이렇게 주의를 주고 그것에 대해 알고 있어도 막상 경험을 하면 집착하고 잘못 해석하기 쉽습니다. 이를 극복해야 합니다. 이런 일이 있을 때 스승은 이렇게 말합니다. "집착하고 있는 것을 보십시오. 다만 그 집착을 보십시오."

그는 집착을 포기하라고 말하지 않습니다. 당신은 이렇게 묻고 싶겠지요. "포기하지 않고 어떻게 그것을 포기할 수 있나요?" 하지만 이 충고에는 깊은 의미가 있습니다. 극복하기 위해서는 먼저 그것을 의식해야 합니다. 의식하지 않고 극복할 수 없습니다. 따라서 우선 자신의 마음을 보고 집착을 봐야 합니다. 그것을 보면 사라지고 다시 돌아오고 다시 보고 사라지고 또 돌아옵니다. 반복에 반복을 거듭한 후에 그것은 가버리고 더 이상 오지 않습니다. 그러므로 이 집착을 보는 것은 매우 중요합니다. 집착을 보면서 집착은 바른 길이 아니라고 이해해야 합니다.

어떤 것에 대한 집착이든 집착은 그릇된 길입니다. 수행의 경험에 대한 집착 또한 그릇된 길입니다. 수행자는 집착에서 벗어나서 몸과 마음에 주의를 기울이는 것이 올바르다고 깨닫는데 이 통찰을 '막가-아막가-냐나(maggāmagga-ñāṇa)'라고 합니다. '막가(maggā)'는 '길'이고, '아막가(amaggā)'는 '길이 아닌 것'입니다. 이것은 길이고, 이것은 길이 아닌 것을 봅니다. 이 두 가지, 길과 길이 아닌 것을 분명하게 보는 것이 '지혜와 견해의 청정(ñāṇa-dassana-visuddhi)'입니다. 우리는 가끔 잘못된 길을 가기도 합니다. 하지만 괜찮습니다. 단지 그것을 바로 보고 올바른 길로 돌아오십시오. 우리는 실수를 하고 그 실수로부터 배웁니다. 이것이 우리가 성장하는 방법입니다. 실수가 없다면 배우고 성장할 수 없습니다. 실수를 하는 것은 괜찮습니다. 다만 같은 실수를 반복하지는 마십시오!

수행의 첫 단계에서는 나마루빠, 정신·물질 현상의 본성을 봅니다. 두 번째 통찰에서는 무상, 고, 무아, 통제 없음, 비어 있음을 봅니다. 다음에는 일어나고 사라지는 생멸을 봅니다. 처음에는 일어나는 것은 보아도 사라지는 것은 보지 못합니다. 사라지는 것을 보지 못한 채 또 다시 일어나는 것을 봅니다. 그것이 계속됩니다. 하나가 일어나고, 또 다른 하나가 일어나고. 그 사이에 빈틈이 있고, 또 다른 것이 일어나고 사라지고 그 사이에 빈틈이 있고 그 빈틈을 봅니다. 다음 통찰에는 사라짐에 점점 더 많은 주의를 기울입니다. 하지만 이젠 더 이상 일어나는 것에 주의를 기울이지 않습니다. 무상의 이해가 점점 명료해지고 모든 현상이 빠르게 사라집니다. 아닛짜, 즉 무상을 명료하게 볼 때 둑카, 즉 고(苦) 또한 봅니다. 왜인가요? 매우 빠르게 일어나서 사라지기 때문입니다. 거기에서 어떻게 만족을 찾을 수 있고, 어떻게 그것에 의존할 수 있을까요? 모든 순간에서 태어남과 죽음을 봅니다. 그것을 소유할 수 없고, 붙잡을 수도 없습니다.

모든 것이 빠르게 사라집니다. 그것을 통제할 수 없습니다. 모든 경험, 모든 감각, 모든 생각, 모든 마음, 심지어는 사띠, 알아차림도 사라집니다. 이 단계에서 수행이 완전해집니다. 대상과 의식이 일어나서 사라지는 것을 보고 그 수행의식을 알아차리는 알아차림도 사라지는 것을 보면서 위빳사나 지혜(vipassanā-ñāṇa)를 경험합니다. 정신·물질 현상이 나, 내 것이 아닌 것을 보고 그것이 나, 내 것이 아니라고 바르게 압니다. 마음에 사띠, 알아차림이 있는 것을 보고 알아차림과 그것을 알아차리는 수행의식이 사라지는 것을 봅니다.

이 수행의식, 알아차림도 무상합니다. 무상의 통찰이 완전해집니다. 알아차림을 알아차리는 수행의식도, 그것을 알아차리는 위빳사나 지혜도 결국은 '일어나서 사라지는 통찰의 무상함'을 반복적으로 봅니다. 위빳사나 지혜를 보고 그것의 무상함을 보는 것이 '빠띠 위빳사나(pati-vipassanā)'입니다. 위빳사나 지혜는 또다시 위빳사나의 대상이 됩니다. 통찰지혜도 무상합니다. 알아차림도 무상합니다. 이 단계에서 그것을 봅니다.

좋은 비유가 있습니다. 시체를 태울 때 시체를 뒤집기 위해 긴 막대기를 사용합니다. 하지만 시체가 타고 나면 그 막대기를 불 속에 던져버립니다. 이와 마찬가지입니다. 놓아버리십시오. 어떤 것도 가질 수 없습니다. 수행자는 알아차림, 수행 의식, 위빳사나 지혜를 자신과 동일시하지 않고 시체를 태운 막대기처럼 놓아버려야 합니다.

담·마·토·크

첫 번째 통찰을 '정신·물질을 분석하는 지혜(nāma-rūpa-pariccheda-ñāṇa)'라고 합니다. 이 통찰은 나마루빠, 즉 정신과 물질(名色, 마음과 몸)을 하나의 과정으로 봅니다. 즉 그것을 어떠한 존재도, 남자도, 여자도 아닌 것으로 봅니다. 형태가 없습니다. 단단함은 단단함입니다. 이 단단함을 남자의 단단함, 여자의 단단함이라고 할 수 없습니다. 단단함은 단단함입니다. 부드러움은 부드러움입니다. 움직임은 움직임일 뿐이지, 움직임이 남자나 여자가 아닙니다. 현상들은 모양이나 형태가 없고 성품이 있을 뿐입니다. 이 성품에 주의를 기울이십시오. 어떤 성품도 그 성품은 존재가 아닙니다. 나마는 정신 현상입니다. 그것은 존재가 아닙니다. 탐욕은 탐욕이지 여자도 남자도 아닙니다. 탐욕은 어떤 것을 원하는 마음입니다. 여러분과 저에게 탐욕이 있다면 그것은 같은 성품인 '원함'입니다. 원하는 것은 원함의 본성입니다. 어떤 정신 상태도 정신 현상일 뿐 남자나 여자가 아닙니다. 이것을 보는 것이 첫 번째 통찰입니다. 정신·물질 과정이 동시에 일어납니다.

두 번째 통찰에서는 나마(정신)와 루빠(물질)의 조건을 파악합니다. 그다음에 무상·고·무아를 개괄적으로 보는데 이것은 세 번째 통찰입니다. 이 단계에서는 담마에 대한 생각이 일어납니다. 이후에는 더 이상 이런 생각이 일어나지 않고 모든 것의 일어나고 사라지는 것을 매우 명료하게 봅니다. 이것은 네 번째 통찰입니다. 다섯 번째 통찰은 '방가 냐나(bhanga-ñāṇa)'인데 그것은 소멸, 사라짐입니다.

모든 통찰은 순서대로 일어납니다. 어떤 통찰에서는 오래 머물고 다음 통찰은 빠르게 가고 그다음은 천천히 통과합니다. 순서대로 시리즈로 경험되어야 합니다. 하지만 모두 같은 방식으로 경험되지는 않습니다. 처음 통찰에서 오랜 시간이 걸리고 두 번째, 세 번째는 빠르게 가고 네 번째 통찰은 시간이 걸리기도 합니다. 사실 첫 번째 통찰이 힘들고 두 번째, 세 번째는 수월합니다. 네 번째 통찰에서는 많은 장애, 집착, 산만함을 경험하기 때문에 시간이 걸립니다. 그 후에 헤매는 단계까지는 쉽게 갑니다. 이것이 통찰이 개발되는 순서입니다.

이때 계속 수행을 하지 않으면 통찰을 잃어버립니다. 통찰을 잃어버리면 수행의 단계와 관계없이 대부분 첫 번째 통찰로 돌아갑니다. 즉 완전히 제로 상태가 되지는 않습니다. 그것은 깨달음의 첫 번째 단계 아래로 갔다는 것입니다. 깨달음의 첫 번째 단계인 '소따빤나'가 되기 전에 수행을 중지하면 통찰을 잃어버릴 수 있습니다. 하지만 통찰을 잃어도 어느 정도 지혜가 있고, 그 순간에 죽는다고 해도 이 경험은 많은 힘이 있습니다. 그것을 다시 살릴 수 있습니다. 실망하지 마십시오. 수행을 멈추어도 더 이상 혼란스럽지 않습니다. 알아차림을 유지하고 다시 수행을 하면 그것은 쉽게 개발됩니다.

순수한 집중만 가지고 아닛짜, 즉 무상을 볼 수 없습니다. 마음을 '개념'에 집중할 수도, '허공'에 집중할 수도 있습니다. 저는 그것을 오랫동안 했습니다. 왜 공무변처를 수행하는 것이 좋은지 아시나요? 공무변처 수행은 불행하게 하지 않습니다. 거기에는 불행할 것이 아무것도 없습니다. 오히려 어떤 것에 집착하고 그것을 얻지 못할 때 우리는 불행해집니다. 계속 수행을 하면 그 상태에 빨리 들어갈 수 있습니다.

각 통찰의 단계나 완성은 시간을 정할 수 없습니다. 그것은 개개인의 성숙함에 달려 있습니다. 하나의 통찰이 깊어지는 데 시간이 걸립니다. 통찰에도 범위가 있습니다. 예를 들어 네 번째 통찰은 넓은 영역입니다. 처음에는 일어나고 사라지는 것을 보고 많은 생각이 있습니다. 통찰이 더 많이 개발되면 일어나고 사라지는 것이 더욱 명료해지고 그렇게 되면 그 너머로 가서 사라지는 것을 더 많이 봅니다. 모든 통찰은 범위가 있습니다. 그것은 시간에 달려 있을 뿐만 아니라 수행의 성품에도 달려 있습니다. 이것은 중요합니다.

8
다섯 번째 통찰에서 열 번째 통찰까지

— 무너짐, 공포, 위험, 역겨움, 해탈하기를 원함 & 깊이 숙고하는 지혜 —

통찰의 첫 단계 이후에는 같은 것을 더 깊고 심오하게 경험합니다. 정신·물질 현상이 누군가에게 속해 있는 것이 아님을 봅니다. 그것을 소유한 자는 없습니다. 현상에 주인은 없습니다. 소리에 주의를 기울이면 들음은 일어나서 사라집니다. 들음을 소유하지 못합니다. 그것은 이미 갔습니다. 이전에는 이 몸이 내 것이고, '나'가 있다고 생각하지만 자연적인 현상은 소유할 수 없다고 바르게 이해합니다. 그것은 지배하거나 조절할 수도 없습니다. 그것을 일어나라, 머물라, 오라, 가라, 할 수 없습니다. 지배자도 없고 지배할 수도 없습니다. 그것은 비어 있고, 존재가 없고, 자아가 없고, 영혼도 없고, 남자도 여자도 아닌 것으로 봅니다.

위빳사나 통찰에 대해 이야기하기 전에 지난 이틀 동안 생각했던 것에 대해 마음을 비우고 싶습니다. 이틀 전에 매우 끔찍한 뉴스를 들었습니다. 미국 남부 캘리포니아에서 39명이 집단자살을 했습니다. 왜인가요? 자세한 내용은 잘 모르겠지만 왜 자살을 했든지 그것은 좋은 행동이 아닙니다. 이것은 사람들이 지도자와 가르침을 원한다는 것을 보여줍니다. 그들은 좋은 지도자를 원했습니다. 그러나 좋은 지도자를 만나지 못했고 잘못 인도되었습니다.

죽음은 해결책이 아닙니다. 죽음에 대해서는 어떠한 좋은 이유도 없습니다. 붓다의 제자인 아라한들은 언제 열반(parinibbāna)에 들지를 압니다. 아라한들의 죽음은 일반인들과 다릅니다. 일반 사람들은 죽으면 몇몇 성품들이 다시 태어납니다. 과정이 계속됩니다. 그렇지만 아라한이 열반에 들면 과정의 끝입니다. 죽은 존재는 없고 과정의 끝에 이를 뿐입니다. 한 아라한이 붓다에게 "나는 언제 몇 시에 열반에 들 것입니다."라고 말했습니다. 이 말을 들은 붓다가 뭐라고 했는지 아시나요? 붓다는 단지 "열반에 들 시간을 아는군요!"라고 말했습니다. 왜 붓다가 이렇게 답했는지 이해하는 게 중요합니다. "열반에 들지 마십시오." 하는 것은 삶에 대한 집착이고, 반대로 "열반에 드십시오." 하면 죽음을 칭찬하는 말이 되기 때문입니다.

죽음은 해결책이 아닙니다. 죽음은 어떤 것도 해결할 수 없습니다. 만약 그것이 좋은 해결책이라면 그야말로 아주 다행한 일이지요. 저 역시 죽음이 삶의 끝이라면 아주 좋은 일이라고 생각합니다. 하지만 죽음은 삶의 끝이 아닙니다. 우리는 계속 다시 태어납니다. 이것은 진실입니다. 더욱이 우리가 이 생에 무엇을 하고 어떻게 죽는가가 다음 생에 영향을 미칩니다. 잘 사는 법을 배우듯이 잘 죽는 법을 배워야 합니다. 죽음은 결코 문제의 해결책이 아닙니다. 붓다는 죽음을 칭송하지 않았습니다.

저는 종교적 신념으로 집단자살을 한 그 사람들에게 슬픔을 느낍니다. 그들은 어떤 것을 원했고, 자신의 목숨까지 지불할 준비가 되어 있었습니다. 그들은 감각적인 쾌락을 포기했고, 좀 더 나은 것을 위해 목숨까지 포기했습니다. 그러나 그것은 결코 옳은 일도 좋은 일도 아닙니다. 종교를 가지는 것은 좋습니다. 하지만 어떠한 종교를 택할 때는 주의를 기울여서 신중하게 선택해야 합니다. 그 단체의 목표가 무엇인지, 가르침이 무엇인지 바르게 알아야 합니다. 맹목적으로 스승을 따르지 마십시오.

붓다는 《깔라마경Kālāma-sutta》에서 깔라마인들에게 붓다 자신조차 맹목적으로 따르지 말라고 했습니다. 이 가르침은 혁명적입니다. 붓다의 가르침인 담마를 바르게 이해해야 합니다. 이것은 매우 중요합니다. 사람들은 담마를 잘못 해석해서 자신의 관념에 꿰맞춥니다. 이것이 문제입니다. 붓다의 기본적인 가르침을 이해하면 무엇이 진실인지 아닌지 알 수 있습니다. 그것은 시험해보면 두드러진 점들이 있습니다. 사람들이 통찰이나 깨달음에 대한 깊은 이해와 경험도 없이 수행에 대한 글을 쓰고 말하고 있습니다. 명확하지 않습니다. 그래서 매우 단순한 언어로 통찰과 깨달음을 설명하는 것입니다. 누군가가 이것이 사실인지 아닌지 바르게 측정할 수 있기 위해 붓다의 말씀인 빠알리(Pāli)를 인용하여 사용합니다. 이것이 기준입니다.

다섯 번째 통찰
무너짐을 관찰하는 지혜(bhaṅga-ñāṇa)

오늘은 다섯 번째 통찰에 대한 이해입니다. 처음 4가지가 중요합니다. 네 번째 통찰에 도달하면 나머지는 수월합니다. 첫 번째 통찰에 이르기는 어렵고, 두 번째 통찰과 세 번째 통찰은 수월하고, 다시 세 번째 통찰에서 네 번째 통찰에 도달하기는 어렵습니다. 하지만 다섯 번째 통찰은 자연스럽게 따라옵니다.
네 번째 통찰은 일어나고 사라지는 것이 점점 빨라지고 현상이 일어나고 사라지는 과정을 명료하게 봅니다. 그러나 방가냐냐(bhaṅga-ñāṇa), 즉 다섯 번째 통찰은 사라지는 것을 아주 명료하게 봅니다. '방가(bhaṅga)'는 무너짐, 소멸, 사라짐을 의미합니다. 일어나는 현상에 주의를 기울이면 일어나는 것을 보지만 사라지는 것에 더 많은 주의를 기울입니다. 알아차리는 순간 그것이 사라지는 것을 봅니다. 대상을 흘끗 볼 수 있을 뿐이고 그것은 거기에 있지 않습니다. 그것을 더 이상 볼 수 없습니다. 이것이 다섯 번째 통찰의 한 단면입니다.

소리에 주의를 기울이면 소리가 들리지만 바로 사라집니다. 몸에 주의를 기울이면 감각들이 일어나서 사라집니다. 대상이 사라지고 그 대상을 알아차리는 의식도 사라지는 것을 봅니다.

대상과 알아차리는 마음이 함께 사라지는 것을 보는 것은 중요한 요소입니다. 빠알리어 '냐따(ñāta)'는 '알아진', '알아차려진 것'을 의미하는데 대상에 주의를 기울일 때 그 대상이 냐따입니다. 냐따, 즉 대상이 사라지고, 냐나(ñāṇa), 즉 지혜가 사라지는 것을 봅니다. 냐나는 지혜가 있는 의식이며 현상들이 일어나서 사라지는 것을 알아차리는 마음입니다. 현상들이 사라지는 것을 보고 아는 것이 지혜이고, 이것을 '아닛짜 냐나(anicca-ñāṇa)'라고 합니다. 수행자는 대상이 사라지는 것을 보고 그 대상과 함께 일어난 위빳사나 지혜도 사라지는 것을 아주 명료하게 봅니다. 알아차릴 때마다 같은 과정에서 냐따(대상)와 냐나(지혜)가 함께 사라지는 것을 봅니다. 하나의 알아차림에 자동적으로 다른 하나가 따라갑니다. 이것은 매우 중요할 뿐 아니라 다섯 번째 통찰의 두드러진 특징이기도 합니다.

이 단계에서는 더 이상 모양에 주의를 기울이지 않고 감각에 주의를 기울입니다. 어떤 대상이든지 움직임에서도 감각을 알아차리고, 하나하나의 감각들이 빠르게 사라지는 것을 명료하게 봅니다. 감각들이 사라지는 것에만 주의를 기울입니다.

대상이 빠르게 사라지는 것을 보는 것이 '빠타마 방가 냐나(pathama-bhaṅga-ñāṇa)'이고, 지혜가 사라지는 것을 보는 것이 '두띠야 방가 냐나(dutiya-bhaṅga-ñāṇa)'입니다. '빠타마'와 '두띠야 방가 냐냐'가 함께 다섯 번째 통찰 '방가 냐나(bhaṅga-ñāṇa)'를 완전하게 합니다. 어떤 통찰도 그 통찰의 시작과 성숙이 있습니다. 처음에는 대상이 빠르게 사라지는 것을 봅니다. 하지만 통찰이 개발되어 성숙해지면, 위빳사나 의식과 지혜가 함께 사라지는 것을 봅니다. 대상이 사라지는 것과 그 대상이 사라지는 것을 알아차리는 의식이 사라지는 것을 알아차립니다. 무상은 변하거나 다른 형태로 존재하는 것이 아닙니다. 아닛짜, 즉 무상은 아바와(abhava), 즉 더 이상 존재하지 않는 것입니다.

이것을 양자역학적인 측면에서 이해할 수도 있습니다. 로버트 오펜하이머Robert Oppenheimer는 "전자가 같은 곳에 머물러 있나요?"라는 질문에 "아니요."라고 대답했습니다. "그렇다면 그것은 변화하나요?"라고 묻자 이번에도 "아니요."라고 대답했습니다. "그러면 그것이 멈추어 있나요?", "아닙니다.", "그럼 그것이 움직이나요?", "역시 아닙니다."

전자는 이론적인 모델일 뿐입니다. 어떤 것이 사라지고, 어떤 것이 일어납니다. 그들 사이에 연결고리는 있지만 더 이상 같지 않습니다. 형태도 없고 모양도 없고 순수한 에너지일 뿐입니다.

Khayato vayato disvā - Vsm 641
더 이상 존재하지 않음을 본다.

'방가 냐나(bhaṅga-ñāṇa)'를 설명하기 위해 많은 빠알리 단어들이 사용됩니다. '카와(khaya)'는 '끝에 도달한 것', '완전히 사용한 것'을 의미합니다. '와야(vaya)'와 '브헤다(bheda)'도 같은 의미, 즉 '소멸'입니다. '니로다(nirodha)'는 '끝에 이른 것'입니다. 이 모든 단어들은 같은 의미입니다.

그것은 아주 짧은 순간만 존재하고 사라집니다. 우리는 이것을 '드와라(dvāra)', 즉 여섯 감각기관(눈, 코, 입, 귀, 몸, 혀, 마음) 문에서 볼 수 있습니다. 대상이 사라지고 위빳사나 의식은 사라지는 대상을 알아차리고 또 다른 의식이 위빳사나 의식이 사라지는 것을 알아차립니다. 첫 번째 대상이 사라지는 것을 보고, 다음 의식의 대상인 의식을 보고(purimavatthuto aññavatthu saṅkamana), 그 의식 또한 사라지는 것을 봅니다. 수행자는 한 가지 감각기관에서만이 아니라 모든 감각기관에서 볼 수 있습니다. 하지만 일부러 많이 보려고 할 필요는 없습니다. 대상이 사라지는 것과 위빳사나 지혜 의식이 사라지는 것을 봅니다. 이것을 보는 것으로 충분하지만 그것은 여러 번 반복됩니다. 사라지는 것을 명료하게 보기 때문에 더 이상 일어나는 것에 주의를 기울이지 않습니다. 네 번째 통찰에서는 일어나고 사라지는 것에 주의를 기울였지만 이 통찰에서는 사라지는 것에 주의를 기울입니다. 더 이상 일어나는 것에 주의를 기울이지 않습니다. 수행의 처음에는 일어나는 것만을 보지 사라지는 것을 보지 못합니다. 사라지는 것을 보기 전에 또 다시 일어나는 것을 봅니다. 그리고 다음 단계는 일어남과 사라짐을 봅니다. 하지만 이 통찰에서는 사라지는 것만을 봅니다. 이것이 통찰의 개발이 성숙되는 과정입니다.

Udayam pahāya vaye santiṭṭhanā - PtsA i. 258
일어나는 것(udayam)을 무시(pāhaya)하고, 마음이 사라지는 (vaye) 것에 머뭅니다(santiṭṭhanā).

이제는 사띠, 즉 알아차림이 사라지는 것만을 알아차립니다. 그것은 아닛짜, 즉 무상의 이해를 매우 강하게 합니다. 이것이 무상에 대한 이해의 정점입니다. 사라지는 것을 보는데 그 사이에는 아무것도 없습니다. 마음은 안정되어 있고 아주 미세한 생각들이 들어옵니다.

첫 번째 통찰에서는 생각을 합니다. 두 번째 통찰은 일어나는 것의 원인을 생각하고 이 생각을 알아차리지만 또 다시 생각을 합니다. 세 번째 통찰에서는 수행에 대해, 무상·고·무아에 대한 생각을 합니다. 네 번째 통찰은 생각이 미미하고 다섯 번째 통찰에서는 생각이 거의 일어나지 않습니다. 어떤 것을 생각할 수 없습니다. 이 통찰은 사라지는 것만을 보는데 사라지는 것이 매우 빠르기 때문에 생각할 시간이 없습니다. 이것은 아홉 번째 통찰까지 지속됩니다. 여덟 번째와 아홉 번째 통찰에서는 생각이 잠깐 돌아오지만 그것은 오로지 담마에 대한 것입니다.

이것은 다섯 번째 통찰인 '방가 냐나(bhaṅga-ñāṇa)'에 대한 비유입니다.
· 참깨를 볶을 때 참깨가 타면서 나는 소리처럼 매우 빠르게 사라지는 것을 알아차립니다.
· 호수에 빗방울이 물위에 떨어지는 순간 물방울이 일었다가 즉시 터지듯이 그것을 알아차리는 알아차림도 빠르게 사라지는 것을 봅니다. 이것은 계속적으로 일어나는데 몇 시간 동안 반복적으로 사라지는 것만을 봅니다.

여섯 번째 통찰
공포로 나타나는 지혜(bhaya-ñāṇa)

사라지는 것을 계속적으로 보기 때문에 위험함을 느낍니다. 너무 빠르게 일어나서 순간적으로 사라지기 때문에 의지할 수가 없고 자신과 동일시할 수 없습니다. 수행자는 그것을 위험으로 보지만 두려워하지는 않습니다. 두려워하지 않는 것은 중요합니다. 두려워하면 수행을 멈추게 됩니다. 두려움은 자신과 두

려움을 동일시하기 때문에 일어납니다. 공포심을 자신과 동일시
하지 않고, 일어나고 사라지는 현상으로 본다면 두렵지 않습니
다. 정신·물질 현상에 의지할 수 있는 것은 아무것도 없습니다.
위험을 보는 것이 두려운가요? 두려움은 일종의 도사(dosa)
이고 번뇌입니다. 위험을 보지만 무섭지는 않습니다. 숲 속에
서 호랑이를 만나면 무섭지만, 동물원에서 호랑이를 보면 무섭
지 않은 것과 같습니다. 어린 아이가 위험한 물건을 가지고 있
으면 "그것을 가지고 놀지 마라. 그건 위험하다." 하고 말하지
만 자신은 그것을 무서워하지 않는 것과 같습니다.

진정한 통찰은 '공포 없음'입니다. 이것이 여섯 번째 통찰 '바
야 냐나(bhaya-ñāṇa)'이고 정신·물질 현상을 공포로 보는 것입
니다. 이 단계에서 수행자는 즐겁지 않습니다. 네 번째 통찰에
서 수행자는 즐겁고 행복합니다. 그러나 여섯 번째 통찰에 이
르면 더 이상 즐겁거나 행복하지 않습니다. 가끔씩 고요함을 느
끼지만 우울해하지도 흥분하지도 않습니다. 정신·물질 현상이
공포로 나타나는 통찰이 성숙해지면 마음이 불이익을 보는 쪽
으로 움직입니다. 그것은 같은 것을 다른 각도에서 보는 것입
니다.

일곱 번째 통찰
위험함을 관찰하는 지혜(ādinava-ñāṇa)

빠알리어로 불리함을 '아디나와(ādinava)'라고 합니다. 정신·물질 현상에서 이익이 없는 것을 보고 그것에서 행복할 수 없는 것을 봅니다. 수행자는 과거에도 정신·물질 현상들이 일어나고 사라지고 있었다는 것을 알 수 있습니다. 미래에도 좋은 삶이든, 나쁜 삶이든 그것이 무엇이든 일어나서 사라질 것이라는 것을 이해합니다. 때문에 이젠 더 나은 삶을 바라지 않게 되는데 이것은 매우 중요한 점입니다. 우리들은 좀 더 나은 장소, 좀 더 좋은 세계에 태어나면 좋을 것이라고 생각합니다.

하지만 정신·물질 현상을 명료하게 본다면 이렇게 생각합니다. "무엇을 위해서요? 모든 것이 빠르게 사라지는데, 어떤 것이 무슨 의미가 있나요?" 이 순간에는 삶도 원하지 않습니다. 어떤 것도 가치가 없고, 무엇도 가질 수 없다고 생각합니다. 모든 것을 알아차리는 순간 그것들은 사라지고 움켜쥐고 있을 갈애나 취착도 없습니다. 일어남이 공포(uppādo bhayaṃ)라고, 진행이 공포(pavattaṃ bhayaṃ)임을 압니다.

일어나는 모든 것은 공포입니다. 어떤 것에 만족할 수 있다는 생각조차도 그것을 가지려고 하는 것도 공포(āyūhanaṃ bhayaṃ)라는 것을 봅니다. 여기서 공포라는 것은 반드시 괴로움이고, 괴로움이라는 것은 오직 세속적인 것입니다. 일어남이 괴로움이라고 공포로 나타남에 대한 통찰지가 위험함에 대한 지혜입니다.

때때로 매우 짧은 생각이 들어오고, 읽어본 붓다의 가르침에 대한 이해가 순간 떠오르기도 합니다. 매우 짧고 간단한 단어나 문장이 마음에 들어오기도 합니다. 저도 예전에 수행할 때 연기(paṭiccasamuppada)의 마지막 결론 부분이 마음에 들어왔습니다. 그 순간에는 그것을 생각하지는 않지만 그 뜻이 매우 깊고 심오해집니다.

Evametassa kevalassa dukkhakkandhassa samudayo hoti
Evametassa kevalassa dukkhakkandhassa nirodho hoti

'에왐(evam)'은 '이와 같이', '에땃싸(etassa)'는 '이것', '께왈랏사(kevalassa)'는 '다른 것과 섞이지 않는 것', '둑칵칸닷사(dukkhakkandhassa)'는 '고(苦)의 무더기'를 의미합니다.
"이와 같이 다른 어떤 것과도 섞이지 않고, 만족과 섞이지 않는 고의 무더기가 일어난다."라는 뜻입니다.
여기에서 '섞이지 않는'다는 것은 매우 중요합니다. 그것은 '둑칵칸닷사(dukkhakkandhassa)', 즉 고의 무더기가 일어나는 것이 고이며, 사라지는 것도 고라는 의미입니다. 그것은 존재가 아니고, 즐길 것도 아니고 둑카, 고입니다. 이 과정을 보는 것은 매우 불만족스럽습니다. 하지만 이제는 그것을 나, 나의 것, 존재로 보지 않고 조건에 따라 일어나는 것으로 보고 그것을 통제하지 않습니다.

일어나지 않음이 안온이다(Anuppādo khemaṃ – Pts i. 59).: 아무것도 일어나지 않는다면 그것은 안온합니다. 어떤 것이 일어나는 것은 안온하지 않습니다.

일어나지 않음이 행복이다(Anuppādo sukhaṃ – Pts i. 59).: 사람들은 행복이 어떤 것을 소유하고 즐기는 것이라고 합니다. 여기서 행복은 '괴로움 없음'입니다. 사성제에서 괴로움의 진리(dukkha-saccā)는 있지만 행복의 진리(sukha-saccā)는 없습니다. 그러나 행복(sukha)은 괴로움 없음이며 어떠한 괴로움도 없을 때가 최상의 행복인 궁극적 행복입니다.

Anuppādo nibbānaṃ - Pts i. 60
일어나지 않음이 열반이다.

여덟 번째 통찰
역겨움을 관찰하는 지혜(nibbidā-ñāṇa)

일어나고 사라지는 것의 불이익을 보고 수행자는 역겨움(nibbidā), 즉 어떤 것도 기뻐하지 않고 지루하고, 환멸을 느끼는 지혜로 이동합니다. 닙비다(nibbidā)는 역겨움, 지루함인데 일어나고…, 사라지고…, 일어나고…, 사라지고… 같은 과정이 끝없이 반복되는 것을 보는 것이 지루해집니다.

마음은 고요하지만 무덤덤합니다. 사라지는 것을 보는데 그것을 보는 것이 아주 혐오스럽고, 역겹고, 지루합니다. 이전에는 생각을 하고 그 생각을 즐기기도 했지만 이제는 생각이 지루합니다. 생각이 흥미롭지 않습니다. 생각을 알아차리면 생각이 사라지고 비어 있음만 남기도 합니다. 더 이상 아무것도 없습니다.

"생각하고 싶지 않아요. 왜 생각해요? 우리는 너무 생각해요." 이 통찰에서는 담마에 대한 생각 역시 둑카, 고입니다. 수행자는 다음 게송을 이해합니다.

Sabbe saṅkhārā aniccāti yadā paññāya passati
atha nibbindati dukkhe esa maggo visuddhiyā - Dhp 277

· sabbe saṅkhārā : 모든 조건 지어진, 형성된 것
· sabbe saṅkhārā aniccā : 모든 상카라, 현상은 아닛짜, 무상하다 | ti : 라고
· yadā paññāya passati : 지혜로 볼 때
· atha nibbindati dukkhe : 둑카, 고에 역겨워한다.
· esa maggo visuddhiyā : 이것이 청정으로 가는 길이다.

Sabbe saṅkhārā dukkhāti yadā paññāya passati
atha nibbindati dukkhe esa maggo visuddhiyā - Dhp 278

첫 번째 경구(Dhp 277)는 무상에 대한 것이고 두 번째 게송은(Dhp 278) 둑카, 고에 관한 것입니다. 다음 경구는 매우 중요합니다.

Sabbe dhammā anattāti yadā paññāya passati
atha nibbindati dukkhe esa maggo visuddhiyā - Dhp 279

처음 게송과 두 번째 게송에서는 '모든 형성된 것은 무상하다'(sabbe saṅkhārā aniccā), 그리고 '모든 형성된 것은 괴로움이다'(sabbe sankhāra dukkhā)입니다. 세 번째 경구는 '모든 법은 무아다'(sabbe dhammā anattā)입니다. 여기서 'dhammā'의

8. 다섯 번째 통찰에서 열 번째 통찰까지 235

의미는 '존재하는 모든 것'입니다.

어떤 사람은, 붓다가 "오온은 무아다."라고 했지만 사실은 자아가 있는데 붓다가 말하지 않았다고 합니다. 하지만 붓다는 "Sabbe dhammā anattā" 모든 것, 모든 현상, 모든 개념, 열반도 아낫따, 즉 무아라고 했습니다. 예외가 없습니다. 여기서의 'dhammā'는 모든 것을 포함합니다. 따라서 모든 것은 무아입니다. 아따(atta), 즉 나라고 할 수 있는 것은 없습니다.

Bhayatupatthānam ekameva tīni nāmāni labhati
- Vsm 651

이것은 하나의 통찰(ekameva)에 세 가지의 이름(tīni nāmāni) – bhaya-ñāṇa, ādinava-ñāṇa, nibbida-ñāṇa – 이 있습니다(labhati).

Yā ca bhayatupatthāne paññā yañca ādinave ñāṇam
yā ca nibbidā ime dhammā ekatthā byañjanam evanānam
- Pts ii. 63

어떤 것의 공포를 보고(Yā ca bhayatupatthāne paññā), 그것의 위험함을 보고(yañca ādinave ñāṇam), 역겨워 할 때(yā ca nibbidā), 일어나는 지혜는 모두 같은 것인데(ime dhammā ekatthā) 다른 이름으로 불립니다(byañjanam evanānam). 하나의 통찰에 세 가지 이름-공포(bhaya), 위험(ādhinave), 역겨움(nibbidā)-이 있습니다. 이것은 같은 것을 세 가지 각도에서 본 것입니다.

아홉 번째 통찰
해탈하기를 원하는 지혜(muñcitukamyatā-ñāṇa)

이 통찰은 '자유로워지고 싶음(muñcitukamyatā-ñāṇa)'입니다. 수행자는 모든 것을 위험으로 보고, 일어나고 사라지는 것들을 보는 것이 유익하지 않다고 생각합니다. 어떤 것에도 매혹될 가치가 없다고 보고 이 모든 것에서 자유로워지기를 원합니다. 그는 그것에서 벗어나려고 발버둥치는 데 매우 지칩니다. 이 몸, 즉 오온(khandha)을 보고 어떤 것도 집착할 가치가 없고 오온에서 어떤 행복도 찾을 수 없는 것을 알고 거기에서 벗어나 자유로워지고 싶어집니다. 알아차리는 자체가 힘이 듭니다. 알아차리고…, 바라보고…, 알아차리고…, 바라보고…, 알아차리고…, 바라보고…, 수행이 매우 피곤해집니다! 자신이 얼마나 멀리 왔는지 반조해봅니다!
처음에는 감각적인 욕망을 추구하였지만 수행을 시작하고 그것을 놓아버립니다. 하지만 수행을 하면서 마음이 고요하고 행복감을 느끼면 그것에 집착합니다. 이제는 수행에 집착하지 않고 오히려 수행에 환멸을 느끼고 수행에서 벗어나 자유로워지려고 합니다. 이것은 올바른 것이기에 좋은 것입니다. 수행과 수행의 대상과 수행의 의식에서 벗어나서 자유롭고 싶어 합니다. 이것은 어떤 것도 더 이상 알아차리고 싶지 않다는 것입니다. 심한 경우에는 일어나고 사라지는 현상을 알아차리는 것에 질려서 알아차리지 않는 것이 좋다고 느낍니다.

　그리고 실제로 알아차리는 것을 멈추기도 합니다. 마음은 텅 비게 됩니다. 마음이 다른 대상으로 향하지 않기에 산만함이 없습니다. 그것은 마음이 환멸을 느끼고 어떤 것에도 흥미가 없기 때문입니다. 수행을 멈추면 마음은 그대로 고요하지만 더 이상 일어나고 사라지는 것을 볼 수 없습니다. 수행자는 오히려 이 상태가 더 평화롭고 즐길 만하다고 착각합니다. 하지만 그것은 마음이 잠시 고요하고 텅 빈 공간에 있는 것뿐입니다. 만일 이 상태에 이대로 머문다면 명료함을 잃어버리고 다시 지옥 같은 과정으로 돌아갑니다. 절대로 도망치지 못합니다.

　수행을 멈추는 것이 자유가 아닙니다. 수행자는 다시 주의를 기울이고 모든 것이 아주 짧은 순간에만 아주 짧게 지속되는 것을 봅니다.

　우리에게 항상 있는 것처럼, 지속되는 것처럼 보이는 것의 실체는 연속적인 과정입니다. 영화의 영상은 1초에 20번 정도 투영되는 프레임입니다. 1초에 20번 정도의 프레임이 투영되지만 우리는 사이사이의 공백을 보지 못합니다. 눈이 그것을 감지하지 못합니다. 그렇기 때문에 어떤 것이 움직이는 것으로 보입니다. 하지만 움직임은 없고 각각 다른 프레임들이 하나씩… 하나씩… 하나씩… 나타날 뿐입니다. 아주 짧은 순간에 많은 프레임이 일어나서 사라집니다. 그리고 또 다른 프레임이 옵니다. 프레임과 프레임 사이의 공백을 볼 수 없기 때문에 우리 눈에는 그것이 움직이는 것으로 보입니다. 하지만 수행 시에는 1초에 20개의 프레임이 사라지는 것을 볼 수 있습니다. 그 정도로 마음이 집중되어 있는 수행자에게 1초는 긴 시간입니다. 시간이 많이 왜곡됩니다.

우리에게는 '위티찟따'와 '바왕가찟따'가 있습니다. '위티찟따(vīthi-citta)'는 지금 일어나는 마음입니다. '바왕가찟따(bhavaṅga-citta)'는 대상을 명료하게 지각할 수 없는 존재지속심입니다. 그것은 생명과 의식의 연속성을 유지시켜줍니다. 위티찟따와 위티찟따 사이가 매우 넓은데 그것은 존재지속심이 오랫동안 지속되고 있다는 것입니다. 일련의 위티찟따가 일어나서 사라지고 그다음에 바왕가찟따가 일어납니다. 그리고 위티찟따 일어나고 바왕가가 생기고, 또 다른 위티찟따가 일어나서 사라짐니다. 이 과정에서 대상이나 생각을 알아차리고 다음에 바왕가 찟따가 생기는 틈이 있습니다.

보통 사람들은 넓은 틈을 가지고 있습니다. 틈이 넓을수록 적게 알아차리고 멍한 마음 상태에 자주 머물게 됩니다. 수행을 할수록 마음은 더욱 날카로워지고 틈의 간격이 좁아집니다. 같은 시간의 같은 과정에서 사이를 더 많이 알아차립니다. 처음에는 1초에 한 번을 알아차렸다면 나중에는 1초에 5번, 10번, 15번, 20번의 바왕가찟따가 드러납니다. 알아차림이 개발될수록 시간이 더 길게 느껴집니다. 시간이란 무엇인가요? 시간은 빤냣띠, 즉 개념일 뿐입니다.

이 통찰에서 '어떠한 것도 안정되어 있지 않다(cala)', '모든 것이 움직이고 항상함이 없다', '지속되는 실체가 없다(asāraka)', '모든 것은 원인이 있기 때문에 일어난다(saṅkhata)'와 같은 짧은 생각들이 잠깐씩 들어옵니다. 수행자는 계속적으로 일어나고 사라지는 것을 보면서 쉴 틈이 없다고 느낍니다. 자신이 고문당하고 있는 것처럼 느껴지고 힘이 듭니다.

이것은 마치 날카로운 소리가 계속 들려오고 있는 곳에 있는 것과 같습니다. 반복해서 같은 소리를 지속적으로 듣는 것은 고문입니다. 일어나고 사라지는 과정의 감옥에 갇힌 것 같습니다. 이것은 덫이고, 고문이고 더 이상 참을 수가 없습니다. 이것은 정말 고통스러운 감옥입니다. 일어나고 사라지는 것을 보는 것이 힘들고 자신이 만성적인 고질병에 걸린 것 같습니다. 그러한 고문이 계속됩니다. 하지만 이것은 자연스러운 것입니다.

이때는 수행을 멈추지 말고 생각을 심각하게 받아들이지 않아야 합니다. 계속 생각하면 우울해집니다. 우리는 생각을 하고 그 생각을 자신과 동일시합니다. 생각은 우리가 생각하고 있다고 느끼게 합니다. 생각은 우리를 속입니다. 생각은 생각과 또 다른 생각을 연결시킵니다. '생각은 연결'입니다. 생각이 연속성을 느끼게 합니다. 생각이 없다면 연속성도 연결성도 없습니다. 일어나고 사라지는 것이 전부입니다. 더 이상 의미가 없습니다. 일어나고 사라지는 것은 살에 박힌 가시와 같습니다. 인생이 아픔이라고 느끼기도 합니다.

이 통찰에서는 모든 것이 부정적으로 보이고 비관적입니다. 이것을 경고 없는 위험으로 봅니다. 그것은 시한폭탄과 같습니다. 어느 순간에도 죽을 수 있습니다. 어떠한 것도 순간에 일어날 수 있습니다. 예측할 수 없습니다. 이 과정을 피할 수도 없고 안전하지도 않고 의지할 곳도 없습니다. 오로지 그것이 오는 것을 힐끗 볼 수밖에 없습니다.

이런 대상에 집착하면 마음이 오염됩니다. 번뇌라는 대상이라고 보아야 합니다. 이 단계에서도 둑카(고)를 보지만 수행의 처음 단계에서 경험한 것과는 차원이 다릅니다. 처음에는 일어나고 사라지는 것을 둑카로 보지 못하지만 이 통찰에서는 아닛짜(무상)를 둑카로 보고 그것을 하나하나 명료하게 봅니다. 알아차리는 것도 둑카, 고입니다. 그래도 알아차려야 합니다. 알아차리지 않는 것도 고입니다, 이것을 이해해야 합니다. 그러나 알아차림 또한 둑카입니다.

통찰의 첫 단계 이후에는 같은 것을 더 깊고 심오하게 경험합니다. 정신·물질 현상이 누군가에게 속해 있는 것이 아님을 봅니다. 그것을 소유한 자는 없습니다. 현상에 주인은 없습니다. 소리에 주의를 기울이면 들음은 일어나서 사라집니다. 들음을 소유하지 못합니다. 그것은 이미 갔습니다. 이전에는 이 몸이 내 것이고, '나'가 있다고 생각하지만 자연적인 현상은 소유할 수 없다고 바르게 이해합니다. 그것은 지배하거나 조절할 수도 없습니다. 그것을 일어나라, 머물라, 오라, 가라, 할 수 없습니다. 지배자도 없고 지배할 수도 없습니다. 그것은 비어 있고, 존재가 없고, 자아가 없고, 영혼도 없고, 남자도 여자도 아닌 것을 봅니다. 그것은 아닛짜(무상)·둑카(고)·아낫따(무아)의 다른 측면일 뿐입니다.

열 번째 통찰
깊이 숙고하는 지혜(paṭisaṅkhā-ñāṇa)

이 단계에서는 같은 것을 반복적으로 봅니다. "이렇게 불만족스러운 것을 보는 것이 무슨 의미가 있나요?" 하고 물을지도 모릅니다. 그러나 수행을 멈추는 것이 해결책이 아니고 계속 알아차리는 것이 최선이고 다른 선택이 없다는 것을 이해해야 합니다. 이 단계에서 수행자는 자신의 수행이 이전만큼 좋지 않다고 생각합니다. 자신의 수행에 불행을 느낍니다. 이것은 매우 위험합니다. 이 통찰은 현상이 아주 빨리 사라지기 때문에 그것을 볼 수가 없습니다. 흥미롭지 않습니다. 수행이 지루합니다. 이 지루함에 주의해야 하는데 이때의 지루함은 오히려 수행이 진전되고 있다는 표시입니다. 각각의 통찰에 이르기까지는 시간이 걸립니다. 짧은 시간에 도달하기도 하지만, 경우에 따라서는 몇 달이 걸리기도 하는데 이는 동기가 얼마나 강하냐에 달려 있습니다. 불행하게도 이 단계에서 몇몇 수행자는 수행을 멈추곤 합니다. 그러면 스승이 말합니다. "애석한 일이군요. 슬픈 일이에요. 계속 수행을 하면 그것을 뚫고 나갈 수 있는데요."

용기를 잃지 말고 계속 수행하십시오! 이것이 열 번째 통찰인 '빠띠상카냐나(paṭisaṅkhā-ñāṇa)'입니다. 자유로워지고 싶다면 도망치지 마십시오. 용기를 잃지 마십시오. 계속 나아가십시오! 수행으로 돌아가십시오. 다음 통찰은 '상카라 우뻭카냐나(saṅkhārupekkhā-ñāṇa)'로 매우 깊고 중요하며 흥미롭습니다. 이 통찰 이후에도 통찰들이 있지만 그 통찰들은 매우 짧은 순간에 일어나서 그것에 대해 어떤 것도 할 수 없습니다. 열한 번째 통찰부터는 이전 통찰단계로 되돌아오지 않고 매우 빠르게 지속됩니다.

담·마·토·크
Dhamma Talk

수행을 하면 기쁨과 슬픔에서 초연해진다고 하는데, 집단자살한 사람들에게 슬픔을 느끼는지요?

그렇습니다. 저는 그 사람들에 대해 강한 슬픔을 느낍니다. 아나가미(anāgāmī)가 되어야 슬픔을 완전히 극복하는데, 저는 아직 아나가미가 아닙니다. 다만 그러한 느낌도 곧 끝날 것이고 그것에 잡히지 않을 것이라는 것은 알고 있습니다. 화는 나지 않고 단지 슬픔을 느낄 뿐입니다. 그렇지만 이것도 일종의 도사(dosa, 성냄)입니다. 자살한 사람들은 감각적인 욕망과 황금을 넘어선 어떤 것을 찾고 있었습니다. 매우 좋은 의도, 아름다운 의도를 가지고 있었으나 인생을 허비했기 때문에 슬픕니다. 만일 이 사람들에게 좋은 안내자가 있었다면 그들은 배우고 성장할 수 있었습니다. 아주 귀중한 기회를 놓쳤습니다. 그들과 같이 정신적인 것을 찾고, 자유를 찾지만 좋은 스승이 없는 사람들이 많이 있을 것 같다는 생각이 듭니다. 때문에 이 같은 일은 또 일어날 수 있습니다. 분명 무언가를 해야 할 필요가 있습니다. 누군가 한 사람이 이것을 책임져야 한다는 이야기는 아닙니다. 사회 전체가 책임을 져야 합니다.

우리는 전 세계를 위해 모든 것을 할 수 없지만 이곳에서 지금 할 수 있는 것을 생각해봅니다. 그것을 단지 그들의 업이라고 치부하는 것은 이 문제를 해결하지 못합니다. 우리는 해결책을 찾을 필요가 있습니다. 그런 일이 우리의 아이들이나 손자에게 생길 수도 있습니다. 많은 사람이 길을 잃었다는 느낌을 받고 있습니다. 자살을 한 사람들은 가난하지 않았습니다. 저는 그들에 대해 많은 것을 들었습니다. 그들은 부유했고 교육도 많이 받은 사람들이었습니다. 왜 자살을 했을까요? 왜 그들의 스승은 자살하라고 하고 자살하는 것을 도왔을까요?

붓다는 과거의 업만을 탓하는 것은 올바르지 않다고 했습니다. 그것에 대해 아무것도 할 수 없다면 왜 보시를 하고, 자애를 베풀고 수행을 하나요? 우리는 과거 업의 영향을 받고 있지만 지금 하고 있는 것은 현재의 업이며, 우리는 그것을 성취할 수 있습니다. 과거의 나쁜 업이 영향을 주어도 지금 담마 수행을 하고 있다면, 업의 방향을 바꿀 수 있고 과거의 업에서 자유로울 수 있습니다. 우리는 자신의 현재 업에 신뢰를 가져야 합니다. 과거의 업에 완전히 복종하는 것은 잘못입니다. 붓다는 아무것도 할 수 없다고 하지 않았습니다. 모든 것은 조건지어져 있습니다. '조건지어진'이 '결정된'을 의미하지는 않습니다. 어떤 사람이 죽으면 붓다는 저 사람은 아라한이 될 수 있는 충분한 과거 업을 가지고 있지만 노력하지 않았다고 했습니다. 아무리 좋은 업이 있어도 노력하지 않으면 일어나지 않습니다. 과거의 업에 현재의 업을 더하는 것이 매우 중요합니다.

과거에 어떤 일이 있었든지 간에 지금 좋은 스승과 수행이 필요합니다. 이는 비행기의 방향을 가리키는 것과 같습니다. 폭풍과 같은 힘이 있고, 비행기도 에너지나 힘을 가지고 있습니다. 비행기 엔진 하나가 멈추면 조종사는 다른 엔진으로 여러 상황을 고려해서 비행기를 조종합니다. 이것이 우리가 삶에서 하는 것입니다. 우리는 항상 조종하고 있습니다. 삶이 자신의 목적을 향하도록 할 수 있습니다. 우리에게는 일부의 통제와 자유가 있습니다. 이것을 깊이 이해할 필요가 있으며, 그것을 최상으로 사용할 수 있도록 만들어야 합니다. 이것을 깊이 이해해서 우리가 할 수 있는 최선을 다해야 합니다.

우리는 여기 태어났습니다. 우리의 피부색, 모습, 키, 육체 그 어떤 것도 현재 생에서는 선택할 수 있는 것은 없습니다. 그러나 우리는 어떤 선택을 할 수 있는 것이 있습니다. 우리는 자신의 정신을 개발하기 위한 선택을 했습니다. 이것은 매우 용기를 주는 것입니다. 우리의 업은 우리의 손안에 있습니다.

우리는 과거 업의 영향을 아주 많이 받습니다. 저는 이것을 매우 잘 알고 있습니다. 과거 생의 업이 좋은 쪽으로든 나쁜 쪽으로든 아주 강하게 영향을 줍니다. 하지만 업을 이해하고 난 후부터 저는 제 인생에서 어떤 일이 일어나더라도 정말로 괜찮다고 생각했습니다. 그것은 제가 제어할 수 없는 것이 아니기 때문입니다. 그것이 그렇게 일어나더라도 내가 그것을 이해하는 방식, 그것에 대답하는 방식이 나의 현재 업입니다. 그러므로 올바른 이해와 적절한 방식으로 응답하는 것이 매우 중요합니다. 그것은 내 손안에 있습니다. 좋은 스승이 있고 바르게 이해할 수 있다면 자신의 삶을 이끌 수 있습니다. 이것을 아는 것은 용기를 주는 것이고 아주 강력합니다. 우리는 힘이 있습니다. 알아차림과 지혜를 개발하면 힘을 얻게 됩니다. 절대로 포기하지 마십시오.

저는 어렸을 때 행복하지 않았습니다. 매우 아픈 어린 시절을 보냈고, 이십 대 후반까지 아주 힘들고 고통스러운 경험들을 많이 겪었습니다. 그 당시 저는 삶을 끝내고 싶다는 생각까지 하기도 했습니다. 하지만 내 마음 깊은 곳에서 그것은 올바른 것이 아니라고 말했습니다. 이것은 내가 겪어야 하는 과정이고 이 경험으로부터 배우기 위한 것이라고 생각했습니다.

우리는 누구나 이런 경험을 필요로 합니다. 고통의 경험이 없이는 배우고 자랄 수 없습니다. 자신의 삶을 돌아보면 너무도 많은 것들, 즉 스승들, 다른 종교들, 흥미, 고통스러운 경험들에 노출되어 있었다는 것을 알 수 있습니다. 이 모든 것들 때문에 내가 더 나은 인간이 될 수 있었다는 것을 이해해야 합니다. 많은 것을 배웠고 그것에 대해 행복하게 생각해야 합니다. 이것을 이해하는 것은 매우 중요합니다.

몇몇 수행자는 수행을 멈추고 가버립니다. 그들은 자유를 원하는데 무엇으로부터의 자유인가요? 어디를 가든지 우리는 오온을 가지고 다닐 수밖에 없습니다. 그럼에도 자유에 대한 욕망, 멀리 떠나고 싶은 욕망이 잘못된 방향으로 이끕니다. 이것은 무의식적으로 일어날 수 있습니다. 저 역시 수행처를 떠나고 싶던 경험이 있습니다. 그곳이 좋은 장소가 아니라고 생각했습니다. 조용하고 평화로운 외딴 곳을 찾고 싶었습니다. 이 과정에서 벗어나고 싶은 생각이 수행에서 멀어지는 잘못된 방향으로 이끌기도 합니다. 자유를 원하는데 무엇에 대한 자유인가요? 모든 것은 불만족스럽습니다. 직업, 같이 사는 사람, 사는 곳이 좋지 않게 느껴집니다. 그 상황에서 벗어나려고 직장을 그만두고, 이혼을 하기도 합니다. 하지만 달에 가서 살 수 없습니다. 달에 가도 오온을 가지고 갑니다. 우리는 이 세계에서 살아있는 것들과 살아야 합니다. 이것이 이 단계에 이른 수행자에게 생각하지 말라고 주의를 주는 중요한 이유입니다.

날카로운 알아차림을 갖는 것을 이야기했는데, 바왕가가 짧아진다고 했습니다. 시간의 지각과 관련지어 설명해주십시오.

잠을 자는 동안에는 바왕가 상태입니다. 시간이 늘어나기 위해서는 더 이상 시간을 알아차리지 않아야 합니다. 오래 잔 것 같아서 시계를 보면 몇 분밖에 지나지 않은 경우가 있습니다. 반면 잠깐 졸은 것 같은데 몇 시간이 흐른 경우도 있습니다. 우리는 시간의 흔적을 잃어버립니다. 바왕가(bhavaṅga-citta)가 길수록 더 많은 시간을 잃어버립니다. 그렇기 때문에 많이 알아차릴수록 더 많은 시간을 갖는 것입니다. 수행을 할 때 우리는 '지금 이 순간을 알아차리는 마음(vīthi-citta)'을 개발합니다. 수행할수록 바왕가에 오래 머물지 않습니다. 다른 마음이 일어나고 바왕가의 간격은 점점 줄어듭니다. 10초 동안 1초에 한 번을 알아차리면 10개의 마음을 알 수 있습니다. 그것에 좀 더 주의를 기울이면 그것이 100개가 될 수도 있습니다. 이것은 더 많은 시간을 가질 수 있다는 뜻입니다. 같은 시간에 더 많은 것을 할 수 있게 됩니다. 더 많은 현상을 알아차릴 수 있습니다.

길과 길이 아닌 것은 네 번째 통찰에서 일어납니다. 수행경험에 집착하지만 그것이 올바르지 않다는 것을 깨닫고 수행으로 되돌아옵니다. 이것은 반조로 일종의 생각이지만 바른 생각입니다. 바른 견해(sammā-diṭṭhi), 바른 사유(sammā-saṅkappa)는 필수 요소들입니다.

수행자가 환멸을 느끼고, 우울해하고, 어떤 것에도 흥미가 없고, 먹고 싶어 하지도 않으면 그가 역겨움의 단계에 있는 것입니다. 가

끔씩 이것은 매우 빠르게 일어납니다. 무엇이 일어났는지 모르지만 전혀 다른 느낌을 갖습니다. 수행을 하고, 이런 경험을 했고, 이런 것들이 어떻게 일어났고, 왜 일어났는지 이해할 수 있는 스승과 함께 하는 것은 중요합니다. 이것을 경험한 수행자들과 함께 하는 것은 좋습니다. 한 사람이 모든 것을 경험할 수는 없습니다. 같은 경험을 한 사람과 함께 하면 그것을 좀 더 깊게 이해할 것입니다. 스승이 격려를 하고 주의도 줍니다. "계속 수행하십시오. 멀리 떠나지 마십시오. 이것은 거쳐야 하는 과정입니다." 네 번째 통찰 이후부터는 행복하고, 즐거울 것이라고 생각하기도 합니다. 그러나 아닙니다. 그것은 오히려 내려가는 것입니다. 통찰을 개발하는 과정이 즐겁지만은 않지만 그렇다고 우울한 것도 아닙니다.

외딴 곳에서 조용하게 사는 것은 집중과 통찰을 개발하는 데 매우 유용합니다. 저 역시 스승에게 비구보다 은둔자가 되는 것이 더 나을 것 같다는 이야기를 한 적이 있습니다. 은둔자는 채소를 재배하고 음식을 하고 독립적으로 살 수 있는데 비구는 사람들에게 너무 의존적이라고 생각했기 때문입니다. 그러나 스승은 비구가 되어야 한다고 했습니다. 스승은 왜 붓다가 비구들에게 농사를 짓거나 음식을 만들지 못하도록 했는지 아느냐고 물었습니다. 제가 머뭇거리자 스승은 "비구들이 사람들과 멀리 떨어져서 텃밭을 일구고 요리를 하면서 혼자 살면 누가 붓다의 가르침을 이어갈 건가요? 사

람들과 접촉하는 것은 매우 중요합니다. 자신과 함께 있는 것도 중요합니다."라고 친절하고 부드럽게 말했습니다. 하지만 저는 가르치고 싶지도 않고, 제가 원하는 것은 오로지 평화롭고 조용한 인생을 사는 것뿐이라고 말했습니다.

젊었을 때 저는 말을 잘하지 못했습니다. 한번은 5분간 법문을 해달라는 요청을 받고 동요되어 원치 않는 말을 하고 부끄러워 '앞으로는 법문을 하지 않겠다.'라고 생각했습니다. 비구가 되고 몇 사람이 오계를 달라고 하는데 저는 모든 것을 뒤섞었고, 많은 실수를 했습니다. "이것은 저를 위한 삶이 아니에요. 저는 법문을 하고 싶지 않아요." 하고 말했습니다. 그러나 그런 저를 스승은 격려해주었습니다. 스승은 자신과 함께 머물면서 제가 법문을 계속 하기를 원했습니다. 하지만 그때도 저는 "아니요."라고 대답했습니다. 그리고 결국 어느 날 저는 스승에게 편지를 썼습니다.

"저는 멀리 떠납니다. 존경의 예를 표합니다. 제가 잘못한 것이 있다면 모두 용서해주십시오."

그렇게 저는 도망쳤고, 6년 동안 숨어 지냈습니다. 스승은 제가 가르치기를 원했고, 더욱이 저를 미국에 데리고 가려고 했기 때문이었습니다.

그 후에도 저는 스스로 스승을 찾지 않았습니다. 그런데 말라리아에 걸려서 매일 열이 심하게 났고 친구가 도시에 가서 치료를 받자고 했습니다. 그대로 숲에 머문다면 죽을 것이기 때문입니다. 치료하기 위해 도시에 있는 병원에 입원해 있었습니다. 그때 스승이 같은 도시에 있다는 이야기를 들었습니다. 스승은 제가 병원에 있다는 것을 알고 안부를 물어왔습니다. 저는 생각했습니다. '내가 지금 무엇을 해야 하나?…'
도망칠 수 없었습니다. 결국 그를 찾아가서 인사를 하니 그곳에 있으라고 했습니다. 저는 "아니요!"라고 말할 수 없었습니다. 스승은 2년 후에 미국에 다시 가는데 함께 가자고 했습니다. 더 이상 거절할 수가 없었습니다. 그리고 2년간 준비를 했습니다. 당시엔 제가 책 보는 것을 그만둔 지 오래기 때문에 빠알리어를 영어로 기억하고 번역해야 하는 것은 아주 무거운 짐이었습니다. 오랫동안 공부하고 생각하는 것에서 벗어나 있었기에 그것은 고통이었습니다.
미국에서 4개월간 머물 예정이었지만 이런저런 일로 1년 이상을 그곳에 있었는데 이젠 충분하다는 생각이 들었습니다. 저 역시 그곳이 행복했고, 그곳에서 많은 것을 배우고 돌아왔습니다. 스승은 비구는 홀로 시간을 보내면서 수행을 해야 하지만 사람들과도 접촉해야 한다고 말했습니다. 저는 아직 충분히 배우지 않았다고 했는데 그는 충분히 배울 때까지 기다린다면 배우기 전에 죽을 것이라고 했습니다.
저는 모든 것을 알지 못합니다. 하지만 제가 아는 것을 함께 나누고 싶습니다. 저는 이곳에서 제가 할 수 있는 만큼 도와주고 있습니다. 나머지는 다른 스승들이 도와줄 것입니다.

9
열한 번째에서 열네 번째 통찰까지

― 상카라에 대한 평온, 수순, 종성, 도의 지혜 ―

이전까지 우리가 항상 해왔던 것은 무엇을 붙잡거나 밀어내는 것이었습니다. 이는 실상 매우 피곤한 일입니다. 그러나 이제 수행자의 마음 상태는 어떤 것을 움켜쥐거나 밀어내지 않고 오로지 주의를 기울일 뿐입니다. 이것은 현상에 대한 항복이고 바른 태도입니다. 이제 걱정하지 않습니다. 지금 이 순간에 죽는다고 해도 두렵지 않고 완벽하게 괜찮습니다. 우리는 반드시 죽는데 죽음에 이르는 최상은 이런 정신 상태에서 죽는 것입니다. 죽음의 전 과정을 받아들이고, 그것에 주의를 기울이고, 그것을 이해하고, 저항하지 않고, 두려워하지 않습니다! 이것이 죽음에 이르는 최상의 정신 상태입니다. 사실 죽음을 두려워하는 것은 무언가에 집착하기 때문입니다. 그러므로 죽음을 준비하는 데 수행만큼 좋은 것은 없습니다.

지금까지 무너짐을 관찰하는 지혜, 위험을 관찰하는 지혜, 역겨움을 관찰하는 지혜, 해탈하기를 원하는 지혜, 깊이 숙고하여 관찰하는 지혜에 대해 이야기했습니다.

어떤 것에서 자유로워지고 싶다면 먼저 그것을 이해해야 하는데 이해하기 위해서는 먼저 깊이 숙고하여 관찰해야 합니다. 이것은 중요합니다. 그렇게 하지 않고 그것을 극복할 수 있는 방법은 없습니다. 도망치는 것은 극복하는 것이 아닙니다. 미얀마의 속담에 '도망갈 수 있는 땅은 없다'라는 말이 있습니다. 숨을 장소도, 갈 곳도 없습니다. 어디에 있든지 우리는 정신·물질 과정 안에 있고 정신·물질 현상과 함께합니다.

우리가 이것에 갇혀 있다고 느낄 때 주의를 기울이지 않는다면 자유로울 것이라고 생각하는데 이는 올바른 것이 아닙니다. 이 상태에서는 정신·물질 현상을 관찰하는 것이 지루하고 역겹고, 유익하지 않다고 느낍니다. 그것을 관찰하는 것이 고통스럽고 그것을 더 이상 보지 않습니다. 지쳐버립니다. 하지만 거기에서 벗어날 수 있는 다른 방법은 없습니다. 그것을 극복하기 위해서는 오히려 그것에 가까이 다가가야 합니다. 이것은 숙고를 통해서만 극복할 수 있습니다.

열한 번째 통찰
상카라에 대한 평온의 지혜(sankhārupekkhā-ñāṇa)

숙고하여 깊이 관찰하다 보면 마음은 더 고요하고 평온해집니다. 알아차림과 집중이 매우 강해지고 마음은 매우 평온해집니다. 이것을 '상카루뻭카 냐나(saṅkhārupekkhā-ñāṇa)'라고 합니다. 현상을 계속 매우 면밀하게 보면서 초연한 마음으로 초연한 자세로 자기 동일시 없이 보는 것입니다. 그것을 자아로 보지 않고 초연하게, 평온하게 봅니다.

상카루뻭카(saṅkhārupekkhā)'는 '상카라(saṅkhārā 행)'와 '우뻭카(upekkha, 평온)'의 복합어입니다. 상카라, 행은 '조건지어진 현상'이란 뜻으로 '정신·물질 현상'을 말합니다. 우뻭카는 평정, 평온의 뜻입니다. 우뻭카는 많은 뜻을 포함합니다. 균형 잡힌 힘, 너무 노력하지 않음, 너무 많이 늘어지지 않음, 이 두 극단은 균형 잡힌 게 아닙니다. 너무 많이 노력하는 것은 균형 잡헌 게 아닙니다. 너무 많이 늘어지는 것도 편하게 생각하는 것도 균형 잡힌 것이 아닙니다. 이전 단계에서는 극복하기 위해 많이 염려했지만 이제는 상카라에 대한 평온의 지혜로 너무 많은 염려 없이 현상에 완전한 주의를 기울입니다.

네 번째 통찰인 우다얍바야 냐나에서도 일어나고 사라짐을 매우 분명하게 봅니다. 이것도 일종의 평온 uppekkha입니다. 그러나 그것은 때때로 일어납니다. 때때로 기쁨이 일고, 그것에 행복해 하고, 집착하기도 합니다. 수행이 수월하지만 일어나는 현상을 반복적으로 놓쳤는데 이제는 놓치지 않습니다. 수행을 유지하고, 평온과 함께 오랫동안 머뭅니다. 이전에도 여러 면의 평온을 경험했지만 이 단계에서는 완벽합니다. 이것은 아라한의 평정심과 비교되며 집착이 없습니다. 아라한은 이런 상태에서 항상 머뭅니다. 우리는 알아차림을 계속 유지함으로써 그 상태에 머물 수 있지만 아라한에게는 저절로 됩니다. 아라한은 알아차림과 평온이 항상 합니다.

위빳사나의 지혜에는 세 가지 뜻, 아닛짜(무상)·둑카(고)·아나따(무아)이 있을 뿐입니다. 무상·고·무아의 다른 정도에 따라 다른 통찰이 생기는 것입니다. 미얀마에서 어떤 스승은 위빳사나 지혜를 첫째 무상을 보는 것, 둘째 무상을 깨는 것, 셋째 무상을 끝내는 것이라고 가르치기도 합니다. 이전 단계의 통찰에서도 수행자는 어느 정도의 평온을 경험합니다. 그러나 이 단계에서 평온이 완벽해집니다.

Saṅkhārāva saṅkhāre vipassanti - Vsm 628

상카라와(Saṅkhārāva)는 '상카라(행)'만을 의미하고 상카레(saṅkhāre)는 '상카라(행)에서'를 뜻합니다. 즉 첫 번째 '상카라와'는 관찰하는 마음입니다. 두 번째 '상카레'는 상카라에서, 또는 상카라로 향한다는 것인데 이것은 '대상'입니다. 대상은 물질(rūpa), 느낌(vedanā), 마음(citta), 담마(dhamma), 오온(khandha)입니다. 위빳산띠(vipassanti)는 과정을 깊이, 매우 특별하게 보는 것을 뜻합니다. 우리는 보통으로 보고 이해하지만 이 단계에서는 매우 특별하고 명료하게 봅니다. 하나의 과정이 다른 과정을 보는 것으로 거기에 '나'는 없습니다. 상카라가 상카라를 봅니다.

우뻭카, 즉 평온은 마음이 행복하지도 불행하지도 않은 상태에 있는 것입니다. 양극단은 균형 잡힌 것이 아닙니다. 행복은 극단이며 불행 역시 극단입니다. 이 단계의 수행자는 마음이 균형 잡혀 있기 때문에 행복해하지도 불행해하지도 않습니다. 이전에는 명료하게 봄에 행복해했습니다. 하지만 평온이 없고 불안정합니다. 정신·물질 현상을 불이익으로 보기 때문에 불행해하고 역겨워하고 벗어나기 위해 할 수 있는 것을 생각합니다. 완전한 주의를 기울이지 않습니다. 수행에 만족하지 못하고 마음이 현재에 있지 않기도 했습니다.

그러나 이제는 평온이 있고 힘은 균형이 잡혀 있습니다. 그것에 불행을 느끼지 않고, 더 이상 벗어나려고 하지 않고 완전한 주의가 있습니다. 다시 말해 아주 단순해지는 것인데 실제로 수행이 단순해집니다. 마음에 집착이 없고, 자기 동일시가 없고, 욕망이 사라지고, 현상에 완전한 주의를 기울입니다. 이것은 최상의 마음 상태입니다. 이것을 생각하고 상상만 해도 자유롭게 느껴지고 마음이 평화로워집니다.

이전까지 우리가 항상 해왔던 것은 무엇을 붙잡거나 밀어내는 것이었습니다. 이는 실상 매우 피곤한 일입니다. 그러나 이제 수행자의 마음 상태는 어떤 것을 움켜쥐거나 밀어내지 않고 오로지 주의를 기울일 뿐입니다. 이것은 현상에 대한 항복이고 올바른 태도입니다. 이제 걱정하지 않습니다. 지금 이 순간에 죽는다고 해도 두렵지 않고 완벽하게 괜찮습니다. 우리는 반드시 죽는데 죽음에 이르는 최상은 이런 정신 상태에서 죽는 것입니다. 죽음의 전 과정을 받아들이고 그것에 주의를 기울이고 그것을 이해하고 저항하지 않고 두려워하지 않습니다!

이것이 죽음에 이르는 최상의 정신 상태입니다. 사실 죽음을 두려워하는 것은 무언가에 집착하기 때문입니다. 그러므로 죽음을 준비하는 데 수행만큼 좋은 것은 없습니다. 사람들은 대개 죽음을 생각하지 않습니다. 죽음에 대한 것을 듣거나 죽음에 대해 말하고 싶어 하지 않습니다. 그러나 죽을 준비가 된 사람은 살 준비도 되어 있습니다. 우리는 살고 있지만 정말로 살고 있지 않습니다. 우리는 인생에 저항하고 있습니다. 진정으로 주의를 기울이지 않고 삶에서 충분히 배우지 않고 있습니다.

마음에 두려움이 없습니다. 마음이 청정합니다. 마음에 들뜸이 없고 기쁨이 없고 행복이 없고 평화롭습니다. 마음이 균형 잡혀 있습니다. 이 마음과 비교되는 세속적인 마음은 없습니다. 모든 것이 자연스럽고 마음이 안정되어 있습니다. 마음에 평화가 있지만 집착이 없는데 이것이 중요한 점입니다. 네 번째 통찰에서는 마음이 들뜨고 그것에 집착하기 때문에 수행에 장애가 되었습니다. 마음의 평화는 장애가 아니지만 그것에 대한 집착은 장애입니다. 알아차림은 전도 아니고 후도 아니며 매우 명료한 '지금 이 순간'입니다.

처음에는 현상이 일어난 후에 알아차립니다. 그 순간에 알아차리지 못합니다. 어떤 현상을 기대하고 알아차림이 늦습니다. 그러나 이 단계에서는 알아차림이 바로 그 순간입니다. 일어나는 순간 즉시 알아차립니다. 사띠, 즉 알아차림이 항상 준비되어 있습니다. 알아차리기 위해 노력하지 않아도 완벽하게 알아차립니다.

Evam evāyam sabbasaṅkkhārehi muñcitukāmo hutvā
paṭisaṅkhānupassanāya saṅkhāre pariggahanto ahaṁ, mamāti
gahetabbaṁ adisvā bhayañca nandiñca vippahāya,
sabbasaṅkhāresu udāsino hoti majjhatto - Vsm 656
·evam eva : 그러므로
·paṭisaṇkhānupassanāya : 상카라, 현상을 또 다시 관찰함으로써
·saṇkhāre pariggaṇhanto : 상카라, 행을 무상·고·무아로 봄으로써
·ahaṁ, mamāti gahetabbam adisvā : '나' 또는 '나의 것'으로 보지 않고
·muñcitukāmohutvā : 모든 상카라, 현상으로부터 자유로워집니다.

'gahetabbam'은 '잡는다'는 뜻이고, 'adisva'는 '보지 않는 것' 입니다. 아함(aham)은 '나', 마마(mama)는 '나의 것'입니다. 상카라, 즉 현상을 관찰할 때마다 수행자는 이것이 '나'가 아니고, '나의 것'이 아니고, 집착할 것도 없고 붙잡을 수 없다는 것을 압니다. 모든 알아차림에서 이것이 '나'가 아니고 '나의 것'이 아니라는 것을 보고 무심해집니다. 이전에는 이것을 위험으로 보지만 이제는 위험하지 않고, 좋지도 싫지도 않은 것으로 봅니다.

'vippahāya'는 제거하는 것, 극복하는 것을 뜻하며 공포 (bhayañca)와 집착(nandiñca)을 극복하는 것을 가리킵니다. 모

든 과정에서(sabbasaṇ khāresu) 이쪽도 아니고 저쪽도 아닌 가운데에 있습니다(udāsino hoti majjhatto). 사실 이것이 중립입니다. 수행자는 진정한 중립에 가까이 다가가고 있습니다. 이전에는 마음이 이쪽이나 저쪽에 있었지 가운데 있지 않았습니다. 'majjhatto'는 가운데를 의미합니다.

Suññamidaṃ attena vā attaniyena vā ti - MN iii. 263

과정에 '나' 또는 '나의 것'은 없습니다. 이것에 대한 통찰이 이 단계에서 더 명료해집니다. 그것이 현상이라는 것을 보고 그것은 비어 있고, 존재 없고, '나'가 없고 영혼이 없는 것을 매우 명료하게 봅니다.

Puna ca paraṃ, bhikkhave, ariyasāvako iti paṭisancikkhati -'nāhaṃ kvacani kassaci kiñcanatasmiṃ, na ca mama kvacani kismiñci kiñcanaṃ atthīti. - MN iii. 263-4

걱정할 필요가 있는 것이 없고 나에 대해 걱정할 필요가 없습니다(nāhaṃ kvacani kassaci kiñcanatasmiṃ). 우리는 다른 사람을 걱정하며, 다른 사람이 자신을 걱정하고 있으면 내심 그것을 좋아합니다. "오, 다른 사람이 나를 신경 써주네요." 그러나 이제 어떤 것에 대한 걱정이 사라집니다. 현상에는 아무것도 없고 현상만이 있을 뿐입니다.

Evam eva sace saṅkhārupekkhāñāṇam santipadam nibbānam santato passati, sabbaṃ saṅkhārā-pavattaṃ vissajjetvā nibbānaṃ-eva pakkhandati; no ce passati punappuna saṅkhārārammaṇam-eva hutvā pavattati
- Vsm 657

수행자는 이 과정의 끝, 열반이 진정한 평화라는 것을 봅니다(santipadaṃ nibbānaṃ santato passati). 우리는 어떤 형태로, 어떤 삶으로, 어떤 상태로 존재하기를 원합니다. 그렇기 때문에 모든 형태들, 존재를 놓아버리지 못합니다. 하지만 현상의 끝이 진정한 평화라는 것을 명료하게 봅니다. 수행자는 모든 과정이 둑카, 불만족스럽다는 것을 알지만 아직은 마음에 포기할 수 있는 충분한 힘과 명료함이 없습니다. 마음이 과정을 관찰하는 쪽으로 후퇴합니다.

마음에 충분한 힘이 개발되면 모든 상카라(saṅkhārā), 행(行)을 포기하고 닙바나(nibbana), 열반으로 들어갑니다(sabbaṃ saṅkhārā-pavattaṃ vissajjetvā nibbānam-eva pakkhandati). 그렇게 할 수 있을 때까지 반복적으로 오르내리며 정신·물질 과정들의 일어나고 사라짐을 관찰합니다(no ce passati punappuna saṅkhārārammaṇam-eva hutvā pavattati). 이것이 반복해서 일어납니다.

　마음은 열반에 가길 원하지만 아직은 마음에 충분한 힘이 없습니다. 후퇴를 거듭하면서 더욱 더 명료해질 때까지 정신·물질 현상들의 일어나고 사라짐을 관찰합니다. 이 상황에서 몇몇 사람은 용기를 잃고 이렇게 말합니다. "나는 반복적으로 후퇴해요." 그러나 이것은 아주 자연스러운 것입니다. 두 산 사이에 깊은 골짜기가 있고 나무 넝쿨이 매달려 있습니다. 어떤 사람이 그 골짜기를 건너기 위해 그 넝쿨을 잡고 앞뒤로 흔듭니다. 충분히 강하게 흔들지 않으면 중간에 떨어질까 두려움을 느낍니다. 건너가 보려하지만 운동량이 부족하여 건너가다가 중간에 이쪽으로 되돌아옵니다. 그것을 계속 반복합니다. 그런 후에 더 많은 힘과 충분한 운동량을 개발해서 중간쯤에서 넝쿨을 놓아버립니다.

열두 번째 통찰과 열세 번째 통찰
수순하는 지혜(anuloma-ñāṇa) & 종성의 지혜(gotrabhū-ñāṇa)

넝쿨을 놓아버린 순간 그 사람은 이쪽에 있지도 저쪽에 있지도 않습니다. 중간에서 놓아버렸습니다. 이쪽으로 되돌아갈 수 있나요? 아닙니다. 되돌아갈 수 없습니다. 이미 넝쿨을 놓아버렸기 때문입니다. 그렇다고 저쪽에 있지도 않고 지금까지 개발한 모든 에너지(수행력)와 운동량을 가지고 가고 있습니다. 그것을 멈출 수가 없습니다.

이쪽을 놓아버린 것은 정신·물질 현상을 더 이상 관찰하지 않고 마음이 완전한 소멸, 정신·물질 과정의 끝인 열반을 향하고 있음을 보고 있는 것입니다. 따라서 열한 번째 통찰 다음에 일어나는 통찰지혜는 이미 놓아버린 상태에서 일어납니다. 이 흔드는 상태를 상카루뻭카(saṅkhārupekkhū)냐나라고 합니다. 그리고 'parikamma, anuloma, gotrabhū'입니다. 'parikamma'는 반복적으로 노력하는 것, 마음을 준비하고 지속력을 개발하는 것입니다.

'anuloma'는 같은 마음이지만 더 많은 에너지, 운동량을 가진 것으로 수순을 뜻합니다. 'gotrabhū'는 '자유롭게 해준다'라는 뜻으로 한쪽은 이미 잘랐지만 다른 한쪽은 아직 자르지 못한 것을 의미합니다. 'gotra'는 종족, 혈통 'bhū'는 '넘어 서는 것, 잘라내는 것'을 뜻합니다.'는 고뜨라부(gotrabhū)는 혈통을 잘라버린다, 넘어선다는 뜻으로 'gotrabhū-ñāṇa'는 종성의 지혜입니다.

열네 번째 통찰
도의 지혜(magga-ñāṇa)

그러고 나서 물질·정신 소멸 단계로 갑니다. 이것을 '막가(magga), 도의 마음'이라고 하며 막가 마음의 대상은 열반입니다. 매우 짧은 순간 한 찰나 일어납니다. 각각의 인식 과정들이 아주 짧은 순간만 실제하고(1,000분의 1초, 100만 분의 1초) 연속적으로 일어납니다. 수행자는 그 각각의 순간, 현상에서 되돌아갈 수 없습니다. 그 후에 일어나고 사라지는 과정이 멈추고, 완전한 정적과 고요가 있고, 더 이상 알아차릴 수 없습니다. 더 이상 볼 수 없습니다.

열반에 들기 전에 열반을 볼 수 있습니다. 정신·물질 현상이 멈추고 완전한 평화가 있어도 그것을 보는 것은 그 안에 있지 않다는 것을 이해해야 합니다. 그 안에 있을 때는 더 이상 그것을 보지 못합니다. 그것을 볼 수 있는 것은 그것에서 떨어져 있을 때입니다. 수행자가 열반의 상태에 있을 때는 열반을 보지 못합니다. 그것을 볼 수가 없습니다. 자신의 정신 상태도 볼 수 없습니다. 막가(magga), 도(道)의 마음이 일어나고 즉시 팔라(phala), 과(果)의 마음이 뒤를 따릅니다. 이 팔라 마음은 막가 마음과 같고, 다른 점은 번뇌를 제거하지 못합니다.

이렇게 소멸을 확연하게 보면서 다가가는 것은 매우 강력한 마음 상태입니다. 이것을 한 번 경험한 수행자는 완전히 다르게 느낍니다. 막가 즉, 도(道)의 마음이 한 찰나 일어나고 곧이어 팔라 즉, 과(果)의 마음이 수행력에 따라서 두세 찰나 일어납니다. 수행자는 무엇이 일어났는지 되돌아봅니다. 이렇게 돌아보는 순간에 마음은 아주 고요하고 평화롭습니다. 팔라마음 이후에 통찰이 일어나는데 "어떤 것을 한 순간 전에 경험했어요! 일어나고 사라지는 것이 없었고 그것은 온전한 평화였어요." 하고 반조하는 지혜입니다. 그것을 'paccavekkhanā-ñāna'라고 하는데, 이것은 일종의 생각입니다. 온전한 평화는 정신·물질 현상의 완전한 소멸입니다. 수행자는 막가, 팔라, 닙바나를 반조하면서 점차적으로 번뇌를 제거합니다.

> Tikkhavisadasūrabhāvena saṅkhāresu ajjhūpekkhaṇe sijjhamāne tam panetam saṅkhārupekkhā-ñāṇam anekavāram pavattamānam paripākagamanena anulomañāṇ assa paccayabhāvam gacchantam
> - VsmA II. 459

띡카(tikkha)는 날카로운 것, 위사다(visada)는 명료한 것을 의미합니다. 'sūrabhāvena'는 중요한 것으로 수라(sūra)는 용감한 것을 뜻합니다. 우리는 모든 것에 집착하며 그것이 고통스런 것이어도 놓지 못합니다. 놓기 위해서는 용기와 신뢰가 필요합니다. 그것을 놓으면 어떤 일이 생길 것만 같고, 모든 상황이 바뀔 것 같기 때문입니다.

"나는 더 이상 똑같지 않을 거예요."라고 하면서 변화는 원치 않습니다. 같기를 바랍니다. 우리에게는 양면성이 있습니다. 변화를 원하고, 자유롭고 평화롭기를 바라면서 한편으로는 그 상태에 머물고 싶어 합니다. 심리학자들도 이 점을 지적합니다. 사람들이 신경증적인 상태에 있지만 그들은 그 상태에 집착합니다. 어떤 사람은 우울하지만 우울증에 집착하고 있습니다. 이것은 이해하기 어렵지만 사실입니다. 이 과정이 지치고 힘들고 고통스러운 것을 알고 있습니다. 그러나 어떤 것이 일어나서 더 이상 같지 않고 똑같이 느껴지지 않는 상태로 변화된다는 것을 알면 두려워합니다.

변화하기 위해서는 용기가 필요합니다. 변하지 않고 어떻게 성장할 수 있나요! 그대로 있다면 성장할 수 없습니다. 따라서 'sūrabhāvena'는 중요합니다. 용기를 가지고 지속적으로 현상들(saṅkhāresu ajjhūpekkhaṇe)을 관찰하고 현상들의 일어나고 사라짐을 보십시오. 그러면 그 과정의 통찰이(taṃ panetaṃ saṅkhārupekkhā-ñāṇaṃ) 반복적으로 일어나서(anekavāraṃ pavattamānam) 더 많은 지속력과 힘을 얻고 성숙해집니다(paripākaga

manena). 통찰의 성숙은 현상이 반복적으로 일면서 강해집니다. 현상을 있는 그대로 보면 집착이 사라집니다. 진실로 놓을 준비가 되면, 바로 놓아버립니다! 놓는 순간, 자유롭습니다.
 우리는 자유롭기 원하면서 붙들고 있습니다. 나는 자유를 원합니다. 나는 자유롭고 싶습니다. 그렇다면 왜 놓지 못하나요? 사람들은 이런 정신·물질 현상이 가치가 있고, 나에게 속해 있고, 거기에 좋아할 만한 것이 있다고 착각합니다. 하지만 수행자는 그것은 가치가 없고, 나에게 속해 있지 않고, 좋아할 것이 없다는 것을 알고 놓아버립니다.

 어떤 사람이 제 스승에게 "나는 더 이상 태어나고 싶지 않아요. 삶에 질렸어요. 기쁨은 조금이고 고통은 너무 크고 무거워요."라고 했습니다. 스승은 "그것을 정말로 원하지 않으면 그것을 얻지 않을 거예요."라고 했습니다. 저는 깜짝 놀랐습니다. '그것을 원하지 않으면…!' 그것은 그렇게 간단한 것이었습니다. 그러나 사람들은 정작 원하지 않는다고 하면서도 그것을 움켜잡고 있다는 사실을 알았습니다. 정말로 그것을 원하지 않는다면 왜 놓지 못하나요?
 우리가 얻고 있는 것은 그것을 원했기 때문입니다. 불행한 것은 불행을 원했기 때문입니다. 이것은 패러독스가 아닙니다. 그럼에도 사람들은 그것을 부인합니다. 우리 모두는 행복을 원하는데 행복은 무엇을 의미하나요? 탐욕을 충족하는 것? 하지만 진정으로 마음에 탐욕이 없을 때 행복해지고 자유로워집니다! 변화할 수 있는 용기가 중요합니다. 배우고, 성장하고 거듭나기 위해서는 용기가 필요합니다. 자유로워지고 싶다면 청정해야 합니다. 자유는 청정입니다. 계율이 청정하고, 집중이 청정하고, 지혜가 청정해야 자유로울 수 있습니다.

청정함으로써 자유로워집니다. 이것은 매우 명료합니다. 진정으로 자유롭기를 원하면 자신의 내면을 깊이 들여다보아야 합니다. 자신이 무엇을 하고 있나요? 그것을 하는 동기는 무엇인가요? 견해는 청정한가요? 계율, 행위는 청정한가요? 마음은 명료하고 청정한가요? 충분히 용감한가요? 두려워하고 약한 마음을 가진 사람은 자유로울 수 없습니다. 자유는 용기 있고 강한 자를 위한 것입니다. 수행은 우리를 강하고 용감하게 합니다. 진정으로 알아차릴 때, 우리의 마음이 청정해지고, 용감하고 강해집니다. 자유의 가치를 느낍니다. 그것을 가질 수 있는 가치가 있을 때, 그것을 얻습니다. 가치가 없다면 절대로 얻지 못합니다. 어떤 것이든 가치가 있을 때 그것을 얻게 됩니다. 인생의 모든 것은 그럴 만한 가치가 있기 때문에 일어납니다. "오! 이것이 왜 나에게 일어나야만 하나요?" 자신에게 말하십시오. "그것은 그럴 만한 가치가 있기 때문이에요." 그것이 좋든 싫든 그것은 일어납니다. 이것을 명료하게 이해하면 비난을 멈출 것입니다. 자신의 업을 탓하는 것도 멈출 것입니다. 부모 탓을 하는 것도 멈출 것입니다. 우리는 다른 사람이나 상황에 책임을 돌리고 자신은 책임을 지지 않습니다. 그것을 얻을 만한 가치가 있기 때문에 그 일이 일어납니다. 이것을 바르게 보고 바르게 이해하면 배우고 성장하고 변합니다. 모든 것이 나아질 것입니다. 이런 정신 태도는 중요합니다.

마지막 돌파의 순간에 현상의 특성들 − 아닛짜(무상)·둑카(고)·아낫따(무아) − 중에서 한 가지가 명료해집니다. 수행자가 아닛짜, 즉 무상을 본다면 아닛짜, 아닛짜, 아닛짜를 매우 명료하게 보고 다른 특성으로 대상을 바꾸지 않습니다. 이것을 반드시 유념하십시오. 처음 단계에서는 아닛짜에서 둑카나 아나따로, 혹은 반대로 대상을 수시로 바꿉니다.

그러다가 한 가지 특성에 머물게 되는데 그러면 그 특성이 명료해집니다. 이 모든 것은 경험하지 않으면 이해하기 어렵습니다. 하지만 한 번만 경험하면 그렇게 일어나는 것이 자연스럽다는 것을 봅니다. 이 마지막 순간에는 오온(khandha)의 물질(色kaya)과 정신(受vedanā, 想saññā, 行saṅkhārā, 識viññāṇa) 중에서 오직 한 가지만을 관찰합니다. 이는 오온 모두를 한 순간에 볼 수 없기 때문입니다. 즉 하나의 마음은 하나의 대상만 알아차리게 되므로, 수행자는 하나의 대상을 반복적으로 알아차립니다. 예를 들어 웨다나(vedanā), 즉 감각을 관찰한다면 감각을 아닛짜로 또는 둑카로 또는 아낫따로 알아차립니다. 몸을 관찰한다면 몸을 아닛짜로 둑카로 또는 아낫따로 관찰합니다. 오온에서 하나의 대상과 세 가지 특성인 아닛짜·둑카·아낫따의 한 면만을 반복적으로 알아차리는데 다른 대상이나 특성으로 바꾸지 않습니다. 이것은 아주 중요한 것입니다. 수행할 때 감각과 느낌에 주의를 기울이고, 그것과 함께 머물면서, 그것을 더욱 명료하게 봐야만 합니다. 이 모든 것을 전반적으로 이해해야 하지만 한 가지를 분명하게 이해하면 그것으로 충분합니다.

놓는 순간부터 마음은 어떤 것도 관찰할 수 없습니다. 무상·고·무아를 더 이상 볼 수 없습니다. 마음은 정적과 완전한 소멸만을 볼 뿐입니다. 수행자는 비로소 열반이 현상의 완전한 소멸이라는 것을 이해하게 됩니다. 이것을 설명하기는 매우 어렵습니다. 그것은 존재하는 어떤 것이 아닙니다. 그러나 열반을 '아무것도 존재하지 않는 것'이라고 한다면, 열반이 존재하지 않는다고 할 수 있을 것입니다. 열반은 경험입니다. 그 순간 대상과 관찰은 멈춥니다. 수행자는 모든 것이 끝에 도달했다고 느낍니다. 어떻게 그것을 말할 수 있을까요? 이것은 언어 너머에 있습니다. 그것에 대해 말할 수 없습니다. 그것은 마치 큰 짐을 들고 가다가 떨어뜨려버린 것과 같습니다! 또는 아주 무거운 것을 끌고 가다가 끈이 끊어져 버린 것과 같습니다!

Yaṃ kiñci samudayadhammaṃ, sabbaṃ taṃ nirodhadhammamti - SN v. 423

'samudayadhammaṃ'은 일어나는 본성을 뜻합니다. 무엇이든지(yaṃ kiñci) 일어나는 본성을 가진 모든 것은(sabbamtam) 사라지는 본성이 있습니다(nirodhadhammaṃ). 이것을 매우 명료하게 봅니다. 일어나는 것은 사라지는 본성을 가지고 있습니다. 이 통찰 이후에 수행자는 그 경험에 대해 되돌아보고 상카라(saṅkhārā), 즉 현상의 끝이 열반이라는 것을 봅니다. 그리고 다시 수행으로 되돌아옵니다. 그러나 이때에는 네 번째 통찰에서부터 다시 시작하지, 열한 번째 통찰에서부터 시작하지 않습니다. 첫 번째 깨달음 후에 다시 일어나고 사라지는 것을 매우 명료하게 봅니다. 첫 번째 깨달음에는 몇 가지 중요한 변화가 있습니다.

우선 유신견(sakkāya-diṭṭhi), 의심(vicikicchā), 계율과 의식에 대한 집착(실랍바따빠라마사sīlabbataparāmāsa)를 제거합니다. 실랍바따빠라마사는 잘못된 의례·의식에 대한 집착, 잘못된 수행에 대한 신뢰로 이것을 극복하는 것은 매우 중요합니다. 예를 들면 사마타수행만이 온전한 자유를 가져다준다고 하거나 고행을 통해 청정해진다고 하는 것이 실랍바따빠라마사입니다. 붓다 당시에도 소처럼 행동하는 것이 번뇌에서 벗어나서 자유로워진다고 믿고 동물처럼 행동하는 사람들이 있었습니다. 실랍바따빠라마사는 이런 것들이 해탈로 이끌어줄 것이라고 믿는 것입니다. 하지만 한 번이라도 깨달음을 경험한 자는 다른 수행법이 해탈로 이끌지 못한다는 것을 알게 됩니다.

오직 팔정도가 있는 수행만이 해탈과 자유, 열반으로 이끌어 줍니다. 팔정도가 없는 수행은 그것이 아무리 마음의 고요와 평화를 가져온다고 해도 절대로 해탈로 인도하지 못합니다. 사마타수행은 수행의 한 요소가 될 수는 있지만 그 자체로 결코 해탈로 이끌지는 못합니다. 그 밖에 다른 수행들도 마찬가지입니다. 열반으로 가는 유일한 길은 정신·물질 현상을 관찰하는 붓다의 사띠빳타나 위빳사나입니다.

계율(sīla)을 청정하게 유지해야 합니다. 삶을 청정하게 유지하지 않는다면 마음이 충분한 용기와 지속력, 명료함을 얻을 수 없습니다. 죄책감이 있다면 자유로울 수 없고 놓아버릴 수가 없습니다. 죄책감은 감옥입니다. 그것은 우리를 가둡니다. 죄책감이나 수치스러움이 있으면 발전할 수 없습니다. 오계를 청정하게 지키고, 생계를 청정하게 지키고, 마음을 청정하게 지키는 게 중요합니다. 청정함 없이 자유는 없습니다. 오계를 지키지 않아도 해탈할 수 있다고 하면 그것은 실랍바따빠라마사입니다.

깨달음의 첫 번째 단계인 소따빤나(sotāpanna)에서 유신견과 의심이 제거됩니다. 소따빤나에서는 아직 감각적인 욕망을 즐기기도 하지만 오계를 청정하게 지킵니다. 즉 좋은 음식을 탐하기는 하기는 해도, 좋은 음식을 얻기 위해 오계를 깨지는 않습니다. 생계가 청정합니다. 비즈니스를 해도 속이지 않습니다. 짜증이 나거나 슬프거나 화를 내기도 하지만 그것이 정신적인 상태일 뿐이라는 것을 알고 그런 불건전한 마음에 갇히지 않습니다. 판사인 어떤 사람이 소따빤나의 경지에 이르면 부정한 행위를 하지 않고 절대로 부패하지 않습니다. 공정하고 정직합니다. 소따빤나는 유신견과 의심의 장애(nivaraṇa)와 계율과 의식에 대한 집착을 제거합니다.

깨달음의 두 번째 단계인 사까다가미(sakadāgāmi)에 이르면 강한 탐욕(kamacchanda)과 강한 증오(vyāpāda)의 장애가 약화됩니다. 물론 번뇌를 완전히 극복하지는 못하지만 탐욕과 성냄(dosa), 증오와 좌절은 약화됩니다. 깨달음의 세 번째 단계인 아나가미(anāgāmi)에서는 감각적 욕망과 성냄을 제거하지만, 색계나 무색계 존재에 대한 집착과 자만인 마나(māna), 들뜸, 무지가 남아 있습니다. 이는 깨달음의 네 번째 단계에서 제거됩니다.

꾹꿋짜(kukkucca)는 아나가미에서 제거됩니다. 'kukkucca'

는 'kud'와 'kata'의 복합어인데 'kud'는 '나쁜'이고 'kata'는 '이미 한 것'입니다. 꾹꿋짜의 의미는 '후회하고 있다면 불유익한 것이다'인데 딱히 이것이다라고 설명하기 어려운 술어입니다. 후회할 때 마음을 들여다보십시오. 그 마음 상태는 어떻습니까? 평화로운가요? 물론 그렇지 못합니다. 후회가 깊으면 깊을수록 자아에 더 강하게 집착하고 있다고 할 수 있습니다. 이것을 보는 것은 흥미롭습니다. 후회는 사까다가미에서 옅어지고 아나가미에서 제거됩니다.

양심(hiri)과 수치심(ottappa)은 지혜와 연관되어 있습니다. 생각해보십시오. 우리가 잘못된 행위를 하지 않는 것은 양심과 수치심 때문입니다. 자신 스스로 잘못된 행동을 했을 때 도덕적 양심을 느낍니다. 그렇다면 왜 양심을 느끼나요? 누군가가 자신의 잘못을 알았기 때문인가요? 그렇다면 그것은 이미 양심이 아닙니다. 단지 자아를 보호하기 위한 것일 뿐입니다. 진정한 양심은 지혜와 연관되어 있습니다. 그것은 부끄러운 일이기에 다시는 그것을 하지 않겠다, 즉 그것이 부끄러운 것이라는 것을 알고 스스로 하지 않는 것입니다. 양심 없음과 수치심 없음으로는 수행을 할 수는 없습니다. 양심과 수치심이 있어야 진정한 수행을 할 수 있습니다. 자신을 바꾸십시오. 자신을 극복하십시오. 자애와 용서로 이해해야 합니다.

깨달은 사람은 계율이 청정하고, 청청함 그 자체입니다! "그는 깨달았지만, 어쩔 수 없이 이런저런 일을 해요." 이 같은 자기 합리화는 없습니다. 오계는 기본입니다. 붓다 당시에도 소따빤나는 아직 탐욕과 성냄, 좌절과 자만이 있기 때문에 낮은 세계로 윤회한다고 하는 사람들이 있었습니다. 그러나 붓다는 탐욕, 성냄, 자만이 있긴 하지만 그는 이미 청정하기에 낮은 세계에 태어나지 않는다고 했습니다. 자신의 인생은 마음의 결과물입니다. 마음이 고귀하고 청정하면 낮은 세계에 태어날 수 없습니다.

소따빤나는 거짓말하는 것(musāvāda)을 제거하지만, 그 밖의 잘못된 말의 행위는 일어날 수 있습니다. 소따빤나는 뉴스, 가십, 하찮은 것에 대해 이야기할 수 있습니다. 그러나 살생, 도둑질, 잘못된 성행위와 같은 그릇된 행위(micchā-kammanto)는 하지 않습니다. 소따빤나는 그런 행위를 절대로 하지 않고, 생계에 있어 남을 속이는 행위(micchā-ājivo)를 하지 않습니다. 사까다가미는 소따빤나에서 남아있는 번뇌를 약화시킬 뿐입니다. 아나가미는 그릇된 사유(micchā-saṅkappo)와 이간하는 말(pisunavacā), 그리고 욕설(pharusavacā)을 제거합니다. 깨달음의 네 번째 단계를 성취한 아라한(Arahant)은 그릇된 노력(micchā-vāyāma), 그릇된 집중(micchā-samādhi), 그릇된 해탈(micchā-vimutti), 그릇된 지혜(micchā-ñāṇa)를 제거합니다.

담 · 마 · 토 · 크

Dhamma Talk

깨달음의 첫 번째 단계인 소따빤나를 성취해도 번뇌가 남아 있습니다. 이것을 이해하십시오. 사람들은 "이 사람은 깨달았다고 하는데 신문 보는 것을 즐기고, 좋은 음식을 즐겨요."라고 합니다. 그러나 오계를 지키는 한 그것은 충분합니다.

깨달음은 단계적으로 일어나지만 한순간에, 몇 분에, 몇 시간에 한 단계에서 다른 단계로 갈 수도 있습니다. 경전에는 한 번 앉아서 아라한이 된 사람들의 일화가 있습니다. 어떻게 수행하는지 알면 한 번 수행에 네 단계를 통과하기도 합니다.

그 사이에 빈틈은 없습니다. 다른 것을 생각하지 않습니다. 강력한 의식이 연이어서 반복적으로 일어나는데 세 가지 성품 중에 하나를 명료하게 봅니다. 그러면 명료함은 점점 더 강해지고 결국에는… 완전히 놓아버립니다! 이것은 매우 강력한 통찰들입니다. 이전에는 무상·고·무아를 연속적으로, 빈틈없이 볼 수 있었지만 통찰이 약했습니다. 그러나 마지막 통찰에서는 보는 것이 더더욱 강해

집니다. 마음이 놓아버릴 준비가 되어 있습니다.

―――

우리는 한 번에 하나의 면만을 볼 수 있으며 한순간에 모두를 볼 수 없습니다.

―――

자신이 생각하지 않고 있다는 것을 어떻게 아나요?

진정으로 보고 있다면 생각하지 않는 것입니다. 알아차림이 강하면 생각하기 어렵습니다. 알아차림은 현재를 알아차리는 것인데 생각은 과거나 미래입니다. 현재를 생각할 수 없습니다. 알아차리고 있다면 생각하지 않는 것입니다. 밤하늘에 번개가 치는 것을 보는 것과 같습니다. 그 순간에 생각 없이 그것을 보고 경험하고 있습니다. 그 순간에 생각과 상상은 불가능합니다. 처음 단계에서 생각이 가끔씩 일어나지만 그것은 계속적으로 알아차릴 수 없었기 때문입니다. 정기적으로 수행을 하면 그것을 보기도 하고 보지 못하기도 할 것입니다. 어떤 때는 희미하게, 어떤 때는 분명하게 봅니다. 완전한 평온, 완전한 탐욕 없음, 완전한 평정이 필요합니다. 생각이 없고 마음이 돌파구에 가까워졌을 때 생각이 전무하고 모든 것이 매우매우 빨라집니다.

네 번째 통찰에서부터 마음이 고요해지고 집중됩니다. 아주 짧은 생각을 하기도 하지만 알아차리면 즉시 사라집니다. 생각이 지속적이지 않습니다. 매우 약하게 옵니다. 다음 통찰 특히 위험함을 관찰하는 지혜(ādīnavañāṇa)에서 생각을 다시 합니다. "이렇게 많은 불이익이 있는데, 무엇을 즐기고, 무엇을 행복해할 수 있나요?" 그러나 너무 많이 생각하면 불행해집니다. 생각하지 않는 것이 중요합니다. 과정에 환멸을 느끼고, 기쁘지 않고, 일상에서 불행을 생각하면 참을 수 없게 느껴집니다. 짜증이 나고 정신·물질 현상의 불이익, 위험함, 불행을 봄으로써 자신이 놓인 상황을 불행하게 느끼고 우울해합니다. 그 단계에 있다면 생각하지 않는 것이 아주 중요합니다. 생각하는 것은 위험합니다. 생각은 많은 것을 창조합니다. 감성적으로 될 수 있습니다. 진정한 통찰은 감성이 아니라 이해와 지혜의 명료함입니다.

그것에 대해 생각하면, 감성적으로 되고 불행하고 우울하고, 사람, 소음 등 모든 것에 짜증이 납니다. 화가 나고 불건전한 마음이 됩니다. 사마디, 집중은 모든 것을 강하게 합니다. 집중과 결합된 생각들은 그 생각을 더 강하게 만듭니다. 어떤 것을 즐기기 위해서는 마음이 고요하고 집중되어야 그것을 더욱 즐길 수 있습니다. 책을 읽을 때, 마음이 산만하면 책 보는 것을 즐길 수 없습니다. 책이나 시(詩)를 즐기려면 먼저 마음을 고요하고 평화롭게 해야 합니다. 모든 단어에는 풍부한 의미가 있습니다. 마음이 고요해야 읽는 것을 진정으로 즐길 수 있습니다. 마음이 고요할 때 일출이나 일몰을 보면 그것에 빠져들고 아름답게 느껴집니다. 세상이 경이롭습니다. 그러나 마음이 산만할 때는 그럴 수 없습니다. 마음이 집중되어 있을 때 놀라운 것을 생각하면 더욱 놀라운 것이 됩니다.

산만할 때는 놀라지도 않고 화도 나지 않습니다. 들뜬 마음은 어떤 것에도 강하게 집중할 수 없습니다. 들뜬 마음에는 무지가 있습니다. 들뜸 '웃닷짜(uddhacca)'는 항상 무지와 함께 합니다. 마음이 집중되어 있을 때는 유익하지 않은 것을 상상하지 마십시오. 좋은 것이든 나쁜 것이든 그 상상이 현실이 됩니다. 어떤 생각이 떠올랐을 때 그 생각에 아주 면밀한 주의(사띠)를 기울이십시오. 그러면 생각은 사라질 것입니다. 사띠와 생각은 동시에 일어날 수 없습니다. 사띠가 완벽할 때 과거나 미래는 존재하지 않습니다.

10
열반과 그 너머로 향한 문

— 열반에 대한 올바른 이해 —

열반(닙바나, nibbāna)은 특정한 장소가 아닙니다. 어떤 정신 상태도 아닙니다. 열반은 정신·물질 현상의 본성과 정반대입니다. 어떤 사람은 열반과 윤회(삼사라, saṃsāra)가 같다고 합니다. 하지만 이는 명백히 아닙니다. 다만 열반을 이해하기 위해선 윤회를 알아야 합니다. 윤회는 정신·물질 과정을 의미하는데, 이것은 한 사람이 한 생에서 다음 생으로 간다는 것이 아닙니다. '윤회(saṃsāra)'는 말 그대로 '돌고 돈다'는 것이며, 정신·물질 현상의 계속됨을 의미합니다. 즉 계속되는 것이 윤회이고, 이것의 끝이 열반입니다. 열반은 정신·물질 현상과 연관되어 있지만 그 과정 안에 있지 않습니다. 그것은 그 과정의 밖이며 또한 그 과정의 가장자리에 있습니다.

저는 집중수행을 기대하고 있으며 여러분이 그것을 즐기기를 희망합니다. 이 기간에 고요함, 평화로움, 명료함, 기쁨을 경험하기를 진정으로 바랍니다. 수행에서 일어나고 사라지는 것을 보는 자체가 피곤합니다. 그것과 더 이상 같이 있고 싶지 않고, 그것에서 벗어나고 싶고, 그것으로부터 해탈하고 싶어집니다. 이 단계를 'muñcitukamyatā-ñāṇa'라고 하는데 해탈하기를 원하는 지혜입니다. 수행자는 수행을 멈추고, 일어나고 사라지는 현상들을 관찰하지 않는 것이 더 평화로울 것이라고 생각합니다. 실제로 그렇게 하면 더 평화롭게 느껴집니다. 이 상태는 집중, 평정, 초연함이 매우 강력해서 수행을 멈추어도 평화를 경험할 수 있습니다. "오! 이것이 평화로군요." 수행자는 이 평화를 즐길 수도 있습니다. 그러나 그것은 올바른 것이 아닙니다. 그것은 즐길 만한 것이지만 즐기기만 한다면 그것을 잃을 것입니다. 그것은 두 마리 토끼를 잡으려고 하는 것과 같습니다.

얼마 후 수행자는 명료함을 상실하고 마음이 괴롭고 들뜸을 느낍니다. 고요함과 평화로움이 좋습니다. "더 이상 들뜸을 느끼고 싶지 않아요." 산만함은 고통이고 들뜸 또한 고통입니다. 수행자는 자신이 과정의 덫에 갇혀 있다는 것을 깨닫고 거기에서 밖으로 나오려고 합니다. "나를 밖으로 나가게 해주세요." 하지만 거기에서 벗어나는 유일한 길은 그것을 더욱 가까이에서 보는 것뿐입니다. 수행을 멈추는 것이 진정한 탈출이 아님을 깨닫고 다시 수행으로 돌아가서 몸, 느낌, 마음, 감정에 주의를 기울여야 합니다.

사람들은 인생의 여러 상황에서 탈출구를 찾아 헤맵니다. 우리는 어려움이나 좌절에 빠졌을 때 그것으로부터 벗어나고자 합니다. 많은 이들은 끔찍한 방법의 탈출구를 찾습니다. 벗어나고자 하는 것은 괜찮습니다. 그러나 무엇이 바른 방법의 탈출구일까요? 어려움에서 진정으로 벗어나는 길은 오히려 그 상황에 주의를 기울이고, 가까이에서 보고, 그것을 철저히 연구하고, 완전히 이해하는 것입니다.

완전한 이해만이 그것을 극복하는 유일한 방법입니다. 수행이든 세상일이든 이보다 더 나은 다른 것은 없습니다. 이것이 올바른 태도입니다. 통찰을 경험한 사람은 인생에서 힘든 상황에 놓여도 그것에서 도망치거나 외면하지 않습니다. 그것을 가까이에서 보고 깊이 이해하기 위해 노력합니다. 수행에서 얻은 통찰은 일상에, 세속적인 일들에 적용할 수 있습니다. 그 통찰은 수행에서만이 아니라 인생 전체를 살아가는 올바른 태도를 개발합니다.

의도적인 주의는 중요합니다. 의도적으로 아주 가까이 주의를 기울이면 들뜸이 없고 더 이상 도망치려는 마음도 없습니다. 마음은 균형이 잡힙니다. 이전에는 도망치려고 하고, 마음이 불안정하고 주의를 기울이지 못했습니다. 그러나 이제는 완전한 주의를 기울이게 되며 수행이 성숙해집니다. 수행의 정점에서 수행자는 이대로 죽는다고 해도 그것을 보겠다는 강력한 의지가 있습니다. 그것을 보십시오! 그것을 보십시오!

전심으로 주의를 기울이는 것은 마음을 가라앉게 합니다. 인생에서도 지금 상황이 어렵고 힘들어도 모든 주의를 기울여 그것을 보겠다고 결정하면 차분해지고 들뜨지 않습니다. 이 결정은 매우 중요합니다. 완전한 주의를 기울이면 마음이 균형 잡힙니다. 이것은 역설적으로 들리겠지만 의도적으로 볼 때 마음이 균형 잡힙니다. 더욱 주의를 기울이면 무상·고·무아를 매우 명료하게 볼 수 있습니다. 알아차림, 즉 사띠가 일어나는 순간을 보게 되며 그것을 보는 것은 놀랍습니다. 이 순간에 지혜와 명료함이 아주 명철해집니다.

우리는 생각의 과정을 통해 이해합니다. 하지만 이 순간에는 생각이 없고 알아차림과 명료함만이 있습니다. 생각이 멈출 때 마음은 전체가 됩니다. 열반을 경험하기 직전에 알아차림이 매우 날카로워지고 아주 명료해지는데 그러면 마음은 놓아버릴 준비가 되고 결국 놓아버립니다! 그 순간에 수행자는 정신·물질 현상을 더 이상 보거나 경험하지 않고 소멸에 이릅니다. 모든 것이 멈추고 매우 깊은 평화와 고요가 흐릅니다. 그리고 그 상태에서 나옵니다. 또다시… 매우 짧은 순간의 평화와 고요함이 지속됩니다. 미세한 생각이 들어오고 그것에 대해 생각합니다. 어떤 것이 일어났고 매우 고요하고 평화로웠습니다.

그 경험을 통해서 그것의 본성을 매우 명료하게 이해합니다. 이것이 진정한 평화이고 진정한 자유입니다. 자신을 다시 되돌아봅니다. 무언가 변했습니다! 그것에 대한 지식이 없어도 자신이 변했다는 것을 압니다. 그것은 성격과 사고방식을 바꿉니다. 영원한 것이 없고 나라고 할 것도 없는 것을 압니다. 열반을 경험하고부터 오계를 지키는 것이 매우 자연스럽습니다. 오계를 지키기 위해 자신을 억제할 필요가 없습니다. 붓다와 담마와 상가에 대한 의심이 사라집니다. 미래 생에 대한 의심이 없습니다. 자발적으로 붓다와 담마와 상가에 대해 매우 깊고 강한 고마움이 느껴집니다. 엄청난 고마움이 용솟음칩니다. "이 가르침은 정말 진실이에요! 이것이 진실한 자유예요!" 너무 기뻐서 기쁨의 눈물을 흘리기도 합니다.

열반을 경험하면 그릇된 견해(micchādiṭṭhi)인 유신견이 제거됩니다. 모든 것이 변화의 흐름 속에 있다는 것을 이해합니다. 해탈할 수 있는 다른 길이 없다는 것을 확신합니다. 해탈하기 위해서는 정신·물질 현상을 관찰하면서 계를 청정하게 유지해야 합니다. 마음이 청정하고 생각이 청정해야 합니다. 견해의 청정, 이것이 길인지 아닌지에 대한 청정, 그 청정함에 의해서 해탈하며 다른 길이 없다는 것을 이해합니다.

이것이 해탈의 유일한 길입니다. 질투(issā), 인색(macchariya)이 극복됩니다. 특별한 무언가를 갖고 있을 때 누군가가 그것을 필요로 하면 기꺼이 기쁘게 줍니다. 하지만 이것은 갖고 있는 모든 것을 준다는 의미는 아닙니다. 누군가가 내가 갖고 있는 것을 간절히 원할 때 그것을 기꺼이 나눕니다. 다른 사람이 잘되고 행복할 때 질투하지 않습니다. 시기니 질투니 하는 단어의 뜻을 정확히 잘 모르겠지만, 여기 누군가는 매우 잘하고 있고 당신은 그렇지 못할 때 어떻게 느끼나요? 당신은 행복하지 않습니다. '오 내가 저 자리에 있었으면…. 저 사람이 아니고 나였으면….' 이와 같이 생각할 것입니다. 그러나 첫 번째 깨달음 후에는 이와 같은 생각을 절대하지 않습니다. 복이 많은 사람, 행복한 사람을 보고 무디따(muditā), 즉 같이 기뻐합니다. 이것 또한 매우 자연스럽게 옵니다. 우리 대부분은 자신보다 나은 사람에게 열등감을 느끼고 시기하고 질투합니다. 이것은 얼마나 추한 마음인가요. 그래서 무엇을 얻을 수 있나요?

왜 사람들은 외로움을 느끼나요? 세상에는 많은 증오와 두려움이 있습니다. 왜죠? 내가 갖고 있지 못한 것을 다른 사람이 갖고 있고 나는 그것을 원하기 때문입니다. 그것을 불법적으로라도 갖고 싶어 합니다. 어떤 사람은 영악해서 자신이 가지려는 것을 왜곡하고 아름다운 것처럼 보이게 만듭니다. 이런 마음은 매우 교활하고 기만적입니다.

열반을 경험한 사람은 더 이상 그처럼 속이거나 교활할 수 없습니다. 매우 정직합니다. 모든 것을 다르게 보고 지혜로 판단합니다. 어떤 것에 대해 여전히 욕망이 있지만 그것을 얻기 위해서 오계를 깨지 않습니다. 오계를 지키기 위해 제어하는 것이 아니고 아주 자연스러워서 특별한 노력이 필요하지 않습니다. 이 전에는 오계를 지키기 위해 노력했습니다. 강한 유혹 때문에 힘이 들기도 했습니다. 그것에 가끔씩 굴복하고 그것을 후회하고 오계를 다시 받기도 했습니다. 그러나 이제는 그것이 자연스럽습니다. 이 상태가 얼마나 자유로움을 주는지 상상할 수 있나요? 아직은 감각적 욕망을 즐기는 탐욕이 남아 있긴 하지만, 질투와 인색이 없기 때문에 매우 자유롭습니다. 욕망을 추구하지만 이전과 다릅니다. 이전에 진정한 행복, 진정한 즐거움이라고 생각했던 것들이 행복이 아니라는 것을 알게 됩니다. 그것에 사로잡히지 않습니다. 같은 것을 즐겨도 집착이 없기 때문에 자유롭습니다. 불행한 일이 생기더라도 수행을 하면서 이것은 하나의 마음인 것을 알고 거기에서 벗어나 자유로워집니다.

수행을 하기 전에는 모든 것은 항상한다고, 영원하다고 생각합니다. 즐거운 것으로, 아름다운 것으로 생각합니다. 우리는 항상한다고 영원하다고 믿으며 영원한 사람, 변치 않은 영원한 존재를 믿습니다. 무상한 것을 항상 한다고, 고통을 행복으로, 무아를 자아가 있다고, 깨끗하지 않은 것을 깨끗하다고 보는 것이 왜곡입니다.

왜곡에는 마음의 왜곡, 인식의 왜곡, 견해의 왜곡이 있습니다. 첫 번째 깨달음 후에는 견해의 왜곡은 사라집니다. 그러나 고(苦)와 깨끗하지 않음에 대한 인식의 왜곡과 마음의 왜곡은 남아있습니다. 가끔 어떤 경험이 영원하게 느껴지지만 그것을 보고 그렇지 않다는 것을 압니다. 그것은 항상 경계선 위에 살고 있는 것처럼 의지가 있을 때마다 볼 수 있습니다. 행복함을 느낄 때, 감각적 탐욕을 느낄 때, 그것을 보고 말합니다. "아니요, 이것은 절대로 행복을 가져다 줄 수 없어요. 거기에 진정한 평화는 없어요." 가끔씩 감각적인 탐욕을 즐기기도 하지만 그것을 쉽게 놓아버릴 수 있습니다. 거기에 영속적인 행복이 없는 것을 알기 때문입니다.

어떤 사람은 깨달은 후에 비로소 감각적 욕망을 진정으로 즐길 수 있다고 합니다. 이것을 어떻게 표현하기는 어렵지만, 무엇보다 그것에 붙잡히지 않기 때문입니다. 그것이 깨달은 사람이 감각적 욕망을 즐기는 것을 볼 수 있는 이유입니다. 그들은 감각적 욕망에 집착하지 않습니다. 그 사람은 다른 사람과 같은 방식으로 행동합니다. 그도 역시 '나', '너'라는 같은 언어를 사용하지만 그는 자아가 없는 것을 알고 사용합니다. 이것이 매우 심오한 차이점입니다. 매우 심오합니다. 아주 자유로워집니다. 웃기도 하고 울기도 하지만 그것들에 붙잡히지 않습니다. 유신견, 의심, 실랍바따빠라마사, 질투, 인색함이 없습니다.

사람들은 한 면만을 생각하고 모든 면이 불필요하다고 합니다. 사람들은 경험의 한 면만을 고집합니다. 마음이 자유로워지고, 자유의 본성을 경험하는 순간에 완전한 침묵과 고요가 있습니다. 열반의 순간에는 일어남도 사라짐도 없고, 정신·물질 현상도 없고, 생각도 없고, 고요하고 평화롭고, 그것에 대해 생각 없이 평화를 경험합니다. 열반에서 나온 후에야 열반에 대해 생각할 수 있습니다.

그렇다면 열반은 무엇인가요? 열반은 존재하지 않는 것인가요? 아니요, 그것은 '아무것도 없음'이 아닙니다. 누구나 '아무것도 없음'에 대해 생각하면, 그것을 경험하고 자유로워지는 것인가요? 아니요, 그렇게 할 수 없습니다. 아무것도 없음을 생각하는 순간 생각이 생깁니다. 열반에 생각은 없습니다. 열반에 대한 생각도 없습니다.

열반을 흔히 '꺼진 불꽃'에 비유합니다! '불이 타다가… 꺼지는 것'. 그러면 무엇이 남나요? 또 다른 경우로 '소리'를 생각해 보지요. 소리가 있고… 소리에 주의를 기울이면… 더 이상 소리가 없습니다. 그러면 무엇이 있나요? 적막입니다. 적막이 실제인가요, 아닌가요? 그것을 어떻게 이해하나요? 적막을 경험할 수 있나요? '적막'과 '꺼진 불꽃'은 매우 유사합니다. 더 이상 타지 않습니다. 적막이나 꺼진 불을 이해하기 위해서는 이전에 일어났던 일에 주의를 기울여야 합니다. 적막을 이해하기 위해서는 소리에 주의를 기울여야 합니다. 불이 꺼졌을 때를 알기 위해서는 불에 주의를 기울여야 합니다. 이것이 순서입니다. '아무것도 없음'이 아닙니다.

열반을 경험한 사람은 세속적인 것이나 자극적인 것이 진정한 행복이 아니라는 것을 알고 아주 고요하고 평화로운 상태로 되돌아갑니다. 이제는 수행을 하면서 결정을 합니다. "나는 모든 과정이 멈추는 고요함과 평화로 갈 것입니다.", "나는 5분 동안 고요한 평화를 다시 경험할 것입니다." 그리고 아무것도 생각하지 않고 몸과 마음에서 일어나는 현상에 주의를 기울입니다. 이때 대상은 중요하지 않습니다. 어떤 것도 수행의 대상이 될 수 있습니다. 자신에게 익숙한 대상에 주의를 기울이십시오. 그것을 관찰하십시오. 그것을 또 관찰하십시오. 그것이 점점 더 명료해지고 아주 빨라지면서 다시 멈춥니다. 그리고…다시 열반 안에서 결정한 시간 동안 머뭅니다.

  결정은 매우 중요합니다. 결정을 하면 결정한 시간만큼 완전하게 머물 수 있습니다. 계속 수행을 하면서 시간을 30분, 1시간, 2시간, 하루 종일로 늘일 수 있습니다! 하지만 정기적으로 수행을 하지 않는다면 다시 그 상태에 들기가 어렵습니다. 설령 그 상태에 든다고 해도 결정하지 않으면 마음은 들어가고 나가고… 들어가고 나가고… 들어가고 나가고를 반복합니다. 그래서 결정을 해야 합니다. "5분 동안 그 상태에 머물 것인데 위험한 일이 생기면 나올 것이다." 이것은 일종의 제안으로 내면 깊이 머물러 있을 때, 위험한 일이 생기면 상황에 대처하게 합니다. 그렇게 결정하지 않는다면 밖으로 나오지 못할 수도 있습니다. 그러므로 결정하는 올바른 방법, 수행하는 올바른 방법, 그 상태에서 나올 경우에 필요한 것들을 우리는 알아야 합니다.

  수행을 할 때는 수행하는 것보다 더 중요한 것은 없다는 사실을 숙고하고 일상을 놓아버려야 합니다. 이는 아주 중요합니다. 심리적으로 자신을 멀리 놓아야 합니다. 좌선을 할 때에도 자신에게 말하십시오. "아무것도 중요하지 않아요. 아무것도 걱정할 필요가 없어요." 직장, 가정에 대한 걱정을 그 시간 동안

만이라도 내려놓으십시오. 그런다고 누군가에게 해가 되지 않습니다. 수행을 하면서는 모든 것을 놓아버리십시오. 집중수행 기간에는 모든 것을 놓아버리십시오. 어떤 심각한 일이 일어나지 않을 것입니다. 다른 것은 중요하지 않습니다. 수많은 생 동안 우리는 그런 일을 했습니다. 왜 그것이 그토록 중요한가요? 무엇 때문에 놓아버릴 수 없나요? 수행할 때마다 그렇게 놓아버리면 산만하지 않고 수행이 자연스럽게 되는 것을 발견할 것입니다. 단호하게 결정을 하십시오. 우리는 몇 년 동안, 몇 생 동안 똑같은 것을 했습니다. 앞으로도 같은 것을 계속할 것이고 그것이 몇 생 동안일지 아무도 모릅니다. 마음을 준비하고 모든 것에서 떨어지게 하는 결정은 매우 중요합니다. 우리는 작은 일을 크게 생각합니다. 사소한 일에 큰 걱정을 하는 것은 좋은 것이 아닙니다.

깨달음의 심오한 마음을 경험하기 위해서는 결정을 해야 합니다. "나는 이전에 했던 일을 이제 그만할 것입니다. 이미 나는 그 짓을 지금까지 오랫동안 해왔습니다." 이 결정은 매우 중요합니다. 깨달음을 경험하겠다는 의지를 가지고 확고히 결심을 해야 합니다. "나는 똑같은 일을 이제 그만 반복하고 깨달음의 다음 단계를 목표로 수행을 할 거예요." 그러기 위해서는 시간의 제한을 두어야 합니다. 제한을 두지 않으면 같은 짓을 반복할 것이기 때문입니다. 같은 짓을 반복하면 다음 단계에 이를 수 없습니다. 이 때문에 결정은 중요합니다. 붓다는 자기 전에도 결정을 하라고 했습니다. 잠들기 전에 자신에게 말하십시오. "지금부터 모든 것을 놓아버릴 거예요."

잠드는 것은 '놓아버림'입니다. 그것을 생각해본 적 있나요? 자는 동안에는 듣지 못하고 보지 못하, 어떤 것도 느끼지 못합니다. 주변에서 일어나는 것들을 알지 못합니다. 그것을 생각하면 잠이란 아주 불안한 것입니다. 세계와의 접촉, 연결이 단절됩니다. 따라서 이것은 일종의 '놓아버림'이고, 사실은 항상 그렇게 놓아버리고 있습니다. 잠들지 못하는 이유 중 하나가 바로 놓아버리지 못하기 때문이고 주위를 계속 제어하려고 하기 때문입니다. 그는 안전하게 느끼지 않습니다. 안전하게 느껴지지 않으면 잘 수가 없습니다.

붓다는 잠자기 전에 수행을 하고, 놓아버리라고 했습니다. 그리고 이렇게 결정하라고 했습니다. "나는 새벽 4시에 일어날 거예요." 그렇게 하면 정확히 새벽 4시에 일어나는 자신을 발견할 것입니다. 자명종을 맞춰놓아도 자명종이 울기 전에 일어납니다. 시간을 보면 정확히 그 시간입니다. 우리도 결정할 수 있습니다. 그것을 습관으로 삼으십시오.

아침에 일어나는 순간부터 알아차릴 것이고 깨어서 알아차리는 마음 상태에 있습니다. 일어나는 순간부터 수행을 합니다. 그것이 오늘 실천되지 않는다고 해도 계속 결정하십시오. 그러면 실천하게 될 것이고 그것에 행복해할 것입니다. 잠에서 깨어나는 순간 알아차립니다. 마음이 깨어있습니다. 더 이상 졸리지 않습니다. 그렇기 때문에 결정은 매우 중요합니다. 전심으로 결정하면 마음이 복종합니다. 이것이 자신을 훈련하는 필요한 방법입니다. 우리는 그것을 할 수 있습니다. 수행의 좋은 결과를 위해 마음을 훈련시켜야 합니다. "나는 깨달음의 첫 단계에 머물지 않고 다음 단계로 나아갈 거예요." 그 단계에 이르지 못했어도 그것으로 괜찮습니다. 이미 성취한 그 상태에 몇 시간 동안, 며칠 동안 머무를 수 있고, 다시 시도할 수도 있고, 그 결심을 실천에 옮길 수 있습니다. 다음 단계로 가기 위해 노력하는 것은 유익한 것이지만 그것도 일종의 짐입니다. 모든 것을 놓아버리고 조용하고 평화로운 상태에 잠시 들어가는 것도 아주 유익합니다.

Kilesesu diṭṭhi vicikicchā pathamañāṇavajjhā; dosa tatiyañāṇavajjho; lobha-moha-māna-thīna-uddhacca-ahirika-anottappāni catutthañāṇavajjhāni - Vsm 684

오염원들 중에서 '유신견'과 '의심'은 깨달음의 첫 번째 단계에서 제거되고, '성냄'은 깨달음의 세 번째 단계에서 제거됩니다. 두 번째 단계에서는 제거되는 것은 없고 남아 있는 것을 약화시킬 뿐입니다. 깨달음의 세 번째 단계에서 '성냄'는 제거되지만 '탐욕'은 남아 있습니다. 감각적 욕망을 추구하는 갈애는 없지만 색계·무색계 존재에 대한 갈애는 있습니다. 이 갈애 때문에 세 번째 단계에서 탐욕이 완전히 제거되지 않는 것입니다. 이 존재에 대한 갈애도 탐욕입니다. 이 탐욕이 얼마나 미세한지 알 수 있습니다. 이 존재에 대한 갈애는 깨달음의 네 번째 단계에서 제거됩니다. 탐욕이 있는 곳에 무지가 있습니다. 무지가 있는 곳에 탐욕이 있습니다.

첫 번째 단계에서 무지의 일부가 떨어져 나갔기 때문에 미세한 무지만이 남습니다. 깨달음의 네 번째 단계에서 탐욕이 완전히 제거됩니다. 색계·무색계 존재에 대한 갈애도, 무지도 완전히 제거됩니다. 마나(māna)는 다른 사람과 비교하는 것이고 거만한 것입니다. 자신의 성취를 기쁘게 느끼는 것도 일종의 마나입니다. 이것은 깨달음의 네 번째 단계에서 제거됩니다. 이 마음이 얼마나 자유로울지 상상해보십시오.

해태·혼침 역시 네 번째 단계에서 제거됩니다. 아라한에게 해태·혼침은 없습니다. 그는 오랫동안 깨어서 머물 수 있고, 그가 원한다면 언제든 의도적으로 잘 수도 있습니다. 우리가 그렇게 할 수 있다면 얼마나 경이로울까요! 웃닷짜(uddhacca)는 마음의 들뜸을 뜻합니다. 세 번째 깨달음에도 들뜸이 있습니다. 그러나 네 번째 단계에서는 더 이상의 들뜸은 없습니다. 완전한 고요함과 완벽한 알아차림만이 있을 뿐입니다. 세 번째 단계에도 100%를 알아차리지는 못합니다. 완벽한 알아차림은 깨달음의 네 번째 단계에서 일어납니다.

Micchādiṭṭhi-musāvādo micchākammanto micchā-ājivo ti ime pathamañāṇavajjhā; micchāsankappo pisunavācā pharusavācā ti ime tatiyañāṇavajjhā. Cetanā yeva c'ettha vācā ti veditabbā. Samphappalāpā-micchāvāyāma-sati-samādhivimuttiñāṇ ani catutthañāṇ avajjhāni. - Vsm 684-5

그릇된 견해(micchā-diṭṭhi), 거짓말(musāvādo), 그릇된 행위(micchā-kammanta), 그릇된 생계(micchā-ājiva)는 모두 깨달음의 첫 번째 단계(ime pathamañāṇavajjhā)에서 떨어져나갑니다. 이것은 경이롭습니다!

그릇된 사유(micchāsankappo), 이간하는 말(pisunavācā), 욕설(pharusavācā)은 깨달음의 세 번째 단계(ime tatiyañāṇavajjhā)에서 제거됩니다. 제거한다는 것은 억제하는 것이 아니라 그 의도 자체가 떨어져나갔다는 의미입니다(Cetanā yeva c'ettha vācā ti veditabbā). 우리는 이간하는 말을 않기 위해, 사람들과 다투지 않기 위해 자신을 억제합니다. 그러나 깨달음의 세 번째 단계에서는 그러한 거친 의도 자체가 사라집니다.

깨달음의 네 번째 단계(catutthañāṇ vajjhāni)에서는 쓸데없는 말(samphappalāpā), 그릇된 노력(micchā-vāyāma), 그릇된 알아차림(micchā-sati), 그릇된 집중(micchā-samādhi), 그릇된 해탈(micchā-vimutti), 그릇된 지혜(micchā-ñāṇa)를 완전히 극복합니다.

과거의 일을 기억하면서 "오! 나는 과거에 이것과 저것을 했어요. 이것, 저것을 즐겨했어요." 하는 회상이 사라집니다. 이제는 더 이상 과거를 생각하지 않습니다. 담마를 배운 것과 같은 유익한 것과 붓다와 담마를 생각합니다. 이것은 일종의 바른 사띠(sammā-sati)입니다. 깨달음의 세 번째 단계에서도 가끔씩 유익하지 않은 과거의 일을 생각합니다. 유익하지 않은 것은 불건전한 생각과 기억(micchā-sati)입니다.

- **그릇된 집중(micchā-samādhi)** : 그릇된 집중에서 마음은 그릇된 생각, 잘못된 대상에 빠져버립니다. 깨달음의 네 번째 단계에서만이 유익하지 않은 어떤 것에도 빠지지 않습니다.

- **그릇된 해탈(micchā-vimutti)** : 사람들은 수행을 하다가 가끔 지복의 상태를 경험합니다. 그것이 진정한 해탈이 아닌데도 해탈이라고 믿어버립니다. 이는 진정으로 해탈을 경험했을 때 사라지고, 그때 그것이 진정한 해탈이 아니라는 것을 압니다.

- **그릇된 지혜(micchā-ñāṇa)** : 사람들은 잘못된 지혜나 지식을 가지고 지능적으로 나쁜 일을 하기도 하는데 이것도 네 번째 단계에서 제거됩니다.

지금까지 이야기한 것처럼 각각의 장애들은 각각의 단계에서 제거됩니다. 이 모든 단계를 아는 것은 매우 흥미롭습니다. 그러나 제가 강조하는 것은 첫 번째 단계까지입니다. 그 단계까지가 대부분의 사람들에게 기대할 수 있는 수준이고 그 이상은 매우 어렵기 때문입니다. 물론 스승들은 멈추지 말고 계속하라고 독려하지만 아주 극소수의 사람만이 계속 갑니다.

열반(닙바나, nibbāna)은 특정한 장소가 아닙니다. 어떤 정신 상태도 아닙니다. 열반은 정신·물질 현상의 본성과 정반대입니다. 어떤 사람은 열반과 윤회(삼사라, samsāra)가 같다고 합니다. 하지만 이는 명백히 아닙니다. 다만 열반을 이해하기 위해

선 윤회를 알아야 합니다. 윤회는 정신·물질 과정을 의미하는데, 이것은 한 사람이 한 생에서 다음 생으로 간다는 것이 아닙니다. '윤회(samsāra)'는 말 그대로 '돌고 돈다'는 것이며, 정신·물질 현상이 계속됨을 의미합니다. 즉 계속되는 것이 윤회이고, 이것의 끝이 열반입니다.

열반은 정신·물질 현상과 연관되어 있지만 그 과정 안에 있지 않습니다. 그것은 그 과정의 밖이며 또한 그 과정의 가장자리에 있습니다. 이렇게 열반은 윤회와 불가분의 관계를 맺고 있습니다. 그래서 붓다가 "나는 열반(nibbāna)은 이 몸 안에 있다고 말한다."(SN i. 62)라고 한 것입니다. 물론 이는 열반이 우리 정신·물질 과정 안에 있다는 뜻이 아닙니다. 몸을 완전하게 이해하고, 오온을 완벽하게 이해하고, 정신·물질 현상을 완전하게 이해함으로써 열반에 도달할 수 있다는 의미입니다. 이것 말고 열반에 이르는 다른 길은 없습니다.

그런데 여기서, 각각의 깨달음의 단계에서 번뇌를 제거하고 극복한다는 것이 무엇을 의미하나요? 이전에 일어났던 번뇌들을 제거한다는 것일까요? 그렇지는 않겠지요. 그것은 이미 과거이니까요. 그렇다면 지금 일어나고 있는 번뇌들을 제거한다는 것인가요? 그렇게 생각할 수 있습니다. 하지만 그것을 제거하지 않는다 해도 그것이 머물러 있지 않고 사라집니다. 지금 화가 나 있다면, 그것에 대해 무엇을 할 수 있나요? 화는 순간

순간 지속됩니다. 사실 하나의 정신현상이 하나의 화이고 그것이 매우 빠르게 지속되는데 우리는 그것을 큰 화라고 합니다.

화는 작은 화들이 함께 모인 것입니다. 화는 순간에 일어나서 순간에 사라지고 머물지 않습니다. 우리는 화에게 곁에 머물러 있으라고 할 수 없습니다. 지금 일어나고 있는 화를 제거할 수 없습니다. 각각의 깨달음의 단계에서 이런 번뇌를 제거한다고 하는 것은, 지금 일어나는 번뇌를 제거한다는 것이 아닙니다.

그렇다면 미래의 번뇌를 제거하는 것인가요? 미래에 어떤 번뇌가 일어날지 알 수가 없는데, 어떻게 그것을 제거할 수 있나요. 이것은 깨달음의 각 단계가 과거, 현재, 미래의 어떤 번뇌도 제거하지 못한다는 것입니다. 우리가 깨달음의 각 단계에서 제거할 수 있는 것은 그것의 '잠재력'입니다. 일어날 가능성이 있지만 아직 일어나지 않은 잠재력, 이를 제거하면 그것으로 끝입니다.

지난 생의 업 때문에 우리는 지금 여기에 있습니다. 그런데 우리는 우리의 업을 어떤 형태로 가지고 있을까요? 번뇌는 어떻게 가지고 다니나요? 이는 참으로 설명하기도 이해하기도 미묘한 것입니다. 업이나 번뇌는 일종의 잠재력입니다. 즉 잠재되어 있을 뿐, 아직 표출되지 않은 것입니다. 씨앗과 같습니다. 씨앗에는 큰 나무가 될 잠재력이 있습니다. 어떤 나무를 제거한다고 가정해봅시다. 그 나무가 과거에 자랐다가 죽었다면 굳이 제거할 동기가 없습니다. 현재에 그 나무가 있고 그 나무가 죽어가고 있으면 죽도록 놓아두면 됩니다. 그러나 미래로 보면 그것은 아직 나무가 되지 않았습니다. 따라서 미래의 나무를 제거하려면 그 씨앗을 파괴하면 됩니다. 미래의 나무는 제거할 수 없지만, 그 씨앗은 제거할 수 있습니다. 즉 잠재력은 씨앗과 같습니다.

지금부터 한 시간 후에 어떤 번뇌가 일어날 거라고 말할 수 있나요? 불가능합니다. 그것을 확신할 수 없습니다. 하지만 그것이 무엇인지는 모르지만 어떤 것이 일어날 수 있는 잠재력은 있습니다. 만일 그 잠재력을 제거한다면, 그것으로 끝입니다.

이 잠재력은 과거에 있는 것도 아니고 현재에 있다고 할 수도 없습니다. 그것은 아직 드러나지 않았을 뿐입니다. 이 잠재력은 이해하기 어려운 것입니다. 그것은 발현될 수 있지만 오로지 가능성, 잠재력으로만 있습니다. 그 잠재력이 바로 깨달음의 각 단계에서 제거되는 번뇌들입니다. 그리고 이런 모든 잠재력(번뇌)이 제거된 것이 열반의 상태입니다. 그렇기 때문에 열반이 과거에, 현재에, 미래에 있다고 말할 수 없습니다. 열반은 시공을 초월해 있고, 시간과 공간의 영역에 있지 않습니다. 이것은 이야기하기 매우 어렵고 혼돈스러운 것입니다. 하지만 소립자를 연구하는 물리학자라면 이것을 이해할 수 있을 것입니다.

업 또한 잠재력입니다. 깨달음의 어떤 단계에 이르면, 우리가 쌓아온 나쁜 업에 더 이상 영향(결과)을 받지 않습니다. 업은 어디에 있나요? 그 업이 어떻게 있나요? 업은 잠재력으로 있습니다. 물론 이해하기 어려운 이야기입니다. 예를 들어 화가 있고 화의 잠재력이 있습니다. 지금은 화가 나 있지 않습니다. 하지만 화나게 하면 화가 납니다. 그러나 언제 화가 날 것이라고 말할 수 없습니다. 그러므로 우리는 화의 잠재력, 번뇌의 표출의 씨앗을 제거해야 합니다. 매우 많이 배운 수행자들도 이를 잘 이해하지 못합니다. 이를 이해하는 데 많은 시간이 걸립니다. 가장 좋고 유일한 방법은 수행을 하는 것입니다. 그것이 담마를 상상으로, 생각으로 이해할 수 없는 이유이기도 합니다.

열반은 일어나는 것이 아니고 우연히 생기는 것도 아닙니다. 언제 열반이 일어난다고 할 수 없습니다. 열반은 충분한 지혜를 개발한 사람이 경험할 수 있는 실제입니다. 그것은 지혜의 명료함에 달려 있습니다. 지혜가 개발될수록 그것을 더 명료하게 경험합니다. 깨달음의 첫 단계에서 경험한 열반이 두 번째, 세 번째, 네 번째 단계의 경험과 같지 않습니다. 열반의 본성은 같지만 지혜의 청정함에 따라서 그것을 다르게 경험합니다. 시력이 좋을수록 더 명료하게 사물을 볼 수 있는 것과 같습니다. 그것에 대한 비유를 찾는 것조차 어렵습니다. 그것이 붓다가 열반에 대한 예가 없다고 말한 이유입니다. 그것을 설명할 개념도, 언어도 없습니다. 열반은 '꺼짐'을 의미합니다. 《라따나 수따Ratana-sutta》에 따르면 "그것은 꺼진 불꽃과 같아서 갈애가 더 이상 없습니다(Nibbantidhīrā yathāyam padipo)."

담·마·토·크
Dhamma Talk

붓다는 《담마다사 숫따Dhammadasa-sutta》에서 소따빤나에게는 이런 성품이 있다고 했습니다. "그는 붓다, 담마, 상가를 신뢰하고 계율을 어기지 않습니다." 만약 이런 성품이 자신에게 있다면 자신에게 말할 수 있을 것입니다. "나는 소따빤나예요." 그러나 이런 지식이 없다면 그런 경험을 해도 그것을 어떻게 불러야 할지 모릅니다. 즉 그런 성품과 경험이 있다고 해도 그것이 '아는 것'을 의미하지 않습니다. 예를 들어 오렌지를 알지 못하는 사람에게 입에 넣고 씹어보라고 하면 그 맛에 대해 말할 수 있습니다. "오! 약간 달고, 약간 시고 맛있어요." 그러나 그것이 무엇이냐고 물으면 "모르겠어요. 하지만 이 맛은 알아요." 그 맛은 알지만 이름은 모르는 것이지요. 소따빤나는 오렌지와 마찬가지로 어떤 경험에 붙여진 이름입니다. 좀 더 분명하게 설명하기 위해 레디 사야도(Ledi Sayadaw)의 말을 인용합니다.

"오직 충분히 오랫동안 기다리십시오. 그것이 몇 년일지라도. 세상 속에서 당신의 일상 속에서 경험되어질 것입니다. 지금 '오! 깨달음의 첫 번째 단계를 성취한 것 같아요.' 하고 서둘러서 결정하지 마십시오. 충분히 기다리면 경험할 것이고 비로소 발견할 것입니다. '오! 아직은 아니요, 좀 더 수행해야만 해요.'"

이와 같은 것이 '그릇된 해탈'입니다. 아직 해탈하지 않았는데 그렇다고 착각합니다. 누구나 그런 실수를 저지를 수 있습니다. 그러나 그 사람이 정직하다면 나중에 알 것입니다.

―――

각각의 사람마다 각각의 오온을 다른 방식으로 경험합니다. 어떤 사람은 감각, 느낌이 일어나고 사라짐을 더 많이 경험합니다. 어떤 사람은 마음이 일어나고 사라지는 것을 더 많이 경험합니다. 이것은 성격에도 달려 있는데 초보자는 웨다나(vedana ; 느낌, 감각)에서부터 시작하는 것이 좋습니다. 몸에서 경험하는 것은 감각입니다. 마음에서 경험하는 것은 감정입니다. 저는 감각을 더욱 강조하는데, 그 이유는 수행은 감각에서부터 시작되기 때문입니다. 초보자가 생각이나 마음에서부터 시작하기란 어렵습니다. 몸의 움직임부터 시작하거나, 감각에서부터 시작해도 가고자 하는 방향으로 갈 것이고, 그것은 자연스럽게 일어날 것입니다. 몸에서 좋은 감각, 싫은 감각, 중립적인 감각을 느낍니다. 마음에서 좋은 감정, 싫은 감정, 중립적인 감정을 느낍니다. 몸과 마음은 서로 연결되어 있습니다.

통증이 있을 때, 마음은 싫은 감정을 느낍니다. 그러나 통증과 감정은 항상 연결되어 있는 것이 아니고, 반드시 연결되어 있는 것도 아닙니다. 아라한이 아니더라도 훌륭한 수행자는 몸은 고통스러워도 마음은 평화롭습니다. 아라한은 통증에 영향을 받지 않습니다.

세속적인 탐욕과 성냄의 뿌리가 떨어지는 것은 깨달음의 세 번째 단계에서 일어납니다. 그러나 색계·무색계 존재에 대한 집착은 남아 있습니다. 성냄와 좌절, 감각적 욕망의 추구도 깨달음의 세 번째 단계에서 제거됩니다.

진정으로 좋은 통찰은 번뇌들이 없을 때나, 일시적이라도 사라졌을 때 일어납니다. 이것이 상카루뻭카(saṅkhārupekkhā) 단계에서 탐욕도 없고, 바람도 없고, 좌절도 없고, 들뜸도 없는 완전한 평정심이 있는 이유입니다. 마음이 매우 청정해지고 훤히 꿰뚫어볼 수 있습니다. 열반을 향한 돌파단계 이전에 돌파력이 필요합니다. 그러나 수행의 초기에는 성냄이나 탐욕이 계속 올 수 있고, 우리는 그것을 뚫고 지나가야 합니다. 수행에 대한 좌절, 수행에서 오는 평화로움에 대한 집착도 극복하고 포기하고 놓아버려야 합니다. 이 때문에 이 모든 것을 관찰하고 놓아버리는 것이 매우 중요합니다. 화가 날 때 욕망, 갈애, 탐욕을 볼 수 있습니다. 우리는 둘 다를 볼 수 있습니다. 하나가 저기에 있을 때 다른 것이 여기에 있습니다. 어떤 것을 원할 때 그것을 얻거나 얻지 못하는 것에 대한 근심이 있습니다. 이것은 고통스럽습니다. 사실 탐욕 자체는 고통스럽고 불완전합니다. 어떤 것에 탐욕이 있을 때 불완전함을 느끼는데, 그 불완전함은 고통입니다. 통찰의 열한 번째 단계에서 그런 것들이

전혀 일어나지 않고, 탐욕도 없고 성냄도 없고 좌절도 없이 완전히 명료해지고 균형이 잡힙니다.

이번 집중수행에서 저는 근본적인 이유들에 대해 설명할 시간이 없습니다. 무엇을 할 것인지에 대해서만 말할 수 있을 것입니다. 만약 준비가 잘 되었다면 이미 절반은 한 것입니다. 따라서 준비해서 오고, 몸 또한 준비하십시오. 한 시간을 앉는 것이 쉽지 않은 것을 발견할 것입니다. 마음이 들뜰 것입니다. 지금부터 준비를 시작할 필요가 있습니다. 그것이 그렇게 일어날 것이라고 막연히 기대할 수 없습니다. 심지어 달리기 위해서도 준비해야 합니다.
집중수행은 인생의 멋진 경험입니다. 자주 하는 것이 아닙니다. 9일간의 소중한 날들에 단 1분이라도 시간을 낭비하지 않고 모두가 함께할 필요가 있습니다. 어떤 사람은 '집중수행*retreat*'을 '큰 기쁨 *treat*'이라고 말합니다. 그것은 특별한 것입니다. 몇몇 사람은 매우 깊고 의미 있는 것을 경험할 수 있을 것입니다. 여러분이 모두 깨달음을 경험하기를 희망합니다.

11
집중수행에 들어가며

– 집중수행은 인생에 대한 준비 –

저는 죽을 때까지, 마지막 순간까지 수행을 계속할 것입니다. 이것은 제가 준비하고 있는 것입니다. 내가 죽어가는 순간에 어떻게 느끼는지, 나의 마지막 순간이 어떤지, 내가 죽기 1초 전에 어떤 정신 상태인지를 분명하게 알고 싶습니다. 그것이 알고 싶고, 그것을 알아차리고 싶고, 그런 후에 죽고 싶습니다. 이것이 죽음에 이르는 최상의 방법입니다. 저는 죽음을 준비하고 있습니다. 충분히 준비하면 그 일의 반은 한 것입니다. 인생에 대한 준비는 충분히 준비를 해도 기대한 대로 된다고 확신할 수 없습니다. 준비하고 기대한 대로 되지 않는 것 또한 우리는 준비해야 합니다.

저는 그동안 '준비'에 대해 아주 많이 이야기했습니다. 그럼에도 또 다시 말합니다. 준비는 매우 중요합니다. 진정으로 준비하지 않는다면, 인생의 모든 삶도 일어나는 대로 그냥 살아갈 것입니다. 이런 삶은 좋은 삶이 아닙니다. 물론 삶에서는 기대하지 않았던 일들이 일어나서 무언가를 해야 하기도 합니다. 그러나 우리는 어떤 것이 일어날 것을 알거나, 적어도 그 일이 일어날 확률이 높다는 것을 알 수 있습니다.

우리의 인생에서 가장 확실하게 일어날 일은 무엇인가요? 그것은 바로 '죽음'입니다. 죽음은 확실합니다. 그것에 대해서는 누구도 한 치의 의심이 없습니다. 그렇다면 그것을 준비하고 있나요? 저는 사람들이 좋은 일을 할 수 있도록 동기를 부여하고 격려하기를 좋아합니다. 그런 의미에서 죽음은 가장 큰 동기이자 배움입니다. 저는 죽음의 목전까지 갔던 사람들을 많이 알고 있습니다. 그리고 그들이 죽음 앞에서 어떻게 느끼는지 보았습니다. 그들은 죽음을 경험하고 난 후 하나같이 전혀 다른 사람이 되었습니다. 이는 매우 의미심장한 이야기입니다.

우리는 누구나 언젠가 자신이 죽는다는 것을 분명 알고 있습니다. 그러면서도 막연히 그것을 망각하고 삽니다. 죽음에 대해 준비하지도 않습니다. 그것이 10년 후일지 30년 후일지 모릅니다. 하지만 1년 후가 될 수도, 1주일 후가 될 수도, 아니 오늘 당장일 수도 있습니다. 그렇기 때문에 항상 준비되어 있어야 합니다. 가능한 더 많이 준비되어 있는 것이 더 좋습니다.

이번 집중수행도 수행이 첫날부터 잘되는 것이 아니라는 것을 알고 준비해야 합니다. 저는 죽을 때까지, 마지막 순간까지 수행을 계속할 것입니다. 이것은 제가 준비하고 있는 것입니다. 내가 죽어가는 순간에 어떻게 느끼는지, 나의 마지막 순간이 어떤지, 내가 죽기 1초 전에 어떤 정신 상태인지를 분명하게 알고 싶습니다. 그것이 알고 싶고, 그것을 알아차리고 싶고, 그런 후에 죽고 싶습니다. 이것이 죽음에 이르는 최상의 방법입니다. 저는 죽음을 준비하고 있습니다. 충분히 준비하면 그 일의 반은 한 것입니다. 인생에 대한 준비는 충분히 준비를 해도 기대한 대로 된다고 확신할 수 없습니다. 준비하고 기대한 대로 되지 않는 것 또한 우리는 준비해야 합니다.

어떤 사람은 준비를 하고 어떤 사람은 운이 좋기를 바랍니다. 운에 맡기는 것은 좋지 않습니다. 운에 맡기는 것은 그것이 일어날 확률이 아주 적습니다. 준비가 잘 되어 있다면 그것의 결과가 나쁘지 않을 것이라고 예상할 수 있습니다. 준비는 매우 중요합니다. 우리는 준비하고 준비하면서 살아가야 합니다. 준비는 끝이 없습니다. **준비가 우리의 인생입니다.** 저는 다음 생을 준비하고 있습니다. 그것이 반드시 일어난다는 것을 알고 있기 때문입니다. 준비를 하면 준비한 것과 아주 비슷하게 일어난다고 확신을 할 수 있습니다. 그것이 붓다가, 붓다가 된 방법입니다. 붓다 역시 준비했기 때문에 붓다가 되었습니다.

바라밀(pārami)은 준비이고, 바라밀은 완성입니다. 어떤 것을 실천해서 그것이 완성되어 가는 것, 그것이 준비입니다. 바라밀을 하지 않는 것은 준비하지 않는 것이고 자신이 가치 있는 사람이 되기 위해 노력하지 않는 것입니다. 그러면 자신이 바라는 것이 일어나지 않습니다. 어떤 것을 원한다면 그것에 대해 준비를 해야 하고 그것이 가치가 있다고 느껴야 합니다. 지금 힘든 상황에 있다고 해도 준비가 되어 있다면 크게 동요하지 않을 것입니다. 그러나 준비하지 않았다면 힘들고, 두렵고 더 많은 걱정과 짜증이 날 것입니다. 우리는 오랜 시간 준비해 왔지만 계속 준비해야 합니다.

다음에 소개하는 붓다의 말은 매우 아름다운 게송으로 수행자를 격려해줍니다.

Atītaṃ nānvāgameyya
nappaṭikaṅkhe anāgataṃ
yad atītaṃ pahīnaṃ taṃ
appattañca anāgataṃ

Paccuppannañca yo dhammaṃ
tattha tattha vipassati
asaṃhīraṃ asaṃkuppaṃ
taṃ vidvā manubrūhaye

Ajjeva kiccamātappaṃ
ko jaññā maraṇaṃ suve
na hi no sangaraṃ tena
mahāsenena maccunā

Evaṃvihāriṃ ātāpiṃ
ahorattam atanditaṃ
taṃ ve bhaddekaratto ti
santo ācikkhate munīti

- MN iii.187

과거를 돌아보지 말고 미래를 바라지 마라.
과거는 떠나갔고 미래는 오지 않았다.
현재 일어나는 현상들을 바로 거기서 통찰한다.
정복당할 수 없고 흔들림이 없는
그것을 지혜 있는 자 증장시킬지라.
오늘 정진하라. 내일 죽을지 누가 알리오?
죽음의 무리와 더불어 타협하지 말라.
이렇게 노력하여 밤낮으로 성성하게 머물면
지복한 하룻밤을 보내는 고요한 성자라 하리.

"과거를 돌아보지 마십시오."(Atītaṃ nanvāgameyya)

'과거로(atītaṃ) 계속해서(anu) 가려고(gama) 하지 마십시오(na)'라는 의미입니다. 이것은 과거를 잊으라는 뜻이 아닙니다. 현재를 벗어나 과거에 머물면서 과거를 반복적으로 생각하지 말라는 뜻입니다. 과거에 유용한 것이 있다면 그것을 기억하고 그것을 사용해야 합니다. 전화번호, 주소 등은 당연히 기억해야 합니다. 과거에 많은 일을 했고, 많은 일들이 일어났으며 그것을 기억해야 합니다. 그 경험들을 기억하고 그것을 현재에 사용하는 것은 우리 삶의 일부입니다. 그러나 반복적으로 과거를 회상하면서 자신을 불행하게 하는 일은 하지 마십시오. 이것은 유익한 일을 할 수 없게 하고 불행하게 합니다. 시간과 에너지를 낭비할 뿐입니다.

생각이 일 때는 그것을 깊이 들여다보십시오. 그것에 대해 계속 생각하는 것은 집착입니다. 과거를 기억하고 그것을 현명하게 사용하는 것이 우리가 해야 하는 것입니다. 붓다도 과거생을 이야기했습니다. 그것을 이야기하는 것은 유용하지만 과거의 일을 생각하면서 집착하지 마십시오. 그것은 습관이 되기도 합니다. 자신이 유익하지 않는 생각을 하고 있다면 그것을 깊이 들여다보십시오. 그 생각을 주의 깊게 보십시오. 자신의 태도를 보십시오. 왜 그것을 계속 생각하고 있나요? 거기에 공포나 집착이 있나요? 어떤 것에 두려움을 느끼면 그것을 생각하게 되고 잊을 수 없게 됩니다. 어떤 것에 집착이 있다면 그것을 계속 생각합니다. 사람들이 반복적으로 생각하는 것에는 이유가 있습니다. 왜 그것을 생각하고 있는지 마음을 깊이 들여다보십시오. 그 생각을 보고 그것에 대한 집착을 보십시오. 그 경험에 왜 그렇게 집착하고 있나요?

"미래를 바라지 말라."(nappaṭikaṅkhe anāgataṃ)

'미래를 바라지 마십시오.' 어떤 일이 일어날지 아닐지를 미리 생각하거나 미래를 걱정하는 것은 유익하지 않습니다. 그러나 이것이 미래의 계획을 세우지 말라는 뜻은 아닙니다.

"붓다는 이미 지난 과거와 오지 않은 미래에 대해 생각하지 말라고 했는데 그러면 어떻게 인생을 살아가나요?"라고 묻는다면, 이것은 잘못된 이해입니다. 붓다는 미래의 계획을 세우지 말라고 하지 않았습니다. 과거에서 유익한 교훈을 얻고 그것을 사용하십시오. 주의 깊게 계획을 세우고 준비를 하고 해야 할 일을 찾아 최선을 다하십시오.

"과거는 떠나갔고."(yad atitam pahīnaṁ taṁ)

과거가 존재하지 않는 것은 누구나 알고 있습니다. 하지만 과거에 집착하고 과거를 생각하고 과거를 현재로 만들고 있습니다. 과거의 일을 생각하고 그것을 현재처럼 만들고 그것은 현재가 됩니다. 생각이 과거를 현재로 가져옵니다. 그것은 생각하지 않으면 더 이상 실제가 아닌 기억일 뿐입니다.

"미래는 아직 오지 않았다."(appattañ ca anāgataṁ)

미래는 아직 오지 않았습니다. 하지만 자신이 원하는 것을 준비하고 기대하지 않는 일이 일어날 수도 있음을 예상해야 합니다. 반면에 기대하지 않아야 할 것을 기대하기도 합니다. 삶을 있는 그대로 깊이 들여다보십시오. 삶을 들여다보는 것 또한 삶의 일부입니다. 삶은 무엇인가요? 그것은 70년, 80년을 사는 삶을 의미하는 것이 아닙니다. 그것은 개념입니다. 진정한 삶은 '지금 여기'에 있습니다. 진정한 삶은 지금 보는 것, 지금 듣는 것, 지금 냄새 맡는 것, 지금 몸에서 느끼는 것, 지금 맛보는 것, 지금 생각하는 것입니다. 진정한 삶은 현재에 있습니다.

삶은 아이디어나 개념이 아닙니다. 삶은 지금 현재에 있고 그것은 감각, 지각입니다. 우리는 수행할 때 감각에 주의를 기울입니다. 웨다나(vedanā), 감각이란 단어가 무엇을 의미하는지 분명하게 하고 싶습니다.

차가움을 느낄 때, 그것은 감각입니다.
뜨거움을 느낄 때, 그것은 감각입니다.
통증을 느낄 때, 그것은 감각입니다.
어떤 것을 볼 때, 그것은 감각입니다.
어떤 것을 들을 때, 그것은 감각입니다.
어떤 것의 냄새를 맡을 때, 그것은 감각입니다.
어떤 것을 맛볼 때, 그것은 감각입니다.

수행할 때 그 감각에 완전한 주의를 기울입니다. 우리가 차갑다고 느끼는 감각에 주의를 기울이면 거기에 모양이 있나요?

모양은 없습니다. 차가운 감각은 모양이 없습니다. 모양을 생각하지 않고 차가움에 주의를 기울입니다. 직접적인 경험은 생각할 수 없습니다. 이것이 수행의 요점입니다.

개념과 아이디어는 생각할 수 있지만 경험은 생각할 수 없습니다. 과거를 생각할 때 그 생각은 직접적인 경험이 아닙니다. 그것은 아이디어이고 자신의 경험에 대한 해석입니다. 미래도 같습니다. 자신의 과거를 미래에 투영합니다. 그것 역시 직접 경험이 아니고 아이디어입니다. 수행을 할 때는 감각에 주의를 기울이고 생각이 일면 그 생각에 완전한 주의를 기울입니다. 하지만 생각이 없고 고요하고, 평화롭다면 그 마음에 주의를 기울입니다. 그것에 대해 아무것도 하지 않습니다. 그것을 조절하려고 하지 않습니다. 이 점이 매우 중요합니다. '있는 그대로' 볼 뿐입니다. 많은 사람들이 수행을 할 때 무엇을 어떻게 해야 하는지에 대해 묻습니다. "단지 현상에 주의를 기울이고 알아차리십시오!" 대부분 이 대답에 놀랍니다. 사람들은 어떤 것을 하거나 무언가를 만들어야 한다고 생각하기 때문입니다. 그러나 그것은 일상에서 하는 것입니다.

사실 수행은 아무것도 하지 않는 것입니다. 오로지 감각에 주의를 기울이고 그 감각을 알아차립니다. 이것은 아주 단순해서 너무 어렵습니다. 사람들은 모든 것을 복잡하게 만드는 습관이 있는데 수행은 그렇게 할 수 없습니다. 지금 현재의 삶을 있는 그대로 바라보는 것입니다. 지금 이 순간 현재에는 이야기가 없습니다. 지금 일어나고 있는 것을 이야기로 만들 수 있나요? 지금 여기에 이야기는 없고 감각만이 있습니다.

"현재 일어나는 현상들을 바로 거기서 통찰한다. 정복당할 수 없고 흔들림이 없는 그것을 지혜 있는 자 증장시킬지라
(Paccuppannañ ca yo dhammaṃ, tattha tattha vipassati, asaṃhīraṃ asamkuppaṃ, taṃ vidvā manubrūhaye)."

지금 이 순간 여기에 마음을 유지한다면 거기에 안정이 있습니다. 그것은 마음이 과거나 미래에 있지 않다는 것입니다. 그것은 과거나 미래를 생각하면 안정이 없다는 것을 의미합니다. 마음이 지금 여기에 있고 지금 여기에서 일어나는 현상에 주의를 기울일 때 안정과 자유가 있습니다. 완전한 알아차림이 있을 때 그곳에 생각이 없습니다. '생각은 감옥'입니다. 완전한 알아차림이 있을 때 탐욕이 없습니다. 탐욕은 생각입니다. 생각하지 않고 자신을 욕심쟁이로 만들 수 있나요? 시도해보십시오. 생각 없이 탐욕이 일어날 수 없습니다. 탐욕은 생각을 수반합니다. 성냄도 같습니다. 생각 없이 화를 낼 수 없습니다. 따라서 지금 여기에는 생각이 없고, 탐욕이나 성냄이 없습니다.

이것이 자유입니다.

"오늘 정진하라. 내일 죽을지 누가 알리오? 죽음의 무리와 더불어 타협하지 말라(Ajjeva kiccam ātappam ko jaññā maranam suve Na hi no sangaram tena mahāsenena maccunā)."

죽음은 예고 없이 옵니다. 언제 죽음이 올지 모릅니다. 우리는 오랫동안 살 거라고 믿고 있을 뿐입니다. "나는 아직 건강하고 적어도 20년, 30년, 40년 더 살 수 있을 거예요.", "나는 50년을 더 살고 싶고, 마지막 날, 마지막 순간까지 일하고 싶습니다." 이렇게 말하는 사람들이 많습니다. 하지만 죽음이 언제 올 지 예측할 수 없는데, 어떻게 죽음과 거래할 수 있나요? 거래할 수 없습니다! 대부분의 사람들은 죽음을 예상하지 못하고 죽습니다. 예외가 있다면 암과 같은 병에 걸려 시한부를 선고받고 오랫동안 앓아온 이들이지요. 이들은 자신이 죽어가고 있다는 사실을 압니다. 그런 면에서 이들은 행운아들입니다. 자신이 몇 달 후에, 몇 년 후에 죽는다는 것을 미리 알고 준비할 수 있으니 행운아 아닌가요?

대부분의 사람들은 "만약 내가 죽는다면 어느 날 갑자기 순간적으로 죽고 싶어요. 고통 받고 싶지 않아요."라고 말합니다. 정말 그럴까요? 저는 자신이 죽어가고 있다는 사실을 아는 사람들을 많이 보아왔습니다. 물론 그들은 처음에는 매우 슬프고 우울해합니다. 그러나 일정한 시간이 지나면 그들은 매 순간, 매일을 아주 잘 사용합니다. 아침에 잠에서 깨어나는 순간, 아주 행복해 합니다. "나 오늘도 살아 있어요!" 그들은 자신의 시간을 아주 소중하게 사용합니다. 사람들을 만날 때마다 진정한 배려, 사랑, 자애로 그 사람과 관계를 맺습니다. 그들과 며칠 또는 몇 달만을 함께 할 수 있고 더 이상 볼 수 없다는 것을 알기 때문입니다.

왜 자신을 좌절하게 하는 생각을 하나요? 서로에게 좋은 일을 생각하고 서로를 존중하고 서로 친절하고 서로 열려 있고 진실로 대하는 것이 좋습니다. 저 역시 이렇게 하려고 아직도 노력하고 있습니다. 저는 몇 년 동안 나 자신이 실제가 아니라는 느낌에 사로잡혔습니다. '내가 연극을 하는구나. 내가 연극을 너무 잘하기 때문에 사람들이 그렇게 믿는 것뿐이야'라고 느껴졌지요. 누구나 자신이 가식적이고 가장된 인생을 산다면 그것이 실제가 아니라고 느낄 것입니다. 그러면 자신의 인생이 결코 만족스럽지 못하지요. 저는 실제적이고 싶고, 무엇을 하고 싶어 하는지, 내가 누구인지, 내가 지금 어디를 향해 가고 있는지 진정으로 발견하고 싶습니다.

"이렇게 노력하여 밤낮으로 성성하게 머물면 지복한 하룻밤을 보내는 고요한 성자라 하리(Evaṃvihāriṃ ātāpiṃ ahorattam atanditaṃ taṃ ve bhaddekaratto ti santo ācikkhate munīti)."

성자는 붓다나 아라한과 같은 지혜로운 사람으로, 밤낮으로 성성하게 머문다는 뜻은 사띠가 안식처라는 뜻이며 홀로 사는 더 나은 방법을 아는 사람을 말합니다. 여기에서 '더 나은 방법'이라는 말에는 '홀로 사는 것에 여러 가지가 있다'라는 뜻이 내포되어 있습니다. 아무도 없는 숲에 가서 오두막을 짓고 그곳에서 홀로 사는 것은 '더 나은 방법'이 아닙니다. 일정시간은 유익하지만 그것을 평생 할 수는 없습니다. 우리는 연결되어 있어야 합니다. 스님들도 다른 스님들이나 스승, 혹은 마을 사람들과 연결되어 있습니다. 그렇다면 '홀로 사는 더 나은 방법을 아는 사람'이라는 것은 무엇을 의미하나요? 사람들은 본질적으로 외롭지만 홀로 살고 있지는 않습니다. 반면에 홀로 살지만 외롭지 않을 수 있습니다. '나는 숲 속의 외딴 곳에 홀로 있지만 외롭지 않습니다.'

홀로 있지만 외롭지 않다. 인생에서 이것을 배워야 하고 배우면 유익한 것입니다. 저 역시 이곳에서 대부분의 시간을 제 방에서 홀로 보냅니다. 아주 가끔 방 밖에 나옵니다. 저는 홀로 있지만 외롭지 않습니다. 저는 사람들과 연결되어 있고 서로 관계 맺고 있다는 느낌을 받습니다. 여러분은 어떻습니까? 수행자는 그렇게 하는 법을 배웁니다. 과거나 미래를 생각하지 않을 때, 욕심 부리거나 화내지 않을 때, 마음이 조용하게 깨어 있을 때, 그것이 홀로 살아가는 더 나은 방법이라는 것을 압니다. 이곳에는 주위에 많은 사람들이 있고 함께 앉아서 수행을 합니다. 하지만 각각 홀로 있습니다. 수행 중에는 반응을 하지 않습니다. 탐욕, 성냄, 자만, 질투, 인색에 반응하지 않을 때 홀로 있습니다. 하지만 반응을 하는 순간 홀로가 아닙니다. 욕심을 부리거나 화를 낼 때 더 이상 홀로 있지 않습니다.

알아차림이 있고 과거나 미래를 생각하지 않을 때 우리는 '심리적으로 독립적'입니다. 이 단어 '심리적으로 독립적'이라는 의미는 매우 중요합니다. 저는 이곳에 있으면서 여러 면에서 여러분들에게 의지하고 있지만 심리적으로는 의존하고 있지 않습니다. 여러분이 저를 행복하게 만들 것이라고 기대하지 않습니다. '나는 내가 있는 대로 행복합니다.' 그러나 필요한 것이 있거나 어디를 가고 싶을 때 여러분이 저를 도와줄 거라고 기대합니다. 그럴 때는 여러분들에게 의존합니다. 여러분이 도움을 주고 저는 그것을 고맙게 생각합니다. 하지만 여전히 심리적으로는 독립적입니다. 그것이 홀로 있음을 의미합니다. 누군가에게 심리적으로 의존한다면 그 사람이 옆에 없어도 홀로 있는 것이 아닙니다. 수행을 해서 이런 성품들을 개발하면 홀로 있어도 외롭지 않습니다. 그 차이를 이해하려고 하십시오. 큰 차이가 있습니다. 붓다는 수행자들에게 은둔생활을 격려했지만 완전히 격리되어서 홀로 사는 것을 격려하지는 않았습니다. 수행을 해서 마음을 매우 고요하고 평화롭게 하십시오. 탐욕도 없고, 성냄도 없고, 자만, 질투, 인색이 없다면 그것은 다른 사람들과 연결되어 있지만 홀로 있는 것입니다. 홀로 있는 것은 좋지만 외로운 것은 그렇지 않습니다.

"위대한 길은 선호하는 것이 없는 사람에게는 어렵지 않습니다."
- Hsin-hsin Ming by Seng-t'san the 3rd Zen Patriach

이것은 제가 오래 전에 읽은 시 구절입니다. 매우 긴 시였는데, 이 처음 두 줄만 기억합니다. 저는 이 아름다운 두 구절의 시와 함께 살고 있습니다. 시와 함께 살며 내 삶이 시가 되는 것, 이것 역시 제가 하고자 하는 것입니다. 저는 시에서 살며 제 인생은 시가 됩니다.

"위대한 길은 선호하는 것이 없는 사람에게는 어렵지 않습니다." 저는 이렇게 살기 위해 노력합니다. 선호하는 것은 그렇게 나쁜 것이 아니지만, 필요해 하는 것은 매우 나쁜 것입니다. "나는 이것을 원하고, 저것을 원해요. 이것이 필요하고 저것이 필요해요."라고 합니다. 원함은 불선한 것이 아니지만 필요해 하는 것은 불선한 것입니다. "나는 무엇이 필요하다."라고 할 때 그것 없이는 살 수 없다는 뜻이기 때문입니다. 사실 우리가 사는 데는 많은 것이 필요하지 않습니다. 저로 말하면 필요한 것이 너무나 적어서 그것에 대해 말하기가 우스울 정도입니다. 적은 양의 쌀, 약간의 채소, 콩 그것으로 충분합니다. 위를 채울 정도면 됩니다. 이렇게 먹으면 혀는 싫어하겠지만 위는 행복해할 것입니다. 저는 항상 같은 옷을 입습니다. 아침에 하나 빨아서 말리고 다음 날 다시 입습니다. 매일 같은 옷을 입습니다. 내 몸은 행복하지만 내 눈은 행복하지 않을 것입니다. 그러나 그것은 내가 아니라 눈일 뿐입니다. 옷이 몸을 따뜻하게 하는 한 그것은 괜찮습니다. 눈만이 많은 고통을 일으키고 있습니다. "나는 그것이 필요해요."라고 할 때 자신에게 물어보십시오. "정말 그것이 필요한가요? 그것을 놓아버릴 수는 없나요?" 대부분 이렇게 대답할 것입니다. "아니요, 나는 그것이 필요하지 않아요. 그것을 원해요." 이 부분에 대해 정직해지십시오. "나는 그것을 원해요." 이것이 정직한 대답입니다. 이것은 지나치게 요구하지 않는다는 뜻이고 더 나아가 선호하는 것을 바꿀 수 있습니다.

집중수행을 시작하면 음식, 음료수, 담배, 휴대폰 등 이전에 즐기던 것들을 할 수 없습니다. 따라서 마음을 준비하고 자신에게 말하십시오. "나는 이것을 실천할 것이다. 위대한 길은 선호하는 것이 없는 사람에게는 어렵지 않다." 수행을 하면서 죽지 않을 것입니다. 죽더라도 계속 수행하십시오. 열심히 하십시오. "몸에 피부와 뼈만 남아도 나는 수행을 할 것이다." 이런 각오로 하십시오. 집중수행 기간 동안 우리는 서로 친구이고 형제자매라고 느끼십시오. 이 느낌은 중요합니다. 수행만 하는 것만으로는 충분하지 않습니다. 우리는 더 많이 수행할 필요가 있습니다.

자애수행은 자애와 함께 연민을 불러들입니다. 붓다의 성품을 생각하면 마음은 고요하고, 평화롭고 청정해집니다. 청정한 사람을 생각하면, 마음은 그처럼 되려는 성향이 있습니다. 우리는 더 놓아버릴 수 있습니다. 붓다, 자유, 청정, 지혜, 자애를 생각하면 마음은 그렇게 되기를 원합니다. 그것만으로도 그것을 방해하는 다른 것들을 놓아버리고 싶어집니다. 자애수행을 할 때 우리는 서로를 생각하고 서로에게 친절함을 방사합니다. 친절한 생각을 서로에게 방사하면 친근하고 편안하게 됩니다. 우리는 친구처럼, 형제자매처럼 느낍니다. 우리는 가족입니다. 이 느낌은 우리를 안전하고 편안하게 합니다. 이는 매우 중요합니다. 하나의 수행은 다른 수행을 돕습니다. 알아차림을 좀 더 알아차리고 좀 더 평화롭고 좀 더 민감해지도록 합니다. 이것은 우리가 사랑스럽고, 친절하고, 사려 깊도록 해줍니다.

집중수행을 하면서 많은 사람들이 같은 장소에서 함께 지냅니다. 그러므로 마음을 준비하지 않는다면 자칫 마찰과 좌절이 일어날 수 있습니다. 두 사람이 한 장소에서 살 때도 용서하고 이해해야 합니다. 이런저런 일들이 일어나서 신경을 건드리고 생각하게 할 것입니다. "오! 저 사람, 저 사람이 안 왔으면 좋았을 텐데요. 저 사람은 좌선하면서 매 분마다 움직이고 있어요." 별의별 생각들이 마음 안에서 일어날 것입니다. "저 사람은 아주 욕심이 많아요. 좋은 것을 너무 많이 먹어요. 디저트를 접시 채로 먹어요.", "문을 닫을 때 쾅하고 닫아요." 이런 일들이 일어날 것입니다. 그렇기 때문에 우리가 서로 도우며 보호해준다고 느끼는 것은 중요합니다. 매일 수행할 때마다 친절함, 사랑스러운 생각, 이해, 용서를 방사해서 서로가 안전하게 보호됨을 느끼도록 하십시오. 우리 모두를 대가족으로 느끼도록 하십시오. 이것이 자애입니다. 자애는 생각만 하는 것이 아닙니다. 수행에 대한 기초적인 지침을 잘 이해했기를 바랍니다.

담·마·토·크

Dhamma Talk

우리는 인터뷰 시간을 갖습니다. 질문을 하고 자신의 경험을 표현하고 지도를 받습니다. 개인적인 질문을 할 수도 있습니다. 저는 제가 할 수 있는 모든 방법으로 여러분을 도와줄 의지가 있습니다. 이런 준비는 집중수행을 최상이 될 수 있도록 도와줍니다. 집중수행 기간의 소중한 9일로, 하루하루가 소중합니다. 이것은 자주 있는 기회가 아닙니다. 아주 특별하고 드문 일입니다. 저는 여러분이 그것을 최상으로 만들기를 원하며, 정말로 즐기고, '그것은 아주 소중했어요'라고 느끼고, 나중에 '그것을 해서 매우 기뻐요'라고 기억하기를 바랍니다. 이런 기회를 갖는 것은 매우 드문 일입니다. 좋은 추억으로 남아 행복하게 느끼면 그것은 여러분이 계속 수행을 할 수 있도록 도와줄 것입니다. 몇몇 깊은 통찰을 경험하면 그것은 남은 인생은 물론이고 다음 생에도 도움이 될 것입니다. 통찰은 엄청난 힘이 있어 몇 생 동안 영향을 줍니다. 순수한 정신·물질 현상과 '무아'을 보면 그 깊고 명료한 이해는 몇 생 동안 영향을 미칩니다. 어느 생이든 담마를 들을 때마다 즉시 알 수 있습니다.
"네, 이것은 옳아요!" 그것은 엄청난 힘이 있습니다. 지혜에는 아주 강력한 힘이 있습니다. 우리는 과거 생을 살았지만 과거 생에도 수행은 많이 하지 않았다고 할 수 있습니다. 아마 보시를 하고, 많은 공덕을 짓고, 오계를 지키고, 좋은 일을 했을지는 모르지만, 수행은 거의 하지 않았을 것입니다.

'높거나 사치스러운 자리에 앉지 않을 것입니다'라는 계율을 지키는 목적이 무엇입니까?

사람들은 자신의 위치를 자랑하는데, 자리는 그가 누구인지를 보여줍니다. 사무실의 크기가 그 사람을 보여줍니다. 사무실이 더 크고 값비싼 가구나 화분이 있으면 더 높은 사람입니다. 우리는 무엇을 입고 어디에 앉고 어떤 침대에서 자는지를 자랑합니다. 각각 다른 자리를 사용함으로써 서로를 차별합니다. "그 자리에 앉으면 안 돼요. 그것은 특별한 자리에요." 하지만 팔계는 의도적으로 자신을 낮추고, 높거나 사치스러운 자리를 사용하여 자신을 과시하지 않습니다. 그런 행동은 마음에 영향을 줍니다. 팔계는 수행을 도와주고 삶을 단순하게 합니다.

팔계를 지키라고 하면 "오! 그것은 너무 어려워요." 하는 사람이 많습니다. 그러나 지키려는 의지가 있다면 이틀 후에는 괜찮다고 느낄 것입니다. 첫날에만 무언가 빠진 것처럼 느낍니다. 아침을 먹고, 점심을 먹고, 저녁에는 주스를 마십니다. 주스를 먹는 것은 수행에 좋습니다. 그것은 좋은 에너지를 줍니다. 몸이 가볍게 느껴집니다. 삶을 단순하게 만들고 시간을 절약하는 것은 중요합니다. 사람들이 얼마나 많은 시간을 먹는 데 소비하는지 생각해보십시오. 저는 먹는 데 15분 정도 걸립니다. 제 자신에게 먹는 시간을 20분을 주지만 15분 안에 식사를 끝냅니다. "왜 요리하는 데 그렇게 많은 시간을 소비하나요? 충분한 에너지를 가지는 것, 건강을 유지하는 것은 중요합니다. 그러나 음식에 너무 집착하면서 시간을 허비하지 마십시오.

감각들을 관찰할 때 호흡을 여전히 알아차려야 하나요?

호흡과 머물 수 있다면 가능한 오랫동안 머무십시오. 다른 감각이 강하면 자연스럽게 마음은 그곳으로 갈 것입니다. 이런 경우 그 감각에 주의를 기울이십시오. 그 감각에 머무십시오. 오랫동안 머물 수 있습니다. 어떤 감각에 머무는지는 중요하지 않습니다. 중요한 것은 그 감각과 머물면서 그것의 본성을 보는 것입니다. 그것이 자연적인 현상일 뿐이라는 것을 보십시오. 그것은 모양도 없고 이름도 없고 어떤 것에 속해 있지 않습니다.

그것은 사라질 것입니다. 그것이 사라지면 다시 호흡으로 돌아오십시오. 종종 호흡이 사라지고 매우 명료한 마음 상태를 경험합니다. 그러면 그것에 주의를 기울입니다. 더 이상 아무것도 없고 감

각도 없고 심지어 호흡도 없습니다. 여전히 숨을 쉬고 있지만 너무 미세해서 더 이상 알아차릴 수가 없습니다. 마음에 더 많은 주의를 기울이기 때문에 그 마음에 빠지게 됩니다. 마음은 그 마음 안에 머뭅니다. 몸은 초점에서 사라지고 마음에 초점을 맞추고, 더 이상 몸에 주의를 기울이지 않습니다. 몸에서 어떤 것도 느끼지 않습니다. 오로지 마음을 고요하고 명료하게 느낄 수 있습니다. 그것과 함께 머무십시오.

하나의 감각에 머물 수 있다면 가능한 한 그것과 오랫동안 함께 하십시오. 호흡 또한 감각입니다. 우리가 호흡을 선택한 것은 호흡은 항상 우리와 함께 있기 때문입니다. 생각이 오면 그 생각에 주의를 기울이십시오. 숨을 들이쉬고 내쉴 때 일어나는 것은 감각이지, 들고나는 방향이 아닙니다. 호흡을 생각하지 않습니다. 호흡이 계속되고 있는 동안에 일어나는 감각에 주의를 기울입니다. 호흡이 중심 초점이긴 하지만 몸에서 다른 감각이 일 때는 그것에도 주의를 기울입니다. 그 감각이 지속되고 그 감각에 머문다면 그것을 계속 하십시오. 이것이 저것보다 더 낫다고 할 수 없습니다. 사마타수행에서는 자신이 선호하는 한 가지 대상을 붙듭니다. 위빳사나 수행은 이 대상에서 다른 대상으로 바꿀 수 있습니다. 어떤 특정한 감각에 주의를 기울이고 그것과 머물 수 있습니다. 어떤 감각은 오랫동안 사라지지 않기도 합니다.

통증이 강해져서 고통스러우면 생각합니다. "더 이상 참을 수 없어요. 너무 고통스럽고 마음이 산만해지고 있어요." 통증 때문에 몸이 떨리기도 하고, 통증 때문에 힘들어서 땀이 나기도 합니다. 그때는 자신이 견딜 수 있는 한계라고 느껴질 때, 아주 천천히 알아차리면서 자세를 바꾸십시오. 1센티미터 움직였을 때 감각의 차이를 느낄 수 있습니다. 천천히 자세를 바꾸면서 변화하고… 변화하고… 변화하고… 사라지고… 사라지는 것을 느끼십시오. 편안함을 느끼는 자세를 찾으면 마음이 이완되고 있는 것을 볼 수 있습니다. 통증을 느낄 때, 자연스럽게 마음은 긴장합니다. 몸과 마음이 이완되면 다시 호흡으로 돌아갑니다.

음식에 대해, 집에 대해, 일에 대해, 친구에 대해 생각하는 것을 보십시오. 생각을 알아차리고 감각으로 돌아오십시오. 그 생각을 꿰뚫을 수 있지만 그것은 다음에 하게 됩니다. 생각은 각각의 마음 안에서 계속 됩니다. 그것은 내면에서 이야기하는 것과 같고, 심지어 그것을 차례로 들을 수 있습니다. 그러나 우리가 정확히 그 지점에 있게 되면 그것은 사라집니다. 더 이상 생각이 없습니다. 생각이 없을 때 생각이 없는 마음을 봅니다. 그것은 텔레비전을 보다가 채널을 돌렸는데 다른 채널에는 방송이 없을 때와 같습니다. 방송이 없을 때, 무엇이 있나요? 그것은 밝고 비어 있는 화면입니다. 그 마음은 이와 같습니다. 비어 있고 밝고 알아차림이 있고 깨어있

고 조용하고 생각 없고 영상 없고 소리 없고 단어가 없습니다. 그것이 매우 명료합니다. 그것을 느낄 수 있고 함께 머물 수 있습니다. 이것이 가장 명료한 마음입니다. 그것이 수행의 대상이 됩니다. 그것과 오랫동안 머물 수 있다면 아주 많은 도움을 줍니다. 호흡과 함께 수행을 시작하고 몸과 마음에 주의를 기울입니다. 알아차림과 집중이 개발되어 마음이 고요하고 평화로워집니다. 마음에 생각이 왔다가 갑니다. 그것을 보면 그것이 멈추고 마음이 명료해집니다. 더 이상 생각이 없습니다. 생각이 없는 마음을 봅니다. 마음을 조율하고 맞출 수 있습니다. 그 명료한 마음 상태를 유지하면서 오랫동안 머물 수 있습니다.

알아차림이 더욱 강력해지고 이 공간에 있지만 저 공간에서 일어나는 다른 현상들을 경험합니다. 이 명료한 마음에서 소리가 오고 그 소리를 경험합니다. 이 상태에서 몸의 감각을 경험할 수도 있습니다. 그것은 자연스럽습니다. 일어나는 현상들, 즐겁지 않은 감각들과 머뭅니다. 귀찮은 질문을 반복합니다. "이것은 무엇인가요? 저것은 무엇인가요?" 질문에 주의를 기울이면 그것은 사라지고 '아무것도 질문할 필요가 없어요' 하고 느낍니다. 다음에 오는 것에 주의를 기울이면 사라지고, 그다음 것이 또 오고, 또 다시 주의를 기울입니다. 무엇이 오든지 주의를 기울입니다. 몸과 마음에서 일어나는 모든 것에 주의를 기울입니다. 그것을 밀어낼 필요가 없습니다. 마음이 고요하고 명료합니다. 그 마음을 볼 수 있습니다. 그것이 아주 고요하다는 것을 알 수 있고 고요함을 경험합니다. 마음은 밝아서 불꽃과 같고, 고요함은 동굴 안에 있는 촛불과 같습니다. 깊은 동굴 속에서 촛불이 밝게 타는데 아주 고요해서 그림 같습니다. 이런 마음을 볼 수 있습니다. 평정심이 있습니다. 계속 수행하려는 삿다(saddha), 믿음을 갖습니다. 자리에서 일어나고 싶지 않습니다. 다른 것을 하고 싶지 않습니다. 계속 수행을 하고 싶습니다. 지금처럼 영원히 앉아 있을 수 있다고 생각합니다. 마음이 이런 상태에 있다면 오랫동안 좌선할 수 있습니다. 그러나 모든 것은 변하듯이 그것도 변합니다.

졸리고 수행이 잘 되지 않을 때는 경행을 하는 것이 더 나은가요?

졸음이 오기 전에 마음에서 무엇이 일어나는지 주의를 기울이십시오. 이것도 수행의 대상입니다. 이것을 빠알리어로 'saṅkhittaṃ'이라고 합니다. 'saṅkhittaṃ'은 '위축됨, 움츠러듬'입니다. 그것은 사마디가 아니고 해태·혼침의 마음입니다. 게으름처럼 느껴집니다. 졸릴 때는 게으를 때처럼 에너지와 생기가 없습니다. 졸음이 일어날 때 마음을 보십시오. 지금 일어나고 있는 것을 보는 것은 그것을 극복하는 것보다 더 중요합니다. 주의를 기울임으로써 자신을 깨어있게 합니다.

좌선이 한 시간이기에 한 시간 동안 앉을 수 있습니다. 며칠 후에는 더 오래 앉을 수 있습니다. 집중수행의 5, 6, 7일쯤 후에는 경행하지 않고 앉을 수 있습니다. 그러나 그것을 자신이나 다른 사람에게 증명하려고 하지 마십시오. 나는 '두 시간 동안 앉아 있을 수 있어요.' 그것을 증명할 필요가 없습니다. 중요한 것은 온전히 알아차리는 것입니다. 지금 몸과 마음에서 일어나는 현상에 주의를 기울이는 것입니다. 좌선이 경행보다 더 낫다는 것이 아닙니다. 어떤 때는 경행할 때에 더 깨어 있고, 다른 때는 좌선할 때 더 깨어 있습니다. 깨어있음이 중요합니다. 시간은 중요하지 않습니다.

우리들 몇몇은 바로 다음 날 출근을 해야 되는데 집중수행 후에 무엇을 어떻게 해야 하나요?

지금 그 질문은 매우 좋습니다. 지금 그 질문을 하지 않았다면 집중수행 기간에 그것을 계속 생각할 것입니다. 첫째 날 이후에는 고요하고 평화로워질 것입니다. 아니면 한동안 이것저것을 생각하다가 3~4일 정도 지나면 마음이 차분해지고 조용해지며 평화로워질 것입니다. 그리고 8일이나 9일 후에는 이렇게 생각할 것입니다. "이것 정말 훌륭해요. 바쁜 삶으로 돌아가지 않을 수 있다면 좋겠어요." 자연스럽게 그런 생각이 들 것입니다.

이때는 몸과 마음이 예민해져 있습니다. 따라서 밖에 나가서 운전하고 이것을 보고 저것을 듣는 것이 고통스럽습니다. 그것을 예상하십시오. 자신의 수행의 힘이 며칠 동안 지속됩니다. 따라서 월요일에 출근을 해도 말하고 싶지 않을 것입니다. 일하는 방식도 느려질 것입니다. 이것은 자연스럽게 일어나는 것입니다. 일상으로 돌아가도 며칠간은 약간 조용하고 느리고 수다스럽지 않다는 것을 알 것입니다. 다른 사람들의 말에 주의를 기울이고 싶지 않습니다. 사람들이 서로 다른 주제로 이야기하는 것에 주의를 기울이는 것이 피곤하게 느껴집니다. 또한 너무 많은 일에 관심을 갖지 않게 됩니다. 여기저기 돌아다니는 것에도 흥미를 잃게 되는데, 이런 것들이 정말로 유익하지 않다고 생각하기 때문입니다.

저는 사람들이 어떤 것을 해야만 한다고 하는 이유를 모르겠습니다. 항상 자신을 바쁘게 만들어야 합니다. 이것에 중독이 되어 있으며, 사실 이것은 질병입니다. 왜 그렇게 많이 할 필요가 있나요? 요즘, 특히 서구에서는 바쁘지 않다면 사람들은 무슨 문제가 생겼냐고 합니다. 그들은 생각합니다. "뭐라고요! 아무것도 하지 않고 있다고요?", "아무것도 안 하고 집에 있다고요? 무슨 문제가 있나요?"

아무것도 잘못된 것은 없습니다. 그들은 여기저기 분주하게 돌아다니는 것에 열중하고 있을 뿐입니다. 그들은 여러분이 제정신이 아니라고 할 것입니다. 그러나 여러분이 정상이고 그들은 제정신이 아닙니다. 그들이 뭐라고 해도 인내심을 가지고 친절하십시오. 그들을 이해하십시오.

무엇을 할 때는 원을 그리는 것처럼 그것을 완성하십시오. 그것이 완전한 원이 되도록 하십시오. 원을 그리다 말면 아름답게 보이지 않습니다. 그것을 완성하면 완성했다는 느낌이 듭니다. 완성하는 것은 중요합니다. 결정을 하십시오. 결정은 매우 유익한 도구입니다. 붓다가 되기 위한 조건에 '10가지 바라밀'이 있는데 그중 하나가 'adhiṭṭhāna-pārami', 결정바라밀입니다. 그것은 무엇을 의미하나요? 'ṭha'는 '서 있는 것', 'adhi'는 '강하게'를 의미합니다. 그러므로 '확고하게 서 있다'는 뜻입니다. 강하고 확고합니다.

"나는 이것을 할 거예요!" 우유부단하지 않아야 합니다. 강경하고 단호한 태도를 취하십시오. 어떤 것을 할 때는 먼저 그것을 배우십시오. 충분히 배웠을 때 결정합니다. "나는 이것을 할 것입니다." 한번 결정한 후에는 더 이상 마음을 바꾸지 마십시오. 반복적으로 바꾸면 습관이 됩니다. 특히 어렵게 될 때 사람들은 포기하는 경향이 있습니다. "오! 아니요. 그것은 더 이상 유익하지 않아요." 마음은 교활합니다. 좋은 변명거리를 만들고, 더 많은 변명을 늘어놓을 것입니다. 확고하게 결정을 하십시오. "나는 이것을 할 거예요." 강경한 태도를 취하고 그것을 하십시오. 수행은 여러분을 행복하고 평화롭게 해줍니다. 처음 며칠은 익숙하지 않기 때문에 등이나 무릎에 통증을 느낄 것입니다. 저는 디스크가 있지만 몇 시간 동안 앉아 있을 수 있습니다. 디스크가 처음 생겼을 때 아주 고통스러웠지만 그래도 수행을 했습니다. 그것은 서서히 사라집니다. 그렇게 하는 데 3개월이 걸렸습니다.

우리는 우리가 할 수 있다고 생각하는 것보다 훨씬 더 많이 할 수 있습니다.

Imāya dhammanu dhammaṃ
paṭipatiya buddhaṃ pujemi

부처님의 가르침대로 실천하는 수행으로
붓다께 예경을 올립니다.

Imāya dhammanu dhammaṃ
paṭipatiya dhammaṃ pujemi

부처님의 가르침대로 실천하는 수행으로
담마에 예경을 올립니다.

Imāya dhammanu dhammaṃ
paṭipatiya saṅgaṃ pujemi

부처님의 가르침대로 실천하는 수행으로
상가에 예경을 올립니다.

옮긴이의 글

번역을 무사히 끝마친 것에 대해 감사합니다.

이 책을 번역하면서 정말 많은 경험들을 하였고 담마의 소중함도 알게 되었습니다. 이 책과의 만남은 제가 전혀 다른 삶을 살도록 해주었습니다. 지금까지 보이지 않았던 다른 삶이 보이기 시작했습니다. 사야도 우 조티카와의 만남, 연방죽선원과 미얀마 그리고 말레이시아를 오가면서 만난 수많은 인연들….

"진정으로 학생이 준비되어 있으면 스승이 나타난다."는 말처럼 이 책은 그 자체로 저에게 귀한 스승으로 다가왔습니다. 읽기만 하면 마치 금방이라도 수행의 경지에 도달할 수 있을 것처럼 착각하게 해주는 책들이 많습니다. 그러나 이 책은 그 길이 결코 쉽지 않다는 것을 정직하게 일깨워줍니다. 저 역시 '안락의자 불교'라고 농담하듯이 담마에 대해 쉽게 설명해놓은 책들을 보면서, 나만의 지식과 지혜를 가지고 자신의 수행을 자랑하게 될까봐 항상 두려웠습니다. 우리는 글로만 읽고 머리로만 이해하면서 자만에 빠지기 쉽습니다. 위빳사나 지혜를 얻는 것이 아주 불가능한 것은 아니지만 그것은 분명 준비하고 노력해야 하는 먼 길입니다. 그러나 사야도 우 조티카의 말처럼 "진정으로 원하면 그렇게 될 수 있습니다." 다만 수행하고 또 수행해야 합니다. 그 길에 이 책이 인도자가 되어 주고 불빛이 되어 주리라 믿습니다.

좋은 사람과 좋은 것을 만나서 반가웠지만
좋은 인과를 배웠습니다.
좋게 끝날 수 없는 일들을 많이도 겪었지만
더 이상 없는 인과가 될 수는 없습니다.

아직은 많이 부족하고 작은 제가 이 귀한 책을 번역할 수 있도록 도와주신 모든 분들께 감사드립니다.

옮긴이 박은조

7청정과 16가지 지혜(ñāṇa)

1. 계청정 sila-visuddhi
2. 마음청정 citta-visuddhi
3. 견해청정 diṭṭhi-visuddhi
    1) 정신과 물질을 구별하는 지혜 nāmarūpa-pariccheda-ñāṇa
4. 의심극복청정 kaṅkhāvitaraṇa-visuddhi
    2) 조건 파악의 지혜 paccaya-pariggaha-ñāṇa
5. 도와 도아님에 대한 지견청정 maggāmagga-ñāṇadassana-visuddhi
    3) 명상(분명한 이해)의 지혜 sammasana-ñāṇa
6. 실천 지견청정 paṭipādā-nāṇadassana-visuddhi
    4) 일어나고 사라짐을 관찰하는 지혜 udayabbayānupassanā-nāṇa
    5) 무너짐을 관찰하는 지혜 bhaṅgānupassanā-ñāṇa
    6) 공포로 나타나는 지혜 bhayatupaṭṭhāna-ñāṇa
    7) 위험함을 관찰하는 지혜 ādīnavānupassanā-ñāṇa
    8) 역겨움을 관찰하는 지혜 nibbidānupassanā-ñāṇa

9) 해탈하기를 원하는 지혜 muñcitukamyatā-ñāṇa

10) 깊이 숙고하여 관찰하는 지혜 paṭisaṅkhānupassanā-ñāṇa

11) 상카라에 대한 평온의 지혜 saṅkhārupekkhā-ñāṇa

12) 수순의 지혜 anuloma-ñāṇa

13) 종성의 지혜 gotrabhū-ñāṇa

7. 지견청정 ñāṇadassana-visuddhi

14) 도의 지혜 magga-ñāṇa

15) 과의 지혜 phala-ñāṇa

16) 반조의 지혜 paccavekkhaṇa-ñāṇa

지은이 | 사야도 우 조티카(Sayadaw U Jotika)

미얀마인들이 가장 존경하는 큰스님. 1947년 8월 5일 미얀마 몰메인 *Moulmein*에서 태어나 가톨릭 미션스쿨에서 교육을 받았다. 젊은 시절에는 심리학과 철학 등에 심취해 있었다. 1973년 전자공학 전공으로 랑군 공과대학교 *Rangoon Institute of Technology*를 졸업한 후, 불교에 관심을 갖게 되었다. 스물여섯 살이 되는 해 출가, 1974년 탕푸루 *Taung Pu Lu* 사야도를 은사로 비구계를 받았으며, 탕푸루 사야도와 한타빈 타우야 *Htantabin Tawya* 사야도 지도하에 수행, 정진하였다. 그의 담마에 대한 설법과 저서들은 미얀마뿐만 아니라 외국에서도 인기가 높으며, 지금까지 13권의 책을 출판하였다. 그중 《여름에 내린 눈 *Snow in the Summer*》, 《내 마음은 내 친구 *My Mind is My Friend*》, 《붓다의 무릎에 앉아 *The Residence of Mindfulness*》 등이 대표적인 저서다.

옮긴이 | 박은조

이화여자대학교 생물학과를 졸업했다. 담마 공부와 수행에 정진하며, 불교 출판 기획과 번역 작업을 하고 있다.

마음의 지도

2008년 7월 5일 초판 1쇄 발행 | 2015년 12월 18일 2쇄 발행

지은이 · 사야도 우 조티카
옮긴이 · 박은조
발행인 · 오치훈

발행처 · 도서출판 연방죽
출판신고 · 2007년 12월 7일 제22-3236호
주소 · 군산시 대야면 죽산리 171-1
문의 및 주문전화 · 010-3214-1255
e-mail · phassa@hanmail.net

ⓒ 사야도 우 조티카 (저작권자와 맺은 특약에 따라 검인을 생략합니다)
ISBN 978-89-961280-1-4 (03220)

이 책은 저작권법에 따라 보호받는 저작물이므로 무단전재와 무단복제를 금지하며,
이 책 내용의 전부 또는 일부를 이용하려면 반드시 저작권자와
도서출판 연방죽의 서면동의를 받아야 합니다.

*이 책의 수익금은 연방죽선원의 운영기금으로 사용됩니다.
cafe.daum.net/lotuspond

• 잘못된 책은 구입하신 서점에서 바꾸어 드립니다.
• 책값은 뒤표지에 있습니다.